STARK

ABITUR 2008

Prüfungsaufgaben
mit Lösungen

Biologie
Grundkurs
3. Prüfungsfach und Colloquium
Gymnasium
Bayern
2002–2007

STARK

ISBN 978-3-89449-096-6

© 1980 by Stark Verlagsgesellschaft mbH & Co. KG
D-85318 Freising · Postfach 1852 · Tel. (0 81 61) 17 90
28. neu bearbeitete Auflage 2007
Nachdruck verboten!

Inhalt

Vorwort
Stichwortverzeichnis
Thematisches Verzeichnis

Hinweise und Tipps zum Zentralabitur I
Unterrichtsthemen im Grundkurs Biologie XI
Die Colloquiumsprüfung XVII

Übungsaufgaben

Übungsaufgabe 1: Malaria und Sichelzellänamie 1
Übungsaufgabe 2: Aerober und anaerober Abbau in Zellen 6

Abiturprüfungsaufgaben

Abiturprüfungsaufgaben 2002

Aufgabe I: Ökosystem See, Erbgang, Punktmutation, Gendrift,
Serum-Präzipitin-Test, Brückentier, Archaeopteryx 2002-1
Aufgabe II: Fortpflanzung, Alkoholische Gärung, Synapse,
Artbegriff, Artbildung 2002-9
Aufgabe III: Verhalten, Populationsentwicklung, Schädlingsbekämpfung,
Genmutation, Gentechnologie, Evolution des Menschen 2002-15
Aufgabe IV: Stoffkreislauf in Gewässern, Photosynthese, Proteinbiosynthese,
Dihybrider Erbgang, Revierverhalten 2002-23

Abiturprüfungsaufgaben 2003

Aufgabe I: Meiose, Ruhepotenzial, Artbildung, Stoffkreislauf, Photosynthese 2003-1
Aufgabe II: Erbgang, Einnischung, Evolutionstheorie, Gärung, Neuron,
Errregungsleitung, Evolution des Menschen........................... 2003-9
Aufgabe III: Proteinbiosynthese, Synapse, Punktmutation, Instinkthandlung,
Archaeopteryx, Ökosystem See.. 2003-15
Aufgabe IV: Genkopplung, Gentechnologie, Chloroplast, Homologie, Analogie,
Aggression... 2003-23

Abiturprüfungsaufgaben 2004

Aufgabe I: Artbegriff/Artbildung, Alkoholische Gärung, aerobe Dissimilation,
DNA/RNA, Meiose, Erbgang, Blutgruppen 2004-1
Aufgabe II: Erbgang, Heterozygotentest, Instinkthandlung, Konvergenz,
Verhaltensanalogie, Chloroplast, Photosynthese 2004-9
Aufgabe III: Gentechnologie, Populationsentwicklung, Schädlingsbekämpfung,
Synapsengift, Abiotische Faktoren 2004-18
Aufgabe IV: Kreuzungsexperiment, Populationsentwicklung, Ökosystem,
Blattaufbau, Aktionspotenzial, Fortpflanzung 2004-25

Fortsetzung siehe nächste Seite

Abiturprüfungsaufgaben 2005

Aufgabe I: Synapsengift, Kommentkampf, Mitose, DNA/RNA, Hybridplasmid, Konvergenz, Serum-Präzipitin-Test, Drohverhalten 2005-1

Aufgabe II: Kaspar-Hauser-Versuch, bedingte Appetenz, Attrappe, Meiose, Nondisjunction, Ökosystem See, aerobe/anaerobe Dissimilation 2005-8

Aufgabe III: Dichteregulation, Erbgang, Gentechnik, Reflex, bedingte Aversion, Neuron, Erregungsleitung, Neurotoxin, Ionenkanäle, Ionenpumpen ... 2005-16

Aufgabe IV: Humanevolution, Erbgang, Proteinbiosynthese, Mutation, Fotosynthese (Kohlenstoffdioxid, Transpiration, Dunkelreaktion), Wasser 2005-24

Abiturprüfungsaufgaben 2006

Aufgabe I: Gonosomaler Erbgang; Karyogramm; Mitose; alkoholische Gärung; Wachstumskurve; Aktionspotenzial; Vegetatives Nervensystem 2006-1

Aufgabe II: Ökosystem Meer; Nahrungspyramide; Meiose; gonosomaler, intermediärer Erbgang; Selektion; Parasitismus; Symbiose; Artbildung; Konvergenz 2006-9

Aufgabe III: Kaspar Hauser; Dressurversuche; Reflex; Synapse; Laubblatt; Spalt-öffnung; Fotosynthese (Licht; Dunkelreaktion); Wald (Krautschicht) 2006-18

Aufgabe IV: Neuron; saltatorische Erregungsleitung; Punktmutation; DNA; Proteinsynthese; Evolutionstheorien; Homologie; Serum-Präzipitin-Test 2006-27

Abiturprüfungsaufgaben 2007

Aufgabe A1: Klassische und molekulare Genetik: Blutgruppen, DNA, Proteine, Translation, Konditionierung 2007-1

Aufgabe A2: Klassische und molekulare Genetik: Fortpflanzung; dihybrider Erbgang, Meiose, X-chromosomaler Erbgang, genetische Beratung, Transkription 2007-7

Aufgabe B1: Stoffwechselphysiologie und Ökologie: Fotosynthese, See (Sommerstagnation), Seeprofil; Eutrophierung, Trophieebenen 2007-14

Aufgabe B2: Stoffwechselphysiologie und Ökologie: Zellatmung, Gärung, Symbiose, Dunkelreaktion, Blatt, Analogie 2007-19

Aufgabe C1: Neurophysiologie und Ethologie: Synapse, Membranpotenzial, Schädlingsbekämpfung, Instinkthandlung, Zellatmung 2007-24

Aufgabe C2: Neurophysiologie und Ethologie: Artbegriff, Serum-Präzipitin-Test, Aggressionsverhalten, Aktionspotenzial, Frequenzmodulation, Instinkthandlung 2007-30

Jeweils im Herbst erscheinen die neuen Ausgaben
der Abiturprüfungsaufgaben mit Lösungen.

Autoren:

Lösungen der Aufgaben 2002–2007, Colloquium: StD Roland Patzak
Übungsaufgaben: OStRin Brigitte Meinhard

Vorwort

Liebe Schülerinnen und Schüler,

das vorliegende Buch soll Sie bei der systematischen Vorbereitung auf Klausuren und die Abiturprüfung im **Grundkurs Biologie** unterstützen.

Dazu enthält der Band „**Hinweise zum Zentralabitur**", die Ihnen helfen sollen, die formalen Rahmenbedingungen für das Zentralabitur kennenzulernen. Erläuterungen zu den Prüfungsanforderungen, zum Umgang mit den sogenannten Operatoren lassen Sie die Prüfungssituation besser einschätzen. Die anschließenden „**Tipps zum Umgang mit Prüfungsaufgaben**" zeigen Ihnen konkret, wie Sie erfolgreich an die Aufgaben der Abiturklausur herangehen können.

Außerdem informiert Sie das vorliegende Buch anhand des derzeit gültigen **Fachlehrplans Biologie** über die Lernziele und -inhalte der vier Kurshalbjahre.

Im Anschluss finden sich amtliche Bestimmungen zur **Colloquiumsprüfung** sowie allgemeine Tipps zur persönlichen Gestaltung des Prüfungsablaufs. Ein solcher Prüfungsverlauf für das Colloquium im Fach Biologie ist exemplarisch dargestellt.

Weiterhin finden Sie **Übungsaufgaben**, die den Anforderungen der umfangreichen, themenübergreifenden Aufgabenstellungen entsprechen, die in der Abiturprüfung immer mehr an Bedeutung gewinnen.

Der Hauptteil des Buches schließlich umfasst die **Aufgaben** der **schriftlichen Prüfungen** der letzten sechs Jahre. Am Ende jeder Teilaufgabe steht die maximal erreichbare Anzahl von Bewertungseinheiten (BE).

Die **Lösungsvorschläge** wurden basierend auf dem ministeriellen Erwartungshorizont überarbeitet und in den meisten Fällen **bewusst ausführlicher beantwortet**. Ab dem Jahrgang 2004 sind Hinweise, Anmerkungen und weiterführende Informationen durch *kursiven Druck* abgesetzt. Dies ermöglicht dem Benutzer die **kompakte Wiederholung abiturrelevanter Lerninhalte** und somit eine **gezielte Vorbereitung** auf das schriftliche Abitur.

Die Autoren und der Verlag wünschen Ihnen viel Erfolg bei der Abiturprüfung im Grundkurs Biologie.

Stichwortverzeichnis

Abbau
- aerober siehe Zellatmung
- anaerober siehe Gärung

Absorptionsspekturm 07-16
Acetylcholin 02-12 f.; 03-17 f.; 04-23 f.;
  06-23 f.; 07-26 f.
Acetylcholinesterase 02-12 f.; 04-24; 05-4;
  06-23 f.; 07-26 f.
Aggression 03-32; 05-4, 7; 07-33
Aktionspotenzial 03-13 f.; 04-23, 30;
  05-22 f.; 06-7 f., 30 f.; 07-26 f., 33 f.
Algen 07-21
Algenblüte 02-25; 04-24
Alkoholische Gärung 03-12 f.; 04-5 f.;
  06-5 f.; 07-20 f.
Aminosäuren 03-17 ff.; 05-29; 07-4, 13
Amniozentese 07-12
Analogie 03-31 f.; 04-15; 05-20 f.; 06-17;
  07-22
Anaphase 04-7
Anatoxin 04-23 f.
Anthozoa siehe Korallentiere
Antigen-Antikörper-Reaktion 02-6;
  03-19 f.; 05-7; 07-32
Appetenz, bedingte 02-18; 05-11; 07-6
Appetenzverhalten 03-19; 04-14; 07-6, 28, 35
Aquarium 02-25
Äquationsteilung 04-7; 06-14
Archaeopteryx 02-7; 03-20; 06-35
Artbegriff 02-13; 03-6; 04-4; 07-32
Artbildung 02-14; 03-6; 04-4 f.; 06-16 f.
Atmungskette 03-5
ATP (Adenosintriphosphat) 02-11 f.; 03-5,
  30; 04-16 f., 24, 29; 05-15, 23; 06-5;
  07-20 f.
Atropin 02-13
Attrappe 03-8; 05-11; 06-22
Auslöser/Auslösereiz 03-8; 04-14
Aversion, bedingte 05-21 f.
Axon 03-13; 04-23 f.; 05-22; 06-30; 07-26

Balzverhalten 06-16
Batrachotoxin 05-18

Basensequenz 05-30
Befruchtungswahrscheinlichkeit 05-28
Beleuchtungsstärke 03-7 f.
Benthal 03-21
Beutefangverhalten 03-19; 04-14
Biotop(Umwelt)kapazität 02-19; 04-22
Blatt 04-29; 06-24 f.; 07-22
Blaualgen 04-23 f.
Blutgruppen 04-8; 07-2
Brückenwesen 02-7; 03-20

Calvin-Cyclus siehe Dunkelreaktion
Chiasma siehe Meiose
Chlorophyll 04-15; 07-16
Chloroplasten 03-29 f.; 04-15 f.
Chromatide 04-7
Chromosomenzahlabweichung 03-4 f.;
  05-11 f.
Code, genetischer 03-18 f.; 05-30
Code-Sonne 02-5; 03-18 f.; 05-30
Codierung 07-34
Crossing over 03-5
Curare 06-23
Cyanobakterien siehe Blaualgen

Darwin 06-34
Demutsgebärden 03-32
Dendrit 03-13
Depolarisation 03-13 f.; 04-23 f.; 06-7 f.;
  07-33 f.
Destruent 02-25; 03-7; 07-17 f.
Dichteregulation siehe Populationsdichte
Dissimilation siehe Zellatmung
DNA (Desoxyribonukleinsäure)
- rekombinante (neukombinierte)
  03-28 f.
- Struktur 04-6; 05-5 f.; 06-32; 07-3
Drohverhalten 03-32; 05-7
Düngung 07-17 f.
Dunkelreaktion 02-25 f.; 03-30 f.; 04-17;
  05-31; 06-25 f.; 07-16, 21 f.

Effektor 05-21; 06-23
Efferenz 05-21; 06-23

Eizellbildung siehe Oogenese
Endhandlung 03-19; 04-14; 07-6, 28, 35
Energiefluss 06-13
Energiegewinnung 02-12; 04-6; 05-15; 07-20 f., 29
Epilimnion 05-14 f.; 07-17 f.
Erbgänge 02-5, 27 f.; 03-10 f., 25 ff.; 04-7 f., 13, 28; 05-20; 28 f.; 06-4, 14; 07-3, 8 f., 11 f.
Erbkoordination siehe Endhandlung
Erbsenpflanzen 02-27 f.
Erregungsleitung 02-12; 03-13; 04-23; 05-22
Erregungsübertragung 02-12; 03-17 f.; 04-23; 05-4; 06-22 f.
Ethanol 07-20 f.
Evolution des Menschen 02-21 f.; 03-14; 05-28
Eutrophierung 07-17, 18
Evolutionstheorie
– Darwin 03-11; 06-34
– erweiterte 03-6; 06-16 f.
– Lamarck 06-34
Evolutionsfaktoren 02-6
Extinktion 07-6

Familienbildung 02-29
Flavonoide 06-15
Fortpflanzung
– geschlechtliche 02-11; 04-30 f.; 07-8
– ungeschlechtliche 02-11; 04-30; 07-8
Fossilien 02-21 f.
Fossilien der Hominiden 02-21 f.; 05-28
Fotosynthese 02-25 f.; 03-7 f., 29 ff.; 04-15 ff., 24, 29; 05-15, 30 f.; 06-25 f.; 07-16, 21 f.
Frequenzmodulation 07-34

Gärung 02-11 f.; 03-12 f.; 05-15; 06-5; 07-20 f.
Gebiss 07-33
Genbalance 07-11
Gendefekt 05-30
Gendrift 02-6; 03-6
Genetische Familienberatung 02-6; 04-13; 07-12
Genetischer Fingerabdruck 02-20
Genkopplung 03-26, 27
Gentechnologie 02-20 f.; 03-27 ff.; 04-20 f.; 05-6, 20
– Chancen, Risiken 02-21
– Vorteile, Nachteile 05-20 f.; 07-6
Geschlechtszellenbildung 05-12 f.; 06-13 f.
Gewässerbelastung, -güte 03-22
Glucose 04-5; 05-15; 06-26; 07-20 f.

Glykolyse 02-11 f.; 03-12; 05-15; 06-5; 07-20 f.

Handlungsbereitschaft 03-19; 04-14; 07-28, 35
Hefe 06-5
Heterozygotentest 04-13; 05-28
Homologie 03-31; 06-35
Hybridplasmid 03-27 ff.; 04-20 f.; 05-6
Hyperpolarisation 03-14; 06-7 f.; 07-34
Hypolimnion 05-14 f.; 07-17

Imponieren 03-32; 05-7
Instinkthandlung 03-19; 04-14; 07-28, 35
intermediär 03-25; 06-14
Ionenkanäle 05-4, 22; 07-26, 33 f.
Ionenpumpen 03-5, 13; 05-23; 06-31
Ionentheorie siehe Ruhepotenzial
Isolation 02-14; 03-6; 04-5; 06-15 f.

Karyogramm 06-4
Kaspar-Hauser-Versuch 05-11; 06-21
Klinefelter-Syndrom 05-9
Klonierung 03-28 f.
Klonselektion (-identifizierung) 03-28 f.; 04-20 f.
Kodominanz 07-2
Kohlenstoffdioxidkonzentration 02-26; 03-8; 04-29 f.; 05-30 f.
Kommentkampf 03-32; 05-4
Kompensationspunkt 06-25
Konditionierung 02-18; 05-11; 07-6
Konduktorin 04-13; 05-28; 07-11
Konkurrenz 02-14; 03-11, 32; 04-4 f.; 05-4; 05-6; 06-26
Konsument 03-7; 06-13
Kontiguität 05-21 f.; 07-6
Konvergenz 03-32; 04-15; 06-17; 07-22 f.
Korallentiere 07-20 f.
Kosten-Nutzen-Aspekt 02-18
Krautschicht 06-26
Kreuzungsexperiment 04-28

Lamarck 06-34
Leerlauf siehe Verhalten
Leitungsgeschwindigkeit 06-30 f.
Lernen 02-18; 05-11; 07-6
Lichtabsorption,
~ intensität, -qualität 02-26; 03-7 f.; 04-15 f., 24, 29; 07-16
Lichtreaktion 02-26; 03-30; 04-16; 07-16
Litoral siehe Uferbereich

Marker 03-28; 05-6
Massenvermehrung 04-24
Meer 06-12

Meiose 03-4, 5; 04-7; 05-11 f.; 06-13 f.; 07-9 f.
Membranpotenzial siehe Ruhepotenzial
Menschenaffe 02-21 f.
Metalimnion 07-17, 18
Milchsäuregärung 03-12; 05-15
Mineralsalze 02-25; 03-6 f.; 04-24
Mitose 05-4; 06-4
Motivation siehe Handlungsbereitschaft
multiple Allelie 07-2
Muskeldystrophie 05-28
Muskelspindeln 06-23
Mutation 02-5, 19; 05-30; 06-31

NAD(P) 02-11 f.; 03-30 f.; 04-6, 16 f., 24, 29; 05-31
Nahrungskette 06-13; 07-18
Nahrungsnetz 04-29; 07-18
Nahrungspyramide 06-13
Nährsalze siehe Mineralsalze
Nährschicht siehe Epilimnion
Natrium-Kalium-Pumpe 03-5, 13; 05-23
Neostigmin 06-23 f.
Nervenzelle (Neuron) 03-5, 13 f.; 04-22 f.; 05-22; 06-30 f.; 07-34
Neurit 03-13; 05-22; 06-30
Neurotoxin 02-13; 03-13, 17 f., 04-22 f.; 05-4, 22
Nische, ökologische 02-14; 03-11, 31; 04-5; 06-16, 26
Nitrat 03-7
Nondisjunction 03-5; 05-12 f.
Nukleotid 06-32

Ökofaktoren
– abiotische 02-4; 03-21 f., 30; 04-24; 06-12, 26; 07-16, 17
– biotische 03-11; 06-16
Ökosystem
– Eingriffe des Menschen 03-22; 04-29; 07-17, 28
– Meer 06-12
– See 02-4; 03-21, 22; 05-14; 07-17
Oogenese 03-4 f.; 06-13 f.

Paarbildung, -bindung 02-29
Parasitismus 06-16
Parasympathikus 06-8
Passagier-DNA siehe Vektor
Pelagial 03-21
Pestizide 02-19; 07-27 f.
Phosphat 02-5; 03-7; 05-15
Photosynthese siehe Fotosynthese
Physostigmin 02-12

Phytoplankton 03-21; 05-15; 06-12 f.; 07-17 f.
Plasmid 03-27 ff.; 04-20 f.; 05-6
Polkörper-Diagnostik 03-4 f.
Populations-
~ dichte 04-21 f.; 05-19
~ regulation 04-21 f.; 05-19
~ wachstum /-entwicklung 02-18 f.; 04-22, 28 f.; 06-5 f.
pränatale Diagnostik 07-12
Präzipitinreaktion 02-6; 03-19 f.; 05-7; 06-35 f.; 07-32
Primärstruktur (DNA) 03-18
Produzent 03-7; 06-13; 07-17 f.
Profundal 03-21
Proteinbiosynthese 02-26 f.; 03-17 f.; 05-29 f.; 06-32 ff.; 07-5, 13
Proteine
– Struktur 07-4, 5

Quantifizierung, doppelte 03-19; 04-14; 07-28, 35

Radiation, adaptive 02-14; 04-4 f.; 06-16 f.
Rangordnung 03-32
Ranvier'scher Schnürring 03-13; 05-22; 06-30 f.
Räuber-Beute-Beziehung 05-19; 06-12
Reduktionsteilung 03-4; 04-7; 05-11 f.; 06-14; 07-9 f.
Reflex 05-21; 06-23
~ bogen 05-21
Reifeteilung siehe Meiose
Reiz 04-30; 07-34
– bedingter 02-18; 05-21 f.; 07-6
– reaktionsauslösender 06-15
Rekombination 05-11 f.
Repolarisation 03-13 f.; 04-24; 06-7 f.; 07-27, 33 f.
Restriktionsenzym 02-20; 03-27 f.
Revier 02-29; 03-32
Rezeptor 05-21; 06-23
RGT-Regel 03-30; 07-16
Rhesusfaktor 07-3
Ritualisierte Verhaltensweisen 03-32
Rivalenkämpfe 03-32; 05-4
RNA (Ribonukleinsäure) 04-7; 05-6
Ruhepotenzial 02-6; 03-5; 04-22 f., 30; 06-7 f.; 07-33 f.

Sauerstoffgehalt 02-4, 25; 03-21 f.; 05-14
Sauerstoffschwund 03-22; 05-14 f.
Saxitoxin 04-23
Schädlingsbekämpfung
– biologische 02-19; 04-21 f.; 07-27 f.

– chemische 02-19; 07-27 f.
Schattenblatt 06-24, 25
Scheinwarntracht siehe Mimikry
Schlüsselreiz siehe Auslöser, Auslösereiz
See
– Gliederung 03-21; 07-17
– Ökosystem 05-14
Selbstbestäubung 02-11
Selektion 03-6, 11 f.; 04-5; 06-16 f.; 07-8
Separation 02-14; 03-6; 04-5; 06-16 f.
serologischer Test siehe Präzipitinreaktion
Sewall-Wright-Effekt siehe Gendrift
Somatolyse siehe Gestaltauflösung
Sonnenblatt 06-24, 25
Spaltöffnung 04-29 f.; 05-30 f.; 06-24
Spermiogenese 05-12 f.
Sprungschicht siehe Metalimnion
Stammbaumanalyse siehe Erbgänge
Stärke 02-27; 03-31
Stoffabbau
– aerob siehe Zellatmung
– anaerob siehe Gärung
Stoffkreislauf 03-6 f.
Stroma 03-30; 04-15
Stromathylakoide 03-30; 04-15
Symbiose 06-16; 07-21
Symphatikus 06-8
Synapse 02-12 f.; 03-17 f.; 04-23 f.; 05-4; 06-23; 07-26 f.

Tarnung 04-29
Temperatur 03-21 f., 30; 04-24; 05-14
Tetradenbildung 03-4; 05-11 f.
Toxine siehe Gifte
Transgene Organismen 04-21; 07-6
Transkription 02-26 f.; 03-17; 06-32 f.; 07-13
Translation 02-26 f.; 03-17; 05-29 f.; 06-32 ff.; 07-5
Transmitter 02-12 f.; 03-17 f.; 04-23 f.; 05-4; 07-26 f.

Transpiration siehe Verdunstung
Triplett 03-17
Triploidie 07-9 f.
Trophieebene 06-13; 07-18
Turner-Syndrom 06-4

Uferbereich 03-21
Umweltfaktoren siehe Ökofaktoren
Umweltkapazität siehe Biotopkapazität
Unverträglichkeitsreaktion siehe Antigen-Antikörper-Reaktion

Variabilität, genetische 03-5 f., 11; 04-4 f.; 06-16 f.; 07-8
Varroa-Milbe 07-27
Vegetationszeit 06-26
vegetatives Nervensystem 06-8
Vektor 03-27 ff.; 04-20 f.; 05-6
Verdunstung 05-13
Verhalten
– angeborenes (Nachweis) 02-18; 03-19; 04-28; 05-11; 07-28
– erlerntes siehe Lernen
– ritualisiertes 03-32
Verwandtschaft 03-19 f., 31; 07-32
Virus 05-6
Vogelzug 04-28

Wahrscheinlichkeitsvorhersagen 02-6, 29; 03-11; 04-13
Wasser 05-32
Wellenlänge siehe Lichtqualität
Wirkungsspektrum 07-16

Zehrschicht siehe Hypolimnion
Zellatmung 03-13; 04-6; 05-15; 07-20, 21, 29
Zellzyklus siehe Mitose
Zooplankton 03-21; 06-12 f.; 07-18
Zooxanthellen siehe Algen

Thematisches Verzeichnis

Themengebiet (Jahrgang)	2002	2003	2004	2005	2006	2007
Zellbiologische Grundlagen der Vererbung (12/1)	I 2.1, 2.3 II 1.1 IV 3.3	I 1 II 1 IV 1	I 3.3, 3.4 II 1 IV 3.4	I 2.1 II 2.1, 2.2 III 2.1 IV 2.1– 2.3	I 1 II 2.1, 2.2	A1 1 A2 1, 2.1–2.3
Molekulargenetik (12/2)	I 2.2 III 3 IV 3.1, 3.2	III 1.1, 1.3, 1.4, IV 2	I 3.1, 3.2 III 1	I 2.2–2.5 II 2.1 III 2.2 IV 2.4, 2.5	IV 2	A1 2.1, 2.2 A2 2.4
Stoffwechselvorgänge in Lebewesen (12/3)	II 2 IV 2	I 4.2, 4.3 II 3 IV 3	I 2 II 3 III 3.3 IV 3.1, 3.2	II 3.3, 3.5 IV 3.1–3.3	I 2 III 3	B1 1 B2 1, 2.1, 2.2, 2.3.1 C1 2.3
Ökologie und Umweltschutz (12/4)	I 1 III 1.1, 1.3, 2 IV 1	I 4.1 II 2.1 III 4	III 2 IV 2	II 3.1, 3.2, 3.4 III 1.1, 1.2	II 1 II 2.3.2 III 1.3	A1 2.4 B1 2 C1 1.4, 1.5
Anatomische und physiologische Grundlagen des Verhaltens (13/1)	I 2.5 II 3	I 2 II 4 III 1.2	III 3.1, 3.2 IV 3.3	I 1.1, 1.2 III 3.1, 3.3 – 3.5	I 3 III 1.1, 1.2 III 2 IV 1	C1 1.1–1.3 C1 2.2 C2 2.1–2.3
Verhalten bei Tier und Mensch (13/2)	III 1.2, IV 4	I 5 III 2.1 IV 5	II 2 IV 1	I 1.2, 3.3 III 1.1–1.4 III 3.2	II 2.3.1	A1 2.3 C1 2.1 C2 2.4
Evolution (13/3)	I 2.4 I 3 II 1.2, 4 III 4	I 3 II 2.2, 5 III 2.2, 3 IV 4	I 1 II 2.4	I 3.1, 3.2 IV 1	II 2.3.1 II 3 IV 3	B2 2.3.2 C2 1

Hinweise und Tipps zum Zentralabitur

Die Anforderungen des Abiturs im Fach Biologie

Rahmenbedingungen

Die Abiturprüfung in Bayern findet als Zentralabitur statt, d. h. die Aufgaben für die schriftliche Prüfung werden vom Bayerischen Staatsministerium für Unterricht und Kultus, Wissenschaft und Kunst zentral gestellt und sind für alle Abiturienten verbindlich. Alle Schülerinnen und Schüler an den Gymnasien Bayerns schreiben diese Prüfung jeweils an demselben Tag.
Landesweit werden seit dem Abitur 2007 im Grundkursfach Biologie jedem Gymnasium am Prüfungstag dieselben sechs Aufgaben (A 1, A 2, B 1, B 2, C 1, C 2) zur Auswahl vorgelegt. Von diesen 6 Aufgaben sind jeweils zwei einem Block A (A 1 und A 2), B (B 1 und B 2) und C (C 1 und C 2) zugeordnet. Jede einzelne Aufgabe besteht dabei aus gegliederten Teilaufgaben. Die Aufgaben (A 1, ...) gehören jeweils einem Kontext oder auch einem thematischen Schwerpunkt eines Kurshalbjahres an.
Der Fachausschuss Biologie jeder Schule wählt aus den Blöcken A, B und C jeweils eine Aufgabe aus. Jeder Prüfling hat dann diese drei Aufgaben ohne weitere Auswahlmöglichkeiten zu bearbeiten. Dieser Fachausschuss besteht in der Regel aus Ihrem Kursleiter und einer zweiten Lehrkraft aus dem Fachbereich Biologie.
Für die Bearbeitung der drei ausgewählten Aufgaben, die ihrerseits aus mehreren Teilaufgaben bestehen, haben Sie 180 Minuten Zeit.
Außerdem werden vermehrt **Materialien** (Texte, Diagramme, Kurven, Stammbäume, Abbildungen) angefügt, die von Ihnen als Informationsquellen genutzt werden sollen

Aufbau und Auswahl der Prüfungsaufgaben

Die drei Ihnen vorgelegten Prüfungsaufgaben bestehen ihrerseits aus drei bis vier Teilaufgaben. Diese Teilaufgaben werden häufig durch einen kurzen Hinführungstext eingeleitet. Eine Bearbeitung ist weitgehend unabhängig voneinander möglich. Meist bestehen diese Teilaufgaben wiederum aus Einzelaufgaben, die sachlogisch miteinander vernetzt sind. Sie können sich auf alle Lernbereiche der vier Halbjahre und auf bestimmte Materialien beziehen.
Grundlage für die inhaltlichen Anforderungen der Aufgaben ist der derzeit gültige Fachlehrplan Biologie aus dem Jahr 1991, der in diesem Buch auf den Seiten XI–XV wiedergegeben ist. Für die Abiturprüfung werden alle Inhalte dieses Lehrplans in gleicher Tiefe und Breite vorausgesetzt.
Nach einer Vereinbarung der Kultusministerkonferenz (KMK) vom 16.06.2000 zur soll der Biologieunterricht darauf abzielen, Schülern die Kompetenz zu vermitteln, nach der Aneignung und Festigung von Basiswissen dieses selbstständig auf neue, ungewohnte Situationen übertragen zu können. (Vergleichen Sie dazu die Ausführungen auf den folgenden Seiten). Als Folge dieser Vereinbarung wurde in Bayern ab der schriftlichen Abiturprüfung 2004 im Fach Biologie damit begonnen, gegenüber den vorangegangenen Jahr-

gängen die Art der Fragestellung zu ändern und mit neuen Aufgabentypen diese Kompetenzen zu überprüfen. Während in den früheren Jahrgängen Kenntnisse und Fähigkeiten anhand mehrerer kleiner Aufgaben abgefragt wurden, geschieht dies seit 2004 verstärkt durch Teilaufgaben „mit einem höheren Komplexitätsgrad und offener Fragestellung", die thematisch einen Zusammenhang bilden und verstärkt materialgeleitet sind. Derartige Aufgaben enthielten zwar gelegentlich auch schon frühere Abiturjahrgänge (z. B. 2003: I 4, II 2, III 4), sie nehmen aber hinsichtlich „Umfang und Vernetzungsgrad" zunehmend einen immer größeren Anteil an den Abituraufgaben ein.

Nach wie vor wird als Basiswissen für die Abiturprüfung ein guter Überblick über die vom Lehrplan geforderten thematischen Schwerpunkte der vier Kurshalbjahre vorausgesetzt. Der hauptsächliche Anspruch der Prüfungsaufgaben liegt jedoch nicht im Wiedergeben von lückenlosem Detailwissen, sondern in der Anwendung des von Ihnen erworbenen Fachwissens.

Es soll überprüft werden, ob Sie Strukturen und Inhalte bisher unbekannter biologischer Sachverhalte erfassen können, diese dann mit dem eigenen Wissen zu verknüpfen vermögen und schließlich zu angemessenen Lösungen kommen. Die unbekannten Inhalte werden Ihnen als Materialien (z. B. in Form von Einführungstexten, Versuchsbeschreibungen, Diagrammen, Tabellen oder Skizzen) zur Prüfungsaufgabe vorgelegt. Diese Fähigkeiten, die über die Wiedergabe des reinen, angelernten Wissens hinausgehen, werden als **Qualifikationen** oder **Kompetenzen** bezeichnet.

Die Anforderungsbereiche im Fach Biologie

Jede Aufgabe bzw. Teilaufgabe kann im Rahmen des jeweiligen Arbeitsauftrages einem von drei **Anforderungsbereichen (AFB)** zugeordnet werden:
– Anforderungsbereich I „Reproduktion",
– Anforderungsbereich II „Reorganisation und Transfer"
– Anforderungsbereich III „Problemlösendes Denken".

Die Anforderungsbereiche unterscheiden sich vor allem im Grad der Selbstständigkeit bei der Bearbeitung der Aufgaben sowie in der Komplexität der gedanklichen Verarbeitungsprozesse. Diese unterschiedlichen Niveaustufen bestimmen zusammen mit der Komplexität möglicher vorgelegter Materialien den Schwierigkeitsgrad einer Aufgabe.

Die in den einzelnen Aufgaben zum Tragen kommenden Anforderungsbereiche können Sie oft schon anhand der Beschreibungen der jeweiligen Tätigkeiten, die von Ihnen verlangt werden, abschätzen. Solche Handlungsanweisungen nennt man **Operatoren**.

Da die Operatoren Signalworte sind, lassen sie Rückschlüsse auf Art und Umfang der Beantwortung der Aufgaben sowie auf deren Anforderungsniveau zu. Während z. B. beim „Nennen" biologische Sachverhalte, Erscheinungen oder Merkmale einfach aufgezählt werden dürfen (AFB I), wird von Ihnen mit dem Arbeitsauftrag „Erläutern Sie" die verständliche, anschauliche Darstellung eines Sachverhalts unter Verwendung weiterer Informationen z. B. aus dem Material erwartet, sodass der Leser den Sachverhalt nachvollziehen kann (AFB II). Die Handlungsanweisung „Bewerten" erfordert selbstständige Deutungen und Begründungen in Form strukturierter, zusammenhängender Texte (AFB III).

In den folgenden Übersichten sind die Anforderungsbereiche und eine Auswahl entsprechender „Signalworte" mit ihrer Bedeutung und je einem Aufgabenbeispiel wiedergegeben.

Der **Anforderungsbereich I „Reproduktion"** umfasst einfache Anforderungen, wie
– Wiedergeben von Basiswissen
– Darstellen bekannter biologischer Sachverhalte
– Beschreiben und Auswerten bekannter Experimente
– Zeichnen und Beschriften bekannter biologischer Strukturen

- die Nutzung bekannter Methoden und Modelle in vergleichbaren Beispielen
- die Entnahme von Informationen aus Fachtexten und Umsetzen der Informationen in einfache Schemata (Stammbäume, Flussdiagramme o. Ä.)
- die Auswertung von Daten, Tabellen, Diagrammen oder Abbildungen mithilfe der Fachsprache

Signalwort	Bedeutung	Beispiel
nennen/angeben/ aufführen	Fakten, Begriffe, Namen ohne Erläuterung wiedergeben, aufzählen	*Nennen Sie die Bestandteile pflanzlicher Zellen.*
wiedergeben/ formulieren	bekannte Inhalte wiederholen bzw. zusammenfassen	*Formulieren Sie das 3. mendelsche Gesetz.*
skizzieren	Sachverhalte, Strukturen oder Ergebnisse auf das Wesentliche reduziert übersichtlich grafisch darstellen	*Skizzieren Sie in einem Diagramm die vermutliche Populationsentwicklung einer Beute- und Räuberpopulation nach einem Pestizideinsatz.*
bezeichnen/ benennen	Eigenschaften, Bestandteile biologischer Objekte bzw. Vorgänge genau angeben und in Abbildungen/Skizzen z.B. durch Pfeile kenntlich machen	*Benennen Sie die mit Kennziffern bezeichneten Strukturen des menschlichen Gehirns.*
beschreiben	Strukturen, Sachverhalte, Vorgänge oder Zusammenhänge durch umfassende Angaben zusammenhängend und geordnet (strukturiert) mit eigenen Worten in der richtigen Fachsprache wiedergeben	*Beschreiben Sie den Verlauf der Lichtreaktion der Fotosynthese.*
darstellen	Sachverhalte, Zusammenhänge, Methoden o. Ä. beschreiben und durch Diagramme, Tabellen oder Schemata veranschaulichen	*Stellen Sie die wichtigsten biochemischen Vorgänge der Dunkelreaktion in einer Übersicht dar.*
zeichnen	eine möglichst exakte grafische Darstellung von Strukturen anfertigen und eindeutig beschriften	*Zeichnen Sie eine Skizze eines Chloroplasten.*
zusammenfassen	das Wesentliche in konzentrierter Form herausstellen	*Fassen Sie die Ergebnisse der dargestellten Kurven zusammen!*

Der **Anforderungsbereich II „Reorganisation und Transfer"** verlangt einen höheren Grad an Selbstständigkeit beim
- Wiedererkennen eines bekannten Sachverhaltes in einem neuen Zusammenhang
- Übertragen des gelernten Wissens auf vergleichbare neue Situationen (Transfer)
- Ausformulieren des Inhalts von Tabellen, Graphen und Abbildungen mit der richtigen Fachsprache
- Auswählen, Anordnen, Verarbeiten und Darstellen bekannter Sachverhalte in neuen Zusammenhängen unter vorgegebenen Gesichtspunkten (Reorganisation)
- Übertragen und Anpassen bekannter Modellvorstellungen auf unbekannte Beispiele
- sachgerechten, strukturierten und auf das Wesentliche reduzierten Darstellen von in Materialien aufgeführten komplexen biologischen Abläufen
- Auswählen bekannter Daten, Fakten und Methoden zur Herstellung neuer Zusammenhänge, wenn dies von der Aufgabenstellung gefordert ist
- gezielten Entnehmen von Informationen aus Materialien unter einem vorgegebenen Aspekt
- Auswerten von unbekannten Untersuchungsergebnissen unter bekannten Aspekten
- Beurteilen und Bewerten eines bekannten biologischen Sachverhalts

Signalwort	Bedeutung	Beispiel
erklären	zusammenhängende, geordnete Darstellung, die nachvollziehbar und verständlich angibt, warum eine bestimmte Erscheinung beobachtet wird; dazu müssen die zugrunde liegenden Gesetze genannt werden und es ist die Kenntnis der Bedingungen für das Wirken des Gesetzes notwendig	*Erklären Sie das Zustandekommen des Ruhepotenzials.*
erläutern	Sachverhalte (Vorgänge, Begriffe, Arbeitsweisen) unter Angabe zusätzlicher Informationen (Fakten, Beispiele) anschaulich und verständlich darstellen	*Erläutern Sie die Bedeutung Stickstoff bindender Bakterien für die Landwirtschaft.*
vergleichen	unter verschiedenen Gesichtspunkten Gemeinsamkeiten und /oder Unterschiede feststellen und eventuell Schlussfolgerungen ableiten	*Vergleichen Sie obligatorisches und fakultatives Lernen.*
interpretieren / deuten	mögliche Ursachen und Bedingungen für bestimmte Erscheinungen oder Entwicklungen begründet darstellen und Zusammenhänge des Sachverhalts verdeutlichen	*Interpretieren Sie die Entstehung des langen Halses der Giraffe nach Lamarck und nach Darwin.*
definieren	eindeutige Umschreibung eines (Fach-) Begriffs durch Einordnung in übergeordnete Kategorien und Angabe der wesentlichen Merkmale	*Definieren Sie die Begriffe Mutation und Modifikation.*
ordnen / zuordnen / einordnen	Fakten, Begriffe, Systeme werden zueinander in Beziehung gesetzt, Zusammenhänge hergestellt und deutlich gemacht sowie nach bestimmten Gesichtspunkten bewertet	*Ordnen Sie folgende Organismen den Trophiestufen des Ökosystems See zu: Barsch, Fischreiher, Wasserfloh, Wasserpest.*
kennzeichnen / charakterisieren	Typisches, Wesentliches eines Sachverhalts nach bestimmten Gesichtspunkten herausstellen und veranschaulichen	*Kennzeichnen Sie die Bedeutung der geschlechtlichen Fortpflanzung für die Arterhaltung.*
ableiten	auf der Grundlage vorhandener Ergebnisse/ Merkmale sachgerechte Schlussfolgerungen ziehen	*Leiten Sie aus dem vorliegenden Stammbaum (Material) den zugrunde liegenden Erbgang ab.*
analysieren, untersuchen	wichtige Bestandteile oder Eigenschaften auf eine bestimmte Fragestellung hin herausarbeiten	*Analysieren Sie, welche der Beobachtungen (Material) auf ein genetisch bedingtes Verhalten schließen lassen!*
auswerten	Daten, Einzelergebnisse usw. in einen Zusammenhang stellen und ggf. zu einer Gesamtaussage zusammenführen	*Werten Sie die Ergebnisse von Sauerstoffmessungen entlang der Fließstrecke eines Flusses nach Einleitung fäkalienhaltigen Abwassers aus.*
ermitteln	einen Zusammenhang oder eine Lösung finden und das Ergebnis formulieren	*Ermitteln Sie aus den Abbildungen (Material!) den Erbgangstyp des Merkmals xyz.*

Der **Anforderungsbereich III „Problemlösendes Denken"** ist besonders anspruchsvoll und verlangt
- das Erörtern kontroverser Aussagen
- das Entwickeln alternativer Lösungsvorschläge
- das planmäßige Verarbeiten komplexer Gegebenheiten mit dem Ziel, zu selbstständigen Lösungen bzw. Deutungen, Begründungen, Wertungen zu gelangen
- das fundierte und differenzierte Beurteilen und Bewerten von zur Verfügung gestelltem Material
- das Entwickeln sinnvoll begründeter Hypothesen auf der Basis des eigenen Fachwissens oder anhand verschiedener Fakten, experimenteller Ergebnisse, die im beigefügten Material zur Verfügung stehen
- die Reflexion biologischer Sachverhalte in Bezug auf das Menschenbild

Signalwort	Bedeutung	Beispiel
begründen	Sachverhalte /Aussagen durch Aufführen von Argumenten und Ursachen erklären oder rechtfertigen	*Begründen Sie, weshalb sich Schadstoffe von einer Trophiestufe zur nächsten anreichern.*
werten / bewerten / beurteilen	Die Bedeutsamkeit von Dingen, Prozessen, Aussagen, Handlungen für den Menschen aus konkret historischer Sicht bzw. auf der Basis entsprechenden Bewertungskriterien nachweisen und eine eigene, begründete Meinung äußern	*Bewerten Sie das statistisch gehäufte Auftreten von Leukämieerkrankungen in der Nähe von Kernkraftwerken.*
beweisen	Argumente anführen, die aufzeigen, dass eine Aussage richtig ist	*Beweisen Sie die Abhängigkeit der Fotosynthese von Außenfaktoren.*
erörtern / diskutieren	gegensätzliche (positive und negative) Argumente und Aspekte zu einer Aussage oder These einander gegenüberstellen und abwägen; eigene Gedanken zu einer Problemstellung entwickeln und zu einer begründeten Wertung kommen	*Diskutieren Sie Möglichkeiten der Bekämpfung des HI-Virus.*
beurteilen	zu einem Sachverhalt ein selbstständiges Urteil unter Verwendung von Fachwissen und Fachmethoden formulieren und begründen	*Beurteilen Sie das Habitatverhalten von Vögeln einer Art in Abhängigkeit von den Aufzuchtstrukturen (Material).*
Hypothese entwickeln, aufstellen, erstellen	begründete Vermutung auf der Grundlage von Beobachtungen, Untersuchungen, Experimenten oder Aussagen formulieren	*Erstellen Sie eine Hypothese zum Selektionsvorteil der Fellstreifung für Zebras in ihrem natürlichen Lebensraum (Material).*
Stellung nehmen	zu einem Sachverhalt/einer Behauptung, der/die an sich nicht eindeutig ist, nach kritischer Prüfung und sorgfältiger Abwägung eine eigene, begründete Meinung abgeben	*Nehmen Sie Stellung zur Ermittlung von Verwandtschaftsbeziehungen anhand morphologischer Ähnlichkeiten von Funden. (Analogie und Homologie).*

Bewertung der Abiturprüfung

Die Bewertung Ihrer Prüfungsarbeit wird von einem Fachausschuss vorgenommen. Dieser besteht aus Ihrem Kursleiter, der die Arbeit als erster korrigiert und bewertet und einer zweiten Lehrkraft, die die Arbeit ebenfalls durchsieht und eine Note festsetzt, sowie einem Vorsitzenden. Der Vorsitzende überprüft die Bewertung auf formale Richtigkeit und entscheidet, wenn sich die Noten von Korrektor und Ko-Korrektor unterscheiden.
Als Grundlage für die Korrektur erhalten alle Schulen zusammen mit den Prüfungsaufgaben Hinweise zur Korrektur und Bewertung der Abiturprüfungsarbeiten. An diesen Hinweisen muss sich der Fachausschuss orientieren. Die Korrekturhinweise enthalten aber keine vollständigen Lösungen der Aufgaben, sondern in ihnen sind nur kurze Angaben zur erwarteten Schülerleistung aufgelistet. Auf der Basis dieser Angaben erstellt der Kursleiter einen umfangreichen Erwartungshorizont. In den Korrekturhinweisen nicht genannte, aber gleichwertige Lösungswege und Begründungen sind gleichberechtigt.
Den Einzelaufgaben sind verbindlich Bewertungseinheiten zugeordnet. Sie zeigen Ihnen das relative Gewicht der einzelnen Aufgabenabschnitte innerhalb einer Prüfungsaufgabe. Bei der Bewertung werden alle von Ihnen in der Reinschrift erarbeiteten Teillösungen berücksichtigt. Es kann durchaus sein, dass unübersichtliche Textstellen nicht in vollem Umfang gewertet werden. Es steht dem Korrektor frei, auch Entwürfe zur Bewertung heranzuziehen, wenn sie zusammenhängend konzipiert sind.
Bewertet wird zum einen die fachliche Richtigkeit und Vollständigkeit Ihrer Ausführungen entsprechend den inhaltlichen und methodischen Anforderungen der Aufgabenstellung. Aber auch Aspekte der Qualität, Quantität sowie der Kommunikations- und Darstellungsfähigkeit fließen in die Bewertung mit ein.

- Zur **Qualität** gehören u. a. das Erfassen der Aufgabe, die Genauigkeit der Kenntnisse und Einsichten, die Sicherheit in der Beherrschung der Methoden und der Fachsprache, Stimmigkeit und Differenziertheit der Aussage, die Herausarbeitung des Wesentlichen, das Anspruchsniveau der Problemerfassung, die Fähigkeit zur kritischen Würdigung der Bedingtheit und Problematik eigener und fremder Auffassungen, die Differenziertheit und Adäquatheit Ihres Urteils.
- Zur **Quantität** gehören u. a. der Umfang der Kenntnisse und Einsichten, die Breite Ihrer Argumentationsbasis und die Vielfalt der Aspekte und Bezüge.
- Die **Kommunikations- und Darstellungsfähigkeit** in der Prüfung zeigt sich in dem Vermögen, die Aufgabenstellung zu erfassen, und in der Fähigkeit, sich in einer angemessenen Weise (u. a. durch Klarheit und Eindeutigkeit der Aussage, durch Übersichtlichkeit der Gliederung und der inhaltlichen Ordnung) verständlich zu machen.

Bei allem Bemühen um korrekte Inhalte dürfen Sie aber auch die äußere Form (lesbare Schrift, eine übersichtliche Gestaltung durch Absätze, Aufzählungszeichen, Unterstreichungen, Leerzeilen usw.) und die sprachliche Richtigkeit (Grammatik, Rechtschreibung, Zeichensetzung) nicht vernachlässigen, denn schwerwiegende und gehäufte Verstöße können zu einem **Abzug von Punkten führen**.
Die Einschätzung Ihrer erbrachten Prüfungsleistung orientiert sich an der maximal erreichbaren Zahl von jeweils 40 Bewertungseinheiten (BE) pro Aufgabe, in der Summe also an 120 Bewertungseinheiten. Für die Erstellung der Gesamtnote bzw. der Notenpunkte wird folgende Zuordnungstabelle zugrunde gelegt, die auf die gesamte Prüfungsaufgabe angewendet wird.

Bewertungs-einheiten	Noten mit Tendenzangabe	Notenpunkte
120–115	+1	15
114–109	1	14
108–103	1–	13
102–97	+2	12
96–91	2	11
90–85	2–	10
84–79	+3	9
78–73	3	8
72–67	3–	7
66–61	+4	6
60–55	4	5
54–49	4–	4
48–41	+5	3
40–33	5	2
32–25	5–	1
24–0	6	0

Tipps zum Umgang mit Prüfungsaufgaben

Im Folgenden geben wir Ihnen eine kurze Auflistung einiger wichtiger Punkte, die Sie beim Bearbeiten der Aufgaben beachten sollten. Ebenso gehen wir exemplarisch auf einige Aspekte der Analyse von Materialien ein.
Weiterführende Hilfestellungen zum Umgang mit Prüfungsaufgaben finden Sie in dem Buch „Training Methoden – Biologie", Stark Verlag Freising (Best.-Nr. 94710), mit dem Sie anhand einer Reihe konkreter Beispiele die prüfungsrelevanten Arbeitstechniken im Fach Biologie trainieren können.
Orientieren Sie sich aber auch an den Vorgaben/Vorschlägen, die Sie in den vier Halbjahren von Ihrem Kursleiter, der ja die Arbeit als erster korrigiert, erfahren haben.

1 Tipps zur Bearbeitung der Aufgaben

Stellen Sie sicher, dass Sie nur die Abituraufgaben bearbeiten, die der Fachausschuss Ihrer Schule ausgewählt hat. Streichen Sie deshalb alle Seiten der beiden nicht zur Bearbeitung bestimmten Fragenkomplexe durch, sofern dies noch nicht durch Ihren Kursleiter geschehen ist.
Die weiteren Einzelschritte, die im Folgenden genauer erläutert werden, sollten sein:
a) Lesen der Gesamtaufgabe
b) Analysieren der Teilaufgaben
c) Darstellen der Ergebnisse
d) Überprüfen auf Vollständigkeit

a) **Lesen der Gesamtaufgabe**
Es ist sinnvoll, dass Sie sich zunächst einen Überblick über die in den zwei Prüfungsaufgaben angesprochenen unterschiedlichen Themengebiete der Biologie verschaffen: Für die weitere Bearbeitung setzen Sie sich einen Zeitplan, damit Ihnen nicht am Ende die Zeit für die letzte Aufgabe oder das Korrekturlesen fehlt. Fangen Sie dann mit der Bearbeitung der für Sie am besten geeigneten Teilaufgabe an.
Dabei kann Ihnen ein systematisches Vorgehen entsprechend der nachfolgend dargestellten Schritte das Erarbeiten der zu den Anforderungen jeder Teilaufgabe passenden Lösung erleichtern.

b) **Analysieren der Teilaufgaben**
In den meisten Fällen gibt ein kurzer Informationstext eine Einführung in die zu bearbeitenden Sachverhalte. Manchmal sind in diesem Text auch wichtige Informationen zur Lösung der Aufgabe „versteckt".
Nachdem Sie sich ein Bild von der Thematik der Aufgabe gemacht haben, sollten Sie sich gezielt mit den einzelnen Arbeitsaufträgen auseinandersetzen:
– Unterstreichen Sie die Arbeitsanweisungen/Operatoren.
– Verdeutlichen Sie in der Fragestellung und in den Einführungstexten Informationen, die für den zu bearbeitenden Sachverhalt wichtig sein könnten durch Randbemerkungen und/oder optische Hervorhebungen.
– Markieren Sie wichtige Begriffe, die den zu bearbeitenden Sachverhalt betreffen.

c) **Darstellen der Ergebnisse**
– Verfahren Sie bei der Beantwortung nach dem Prinzip: vom Allgemeinen zum Detail.
– Behalten Sie auch bei der Auseinandersetzung mit dem Detail immer den Gesamtzusammenhang im Auge.
– Stellen Sie die Ergebnisse logisch und nach erkennbaren Ordnungsprinzipien zusammen.
– Konzentrieren Sie Ihre Aussagen auf das Thema und vermeiden Sie weitschweifige Ausarbeitungen. Dadurch geht der rote Faden verloren!
– Beschreiben Sie bei der Auswertung von Grafiken oder Tabellen zunächst kurz die wiedergegebenen Inhalte und erklären Sie diese erst danach.
– Stellen Sie komplexe Sachverhalte, wenn angebracht, grafisch dar (Skizzen, Schaubilder, Fließdiagramme etc.).
– Berücksichtigen Sie bei der Ausformulierung Ihrer Antworten immer die vorgegebenen Operatoren, damit Sie die Lösung im Sinne der Aufgabenstellung erstellen. Sie sollten z. B. beim Operator „nennen/angeben" keine weiteren Erklärungen geben, dies wäre auch nicht im Sinne einer sinnvollen Zeiteinteilung bei der Prüfung.
– Achten Sie auf sprachlich korrekte Formulierungen und eine klare, verständliche Ausdrucksweise. Alle Antworten sollten Sie, sofern es nicht ausdrücklich anders verlangt ist (z. B. die Lösung der Aufgabe in Form einer Tabelle oder Skizze), durchgehend in vollständigen Sätzen formulieren. Kurze Sätze sind besser als ineinander verschachtelte.
– Verwenden Sie sorgfältig die Fachsprache. Fachbegriffe müssen nur bei ausdrücklicher Aufforderung umschrieben werden (oder wenn Sie bei deren Verwendung unsicher sind).
– Verwendete Abkürzungen sollten Sie, sofern es sich nicht um Standardabkürzungen wie DNA, ATP o. Ä. handelt, zumindest einmal ausschreiben (z. B. PKU = Phenylketonurie). Ungebräuchliche Abkürzungen gelten als Rechtschreibfehler.
– Sind Zeichnungen, Skizzen oder Tabellen anzufertigen, dann erstellen Sie diese sauber, übersichtlich und nicht zu klein. Sie sind grundsätzlich vollständig zu beschriften.

- Achten Sie auf eine angemessene äußere Form Ihrer Ausführungen (lesbare Schrift, eine übersichtliche Gestaltung durch das Einhalten eines Randes rechts und links, Absätze, Aufzählungszeichen, Unterstreichungen usw.)
- Beginnen Sie die Beantwortung der nächsten Frage auf einer neuen Seite oder lassen Sie zumindest mehrere Leerzeilen frei, so dass sie gegebenenfalls beim Überprüfen auf Vollständigkeit problemlos noch Ergänzungen einfügen können. Reicht in diesem Fall der Leerraum dennoch nicht für Ihre Nachträge, dann müssen Sie diese auf dem Zusatzblatt eindeutig unter Verwendung sinnvoller Symbole dem ersten Teil Ihrer Antwort zuordnen.

d) Überprüfen auf Vollständigkeit
- Kontrollieren Sie, ob Sie alle Bedingungen und Aspekte der Aufgabenstellung (unter Einbeziehung der einleitenden Informationen zu den Teilaufgaben) erfasst haben.
- Prüfen Sie, ob alle wesentlichen Inhalte berücksichtigt wurden.
- Überprüfen Sie, ob das vorgegebene Material sinnvoll und angemessen ausgewertet wurde.
- Lesen Sie den Text noch einmal durch und berichtigen Sie eventuelle Fehler in der Grammatik, Rechtschreibung oder Zeichensetzung.
- Zuletzt sollten Sie die Seiten vollständig durchnummerieren und auf jedes Einzelblatt Ihren Namen schreiben.

2 Tipps zur Analyse von Tabellen, Grafiken und Abbildungen

Ein Bestandteil biologischer Aufgabenstellungen kann die Analyse von Material in Form von Tabellen sowie Grafiken sein. In **Tabellen** sind häufig Daten aus biologischen Experimenten zusammengefasst. Eine andere Art der Präsentation von Zahlenmaterial sind Grafiken bzw. **Diagramme**. Zur Auswertung einer Tabelle oder eines Diagramms gibt es einige Grundregeln, die sich fast immer anwenden lassen:
- Welche Größen sind in der Tabelle/dem Diagramm dargestellt? Achten Sie auf die Überschriften und den Begleittext.
- Welcher Diagrammtyp liegt vor (z. B. Säulendiagramm, Optimumkurve)?
- Welche Größen sind gegeneinander aufgetragen? Welche ist die unabhängige, welche die abhängige Größe?
- Was sind die Bezugsgrößen: Zahlenarten (absolute Zahlen, Prozentzahlen), Zahlenwerte (gerundet, geschätzt, vorläufig)?
- Welche Auffälligkeiten/Tendenzen sind zu erkennen?
- Welche Kategorien werden miteinander in Beziehung gesetzt (z. B. bei Tabellen in Kopfzeile, Spalten und Vorspalten)?
- Welche Hauptaussagen lassen sich formulieren (Trends/Tendenzen)?
- Welche Teilaussagen lassen sich machen (Minima, Maxima, Zunahme, Abnahme, Stagnation, Zahlensprünge, Anomalien, Gleichmäßigkeiten und regelhafte Verläufe, unterschiedliche Phasen, Wechselbeziehungen zwischen verschiedenen Variablen/Merkmalen ...)?
- Welcher Arbeitsauftrag ist mit dem Diagramm/der Tabelle verbunden? (Unabhängig davon sollten Sie Ihrer Lösung immer eine knappe Beschreibung der in der Tabelle oder der Darstellung enthaltenen Gegebenheiten im Rahmen der jeweiligen Fragestellungen voranstellen.)
- Welche Antwort gibt die Tabelle/das Diagramm auf die Fragestellung?
- Welche Aussagen werden durch die Daten nahe gelegt?
- Welche neuen Fragen werden durch die Informationen der Tabelle/des Diagramms aufgeworfen?
- Was sind mögliche Ursachen für die der Tabelle/dem Diagramm entnommenen Sachverhalte?

Abbildungen in der Biologie zeigen meist entweder Strukturen (z. B. einen Blattquerschnitt) oder Prozesse (z. B. die Zellteilung). Der erste Schritt Ihrer Lösung sollte auch hier immer darin bestehen, die bildlich dargestellte Information in Worte zu fassen („Untertitel" der Abbildung). Die weitere Analyse ist dann sehr stark von der Art der Abbildung und der damit verbundenen Fragestellung abhängig. Aber auch hier gibt es wieder einige Grundregeln, die zu beachten sind:
- Wie ist die Abbildung zustande gekommen? Ist es z. B. die Skizze eines mikroskopischen Bildes oder die schematische Darstellung eines Experiments? (Beachten Sie dabei auch den vorangestellten Text, die Bildunterschrift und die angegebene Quelle.)
- Was wissen Sie über die dargestellten Strukturen oder Abläufe? Welche Fachbegriffe können Sie zuordnen?
- Was sind die wichtigen Merkmale der dargestellten Objekte oder Sachverhalte? Vergleichen Sie Teilabbildungen miteinander. Formulieren Sie Kern- und Teilaussagen.
- Welche Arbeitsanweisung ist mit der Abbildung verknüpft? Sollen Sie z. B. die Abbildung zur Erläuterung eines Sachverhaltes verwenden oder wird von Ihnen eine Hypothese über den Ablauf des dargestellten Experiments erwartet?
- Welche für die Beantwortung der Fragestellung relevanten Informationen lassen sich aus den Darstellungen entnehmen und welche Fragen stellen sich?
- Welche Ursachen und Mechanismen könnten hinter den dargestellten Prozessen stecken? Wie sind auftretende Besonderheiten zu erklären?

Hinweise zur Benutzung dieses Buches

Das vorliegende Buch informiert nach dem Stichwortverzeichnis und einer thematischen Übersicht zunächst anhand des derzeit gültigen Curricularen Lehrplans (ohne Unterrichtsverfahren) über die Lernziele und -inhalte der vier Kurshalbjahre.

Im Anschluss finden Sie amtliche Bestimmungen zur Colloquiumsprüfung sowie allgemeine Tipps zur persönlichen Gestaltung des Ablaufs dieser mündlichen Prüfung. Ein solcher Prüfungsverlauf für das Colloquium im Fach Biologie ist exemplarisch dargestellt.

Der Hauptteil des Buches umfasst die Aufgaben der schriftlichen Prüfungen der letzten sechs Jahre. Am Ende jeder Teilaufgabe steht die maximal erreichbare Anzahl von Bewertungseinheiten (BE).

Die Lösungsvorschläge wurden basierend auf den ministeriellen Hinweisen zur Korrektur und Bewertung überarbeitet und in den meisten Fällen **bewusst ausführlicher beantwortet**. Ab dem Jahrgang 2004 sind Hinweise, Anmerkungen und weiterführende Informationen durch *kursiven* Druck abgesetzt.

Ab dem Abiturjahrgang 2006 sind Lösungsvorschläge, wenn es angebracht erscheint, zusätzlich mit **methodischen Hinweisen** versehen. Diese Hinweise erläutern – sofern nötig – kurz den Operator sowie die Herangehensweise an die Teilaufgabe und geben Ihnen konkrete Tipps, was bei der jeweiligen Aufgabe zu beachten ist. Alle Tipps und Hinweise erkennen Sie am *Kursivdruck* und an den Rauten am Seitenrand.

Dies alles ermöglicht Ihnen die kompakte Wiederholung abiturrelevanter Lerninhalte und somit eine gezielte Vorbereitung auf das schriftliche Abitur.

Unterrichtsthemen im Grundkurs Biologie

Nachfolgende Zusammenstellung basiert auf dem derzeit gültigen Lehrplan vom 9. September 1991. Wiedergeben sind die inhaltlichen Anforderungen der einzelnen Ausbildungsabschnitte (Themenbereiche, Begriffe, Fakten, Daten).

Jahrgangsstufe 12

1 Zellbiologische Grundlagen der Vererbung
Vorausgesetzt werden die in der Mittelstufe erworbenen Kenntnisse aus der klassischen Genetik und der Cytogenetik.

1.1 Chromosomen als Träger der genetischen Information
- arttypische Zahlenkonstanz; Aufbau und Individualität; Autosomen und Gonosomen; Karyogramm des Menschen
- Verdoppelung und Weitergabe des genetischen Materials im Zellzyklus; Bedeutung der Mitose
- Bildung der Geschlechtszellen durch Reduktions- und Äquationsteilung (Meiose ohne Untergliederung der Prophase); Neukombination des genetischen Materials (zufällige Verteilung der Homologen und Crossing over); wesentliche Unterschiede der Geschlechtszellenbildung von Frau und Mann

1.2 Mono- und dihybride Erbgänge aus der Sicht der Chromosomentheorie der Vererbung: dominant-rezessive und intermediäre Genwirkung
- Mendelsche Regeln
- Gen- und Allelbegriff
- Statistischer Charakter der Vererbungsregeln
- Genkopplung

1.3 Erscheinungsbild und Erbgang von Merkmalen beim Menschen
- AB0-System; kodominante Genwirkung
- Vererbung des Geschlechts; theoretisches und tatsächliches Zahlenverhältnis
- Erbkrankheiten: Erscheinungsbild und Entstehung der freien Trisomie 21 bzw. einer gonosomalen Genmutation; exemplarische Darstellung je eines autosomal-dominanten und autosomal rezessiven sowie eines gonosomal-rezessiven Erbleidens

1.4 Genetische Familienberatung
- vorbeugende Beratung; Risikoabschätzung (z. B. Stammbaumanalyse); eugenische Aspekte
- pränatale Diagnose: verschiedene Möglichkeiten; Schutz ungeborenen Lebens und Fragen des Schwangerschaftsabbruchs (Dimension der menschlichen Verantwortung); begrenzte Behandlungsmöglichkeit von Erbleiden

1.5 Einfluss der Umwelt auf die Merkmalsausprägung
- Beispiele beim Menschen
- Problematik quantitativer Aussagen zum Erbe-Umwelt-Anteil

2 Molekulargenetik

2.1 Nukleinsäuren als Speicher der genetischen Information
- Speicherung der genetischen Information; Watson-Crick-Modell der DNA; Unterschiede zur RNA
- Vervielfältigung der genetischen Information: semikonservativer Replikationsmechanismus

2.2 Molekulare Wirkungsweise der Gene
- Verwirklichung der genetischen Information: Bauprinzip und Bedeutung der Proteine; genetischer Code („Code-Sonne"); Proteinbiosynthese (Transkription, Translation); reverse Transkription beim HIV
- Veränderung der genetischen Information; Ursachen und Folgen von Genmutationen

2.3 Aspekte der Gentechnologie
- Grundlagen der gezielten Manipulation von Genen: künstliche Neukombination genetischer Information bei Bakterien; Prinzip der Gewinnung von Hybridplasmiden; Prinzip der Klonierung; Analyse und Expression
- Anwendungsbereiche, Zukunftsaspekte und Risiken der Gentechnologie: Anwendungsmöglichkeiten bei Mikroorganismen, Pflanzen und Tieren; Chancen und Risiken
- Gendiagnostik und Eingriffe in den Genbestand beim Menschen: gentherapeutische Möglichkeiten und die damit verbundene Problematik (wissenschaftlich-technisches Können und ethische Verantwortung)

3 Grundlegende Stoffwechselvorgänge in Lebewesen

3.1 Energiebindung und Stoffaufbau durch Photosynthese
- Anatomische Voraussetzungen des Energiestoffwechsels bei Lebewesen (funktionale Betrachtung von Gewebsdifferenzierungen und Zellstrukturen): Bau und zelluläre Struktur des Assimilationsgewebes; Bedeutung der Spaltöffnung; Bau der Chloroplasten; Membransysteme der Chloroplasten als Träger photosynthetisch aktiver Pigmente
- Einfluss von Außenfaktoren: Kohlenstoffdioxidkonzentration, Temperatur, Lichtintensität, Lichtqualität
- Überblick über die zentralen Vorgänge der Assimilation (einfache schematische Darstellungen; Bruttogleichungen): Lichtreaktion (Photolyse des Wassers, Elektronentransport, ATP- und $NADPH/H^+$-Bildung); Dunkelreaktion (Fixierungs-,

Reduktions- und Regenerationsphase); ATP als Energieträger und NADPH/H⁺ als Reduktionsmittel
- Bedeutung der Photosynthese für die weltweite Biomasseproduktion und Sauerstofffreisetzung

3.2 Stoffabbau und Energiefreisetzung
- Überblick über die zentralen Vorgänge der Dissimilation (Bruttogleichungen): aerober Abbau durch biologische Oxidation (Prinzip der abgestuften Energiefreisetzung und der sukzessiven CO_2-Abspaltung); anaerober Abbau durch Gärung (alkoholische Gärung, Milchsäuregärung); Glykolyse (Stoff- und Energiebilanz, Rückbildung von NAD⁺ als Oxidationsmittel, Weiterverarbeitung der Brenztraubensäure)

4 Ökologie und Umweltschutz

4.1 Wechselbeziehungen zwischen den Lebewesen und ihrer Umwelt
- Wechselbeziehungen zwischen autotrophen und heterotrophen Organismen in Ökosystemen
- Einwirken abiotischer und biotischer Umweltfaktoren
- Grenzen der Lebensmöglichkeiten einzelner Arten und ihre Empfindlichkeit gegenüber Veränderungen: Toleranzgrenzen einer Art; Zusammenspiel einer Vielzahl von Faktoren; zwischenartliche Konkurrenz und ökologische Einmischung
- Entwicklung und Regulation von Populationen: Wachstumsphasen, Bestandsregulierung, dichteabhängige und dichteunabhängige Faktoren, Räuber-Beute-Beziehung
- Entwicklung der Erdbevölkerung

4.2 Ökosystem See (Komplexität eines Ökosystems)
- Gliederung in verschiedene Lebensräume: jahreszeitlicher Änderungen von Temperatur, Sauerstoff- und Mineralstoffgehalt sowie ihre Folgen
- Nahrungsbeziehungen: exemplarische Besprechung eines Nahrungsnetzes unter Nennung eingebundener Pflanzen- und Tierarten
- Stoffkreislauf und Energiefluss: Bedeutung von Produzenten, Konsumenten und Destruenten (einfache Schemaskizzen)

4.3 Eingriffe des Menschen in Ökosysteme und Maßnahmen des Natur- und Umweltschutzes
- Anthropogene Umweltbelastungen: Verantwortung des Menschen für die Erhaltung seiner Lebensgrundlagen; Handlungsmöglichkeiten zur Vermeidung oder Lösung von Umweltproblemen (auch im privaten Bereich); ethische und ästhetische Aspekte des Naturschutzes
- Selbstreinigung der Gewässer
- Gewässerbelastung: Zufuhr von Mineralstoffen und organischen Stoffen (Eutrophierung)
- Abwasserreinigung: Prinzip der dreistufigen Kläranlage
- Landwirtschaft und Waldbau: Düngemittel- und Pestizideinsatz; integrierter Pflanzenschutz
- Luftverschmutzung und Luftreinhaltung: ausgewählte Schadstoffe (z. B. Schwefel- und Stickstoffoxide) und Emissionsquellen und ihre wesentlichen Auswirkungen; Möglichkeiten der Vermeidung bzw. Verminderung von Schadstoffemissionen

Jahrgangsstufe 13

1 Anatomische und physiologische Grundlagen des Verhaltens

1.1 Grundstrukturen und Leistungen des Nervensystems beim Menschen als Grundlage für die beobachtbaren Lebensäußerungen

- Neuron als Grundbaustein: Nervenzelle mit markhaltiger Nervenfaser, Synapse als interzelluläre Kontaktstelle
- animales Nervensystem: anatomische und funktionelle Gliederung des Zentralnervensystems im Überblick; peripheres Nervensystems (Afferenz und Efferenz)
- autonomes Nervensystem: antagonistische Wirkung von Sympathikus und Parasympathikus; Möglichkeiten der Beeinflussung (z. B. autogenes Training, Psychopharmaka)
- Folgen der Einnahme von Suchtmitteln auf neurophysiologische Prozesse: Gesundheitsgefährdung durch Suchtmittelmissbrauch in ihrer physischen und psychischen Dimension; akute Gefahren; Langzeitwirkungen; Suchtprävention

1.2 Elektrochemische Vorgänge in Nervenzellen und Synapsen

- Entstehung und Aufrechterhaltung des Ruhepotentials: Ionentheorie (Diffusionsvorgänge in Abhängigkeit von der selektiven Membranpermeabilität, den Konzentrationsgefällen und dem elektrischen Potentialgefälle); Natrium-Kalium-Pumpe
- Entstehung und Weiterleitung des Aktionspotentials: Auslösebedingungen, Potentialumkehr, Refraktärphase, saltatorische Erregungsleitung
- Erregungsübertragung an der neuromuskulären Synapse durch Neurotransmitter (Acetylcholin); Synapsengifte

2 Verhalten bei Tier und Mensch

Die vergleichende Verhaltensforschung als Wissenschaft, mit deren Hilfe das Instinktverhalten von Tieren und seine erfahrungsbedingten Erweiterungsmöglichkeiten analysiert und interpretiert werden. Ein Wissenschaftszweig, der keine undifferenzierte Übertragung ethologischer Erkenntnisse auf den Menschen anstrebt, sondern vielmehr gemeinsame Wurzeln und auffällige Parallelen herausstellt. Die Komplexität menschlichen Verhaltens lässt sich nur in der Zusammenschau mit anderen Humanwissenschaften hinreichend beschrieben.

2.1 Erbbedingte Verhaltensanteile

- Wichtige Methoden und Fragestellungen der Verhaltensforschung
- unbedingter Reflex: schematische Darstellung des Reiz-Reaktions-Zusammenhangs; biologische Bedeutung
- Instinkthandlung: Phasen (ungerichtetes und gerichtetes Appetenzverhalten, Endhandlung), Prinzip der doppelten Quantifizierung (Handlungsbereitschaft und Schlüsselreiz als Voraussetzung einer Instinkthandlung); Attrappenversuche zur Analyse von Schlüsselreizen und Auslösemechanismen; Sonderformen des Instinktverhaltens
- Nachweis angeborener Verhaltensweisen: Ergebnisse und Grenzen am Beispiel von Kaspar-Hauser-Versuchen; andere Methoden
- erbbedingte Verhaltensanteile beim Menschen: Verhaltensweisen von Säuglingen und taubblind geborenen Kindern; angeborener Auslösemechanismus (z. B. Kindchenschema, Mann-Frau-Schema und deren Bedeutung, auch in der Werbung)

2.2 Erfahrungsbedingte Verhaltensanteile
- biologische Bedeutung obligatorischen und fakultativen Lernens bei Tieren
- Verschränkung mit erbbedingten Verhaltensanteilen
- Prägung: Nachfolgeprägung (Kriterien und biologische Bedeutung); Mutter-Kind-Bindung (personale Bindung) als prägungsähnliche Fixierung; Hospitalismus
- reiz- und verhaltensbedingte Konditionierung: bedingter Reflex, bedingte Appetenz, bedingte Aversion, bedingte Aktion, bedingte Hemmung; Bedeutung dieser Lernvorgänge beim Menschen
- höhere Lern- und Verstandesleistungen: Lernen durch Einsicht; besondere Stellung des Menschen (z. B. Bewusstsein, Sprache)

2.3 Erscheinungsformen des Sozialverhaltens und ihre Bedeutung
- Kommunikation und soziale Bindung: einfache Signale und ritualisierte Verhaltensweisen aus dem Fortpflanzungsverhalten
- innerartliche Aggression und Aggressionskontrolle: Imponier-, Droh- und Demutsverhalten, Komment- und Beschädigungskampf; Rangordnung und Territorialität; Parallelen und Unterschiede zu Verhaltensweisen des Menschen

3 Evolution
Evolutionslehre, eine leistungsfähige wissenschaftliche Theorie, die für zahlreiche biologische Phänomene eine plausible Erklärung geben kann.

3.1 Belege für die stammesgeschichtliche Entwicklung
- Ordnung der Arten im natürlichen System: Formenvielfalt und abgestufte Verwandtschaftsbeziehungen; biologischer und morphologischer Artbegriff
- Homologien: vergleichende Anatomie, Embryologie, Serologie (Präzipitintest), weitere biochemische Befunde; Abgrenzung zu Analogien, konvergente Entwicklung
- fossile Zwischenformen (Archaeopteryx): paläontologische Ansätze bei der Datierung

3.2 Erklärungen für den Artenwandel
- Darwinsche Evolutionstheorie von der Entstehung und Veränderlichkeit der Arten Grundaussagen; Auswirkungen auf das Weltbild des Menschen; Missbrauch der Lehre Darwins
- Zusammenspiel von Evolutionsfaktoren aus der Sicht der erweiterten Evolutionstheorie: genetische Variabilität (Mutation, Rekombination), Selektion (Genfrequenzänderungen infolge der selektierenden Wirkung abiotischer und biotischer Faktoren), Isolation (Rassen- und Artbildung als Folge geographischer und reproduktiver Isolation); adaptive Radiation am Beispiel der Darwinfinken bzw. der Beuteltiere

3.3 Grundzüge der stammesgeschichtlichen Entwicklung des Menschen
- Vergleich Mensch – Menschenaffe: anatomische, serologische und chromosomale Merkmale
- humane Phase: Bedeutung des aufrechten Gangs für die Entwicklung von Hand und Gehirn; kulturelle Evolution; Veränderung von Evolutionsbedingungen durch den Menschen (Der Mensch, selbst ein Ergebnis des phylogenetischen Prozesses, beeinflusst diesen Prozess zunehmend und übernimmt damit eine große Verantwortung für die weitere Entwicklung allen Lebens auf der Erde.)

Die Colloquiumsprüfung

Jeder Abiturient muss in seinem 4. Abiturprüfungsfach eine mündliche Prüfung ablegen.

I Amtliche Bestimmungen

1. Ziele der Prüfung

Im Colloquium soll der Prüfling seine **allgemeine und fachspezifische Studierfähigkeit** nachweisen.

Gesichtspunkte der **allgemeinen** Studierfähigkeit sind, dass der Abiturient
- in einer ihm vorgegebenen Zeit anhand eines Kurzreferates eine Aufgabenstellung löst;
- sich zu dem gewählten Fachthema zusammenhängend äußern kann;
- im Prüfungsgespräch auf den Gesprächspartner eingehen kann und dabei geistige Beweglichkeit zeigt;
- in der Vorbereitung auf die Prüfung Primär- und Sekundärliteratur (Begleitlektüre) selbstständig erarbeiten kann.

Der **fachspezifische** Aspekt der Studierfähigkeit beinhaltet, dass der Schüler
- in dem Themenbereich, mit dem er sich längere Zeit beschäftigt hat, vertiefte fachliche Kenntnisse besitzt;
- mit Arbeitstechniken des Prüfungsfaches vertraut ist und diese anwenden kann;
- über das Wissen größerer fachlicher und ggf. fächerübergreifender Zusammenhänge verfügt.

2. Vorbereitung der Colloquiumsprüfung

Im Verlauf eines jeden Ausbildungsabschnittes gibt der Kursleiter den Schülern
- mindestens drei mögliche **Themenbereiche** aus diesem Ausbildungsabschnitt und
- mindestens einen geeigneten Text als **Begleitlektüre** für die Colloquiumsprüfung

bekannt.

Bei den Begleitlektüren handelt es sich um Texte, die den Unterricht ergänzen, aber nicht im Unterricht behandelt werden und auch nicht aus den im Unterricht verwendeten Lehrbüchern stammen. Der Umfang der Begleitlektüre pro Ausbildungsabschnitt darf 30 Seiten nicht überschreiten, wobei Druckformat und Schwierigkeitsgrad auch eine geringere Seitenzahl rechtfertigen.

3. Prüfungsstoff

Der Abiturient wird über die Inhalte von **drei** Ausbildungsabschnitten geprüft:
- Er kann die Lerninhalte entweder des ersten (12/1) oder des zweiten Ausbildungsabschnittes (12/2) **ausschließen**.

- Aus den **drei verbleibenden** Ausbildungsabschnitten erklärt er **eines** zu seinem **Prüfungsschwerpunkt**.

Grundkenntnisse werden unabhängig von den möglichen Einschränkungen vorausgesetzt. Individuelle Absprachen über den Prüfungsstoff dürfen nicht getroffen werden.

4. Ablauf der Colloquiumsprüfung

Dem Schüler wird das Thema des Kurzreferats 30 Minuten vor der Prüfung schriftlich vorgelegt. In dieser **Vorbereitungszeit** darf er sich stichwortartige Notizen machen.

Die anschließende Prüfung ist eine Einzelprüfung über **30 Minuten,** die sich in **zwei Prüfungsteile** von je 15 Minuten gliedert:
- **Prüfungsteil 1:** Kurzreferat (ca. 10 Minuten) und anschließendes Gespräch (ca. 5 Minuten) über Inhalte dieses Kurzreferats bzw. des gesamten Schwerpunktthemenbereichs.
- **Prüfungsteil 2:** Prüfungsgespräch über Lerninhalte der beiden verbleibenden Ausbildungsabschnitte, wobei in Fragen auch auf die Begleitlektüre Bezug genommen werden kann.

5. Bewertung

Die Bewertung wird in beiden Prüfungsteilen entsprechend folgendem Schema unter Berücksichtigung der angegebenen Beurteilungsbereiche vorgenommen:

	Gesprächsfähigkeit	Fachliche Kenntnisse
Prüfungsteil 1	maximal 15 Punkte	maximal 15 Punkte
Prüfungsteil 2	maximal 15 Punkte	maximal 15 Punkte

Die maximal erreichbare Gesamtpunktzahl in der Colloquiumsprüfung beträgt demnach 60 Punkte.

Der Beurteilungsbereich **Gesprächsfähigkeit** umfasst die Fähigkeit eines Schülers,
- sich von seinen vorgefertigten Notizen zu lösen und in freier Rede seine Gedanken zum Thema vorzutragen;
- seine Ausführungen logisch zu gliedern;
- aus komplexen Sachverhalten das Wesentliche herauszuarbeiten und für den Zuhörer klar, übersichtlich und anschaulich darzustellen;
- bei entsprechender Thematik seinen eigenen Standpunkt begründet zu vertreten und gegen andere Positionen abzugrenzen;
- sich auf das Gespräch zu konzentrieren und flexibel auf Fragen, Einwände und Anregungen des Prüfers einzugehen und erforderliche Hilfen zu verwerten.

Die **fachlichen Kenntnisse** umfassen die Fähigkeit des Prüflings,
- das Referatsthema bzw. im Gespräch die Fragen richtig zu erfassen;
- bei allen Antworten die Fachsprache korrekt anzuwenden;
- bei Einzelfakten immer den Bezug zu übergeordneten Zusammenhängen herstellen zu können;
- Sachverhalte und Probleme fachspezifisch zu beurteilen.

Die Bekanntgabe des Prüfungsergebnisses erfolgt durch den Prüfungsausschuss. Der Termin wird von jeder Schule eigenverantwortlich festgelegt.

II Allgemeine Hinweise für den Schüler zur Gestaltung des Prüfungsablaufs

- Versuchen Sie, mit einer gewissen Gelassenheit in die Prüfung zu gehen. Nach gewissenhafter Vorbereitung sollten Sie auf Ihre Fähigkeiten vertrauen.
- Angemessenes Äußeres kann sich positiv auf Ihr Selbstvertrauen auswirken.

Während der Vorbereitungszeit:
- Machen Sie sich stichpunktartige Notizen. Gliedern Sie das Referat logisch. Strukturieren Sie Ihre Aufzeichnungen (z. B. Unterstreichungen, Spiegelstriche, farbliche Hervorhebungen), damit Sie sich während des Referats mit einem Blick orientieren können.
- Wollen Sie Ihre Ausführungen an Skizzen erläutern, überlegen Sie sich deren Aufbau.
- Machen Sie sich Gedanken, wie Sie sich den Platz an der Tafel einteilen wollen (falls ein umfangreicher Tafelanschrieb nötig ist).

Nach Ablauf der Vorbereitungszeit werden Sie in das Prüfungszimmer gerufen. Der Prüfungsausschuss besteht aus mindestens zwei Mitgliedern, dem Prüfer und dem Schriftführer. Der Prüfer, der das Prüfungsgespräch führt, ist in der Regel der Kursleiter.

Während der mündlichen Prüfung:

Meist wird er Kursleiter die Prüfung mit der Aufforderung einleiten, mit dem Referat zu beginnen.

- Sprechen Sie langsam und gut verständlich, nicht monoton.
- Bedienen Sie sich, wo immer möglich, der Fachsprache. (Deren sichere Verwendung sollten Sie durch rege Beteiligung am Unterricht während der vier Kurshalbjahre trainiert haben.)
- Versuchen Sie frei zu sprechen; entwickeln Sie einen logischen Gedankengang ohne Gedankensprünge und unnötige Abschweifungen. Klammern Sie sich nicht zu eng an Ihre während der Vorbereitungszeit gemachten Aufzeichnungen.
- Suchen Sie Blickkontakt zum Prüfer: aus der Mimik des Prüfers können Sie u. U. ablesen, ob Sie auf dem richtigen Weg sind oder nicht.
- Falls Sie Inhalte an der Tafel entwickeln: Schreiben Sie sauber, teilen Sie sich den Platz ein und achten Sie darauf, dass ein möglichst übersichtliches Tafelbild entsteht; erläutern Sie den Tafelanschrieb.
- Machen Sie, nachdem Sie einen Gesichtspunkt zusammenhängend abgehandelt haben, eine kleine Pause.
- Achten Sie darauf, dass das Referat nicht länger als 10 Minuten dauert; der Prüfer muss Sie sonst unterbrechen.
- Besonders im zweiten Teil der Prüfung ist es für Sie u. U. möglich, den Prüfungsverlauf positiv zu beeinflussen: Haben Sie eine gestellte Frage umfassend beantwortet, und sind Sie auf dem angesprochenen Gebiet gut informiert, kann ein kurzer Hinweis auf ein angrenzendes Problem oder ein Vergleich mit einem ähnlichen Sachverhalt den Gesprächsverlauf beeinflussen.
- Gehen Sie auf Fragen des Prüfers ein.
- Haben Sie eine Frage nicht richtig verstanden, scheuen Sie sich nicht, zurückzufragen.

III Beispiel eines Prüfungsablaufs

Der Prüfling hat für den ersten Teil der Colloquiumsprüfung aus dem **Ausbildungsabschnitt 12/1** (Genetik) das **Schwerpunktthema:** *„Erscheinungsbild und Erbgang von Merkmalen beim Menschen; Möglichkeiten der genetischen Familienberatung"* gewählt. Die Lerninhalte des Ausbildungsabschnittes 12/2 (Stoffwechselvorgänge, Ökologie und Umweltschutz) wurden ausgeschlossen.

Prüfungsrelevante **Begleitlektüren** waren:
– aus dem Ausbildungsabschnitt 13/1 (Neurobiologie/Verhaltenslehre):
  • *„Zoologische Streß-Forschung – ein Bindeglied zwischen Psychologie und Medizin"*
  • *„Streß und Hormone"*
  beide Artikel in: academic spectrum Stress; Spektrum der Wissenschaft, Mai 1993; Seite 92–100
– aus dem Ausbildungsabschnitt 13/2 (Evolution):
  „Multiregionaler Ursprung der modernen Menschen", in: Spektrum der Wissenschaft, Juni 1992, S. 80–87

Prüfungsteil 1: Kurzreferat und Fragen zum Schwerpunktthemenbereich

Thema des Referats:
Ursache einer erblichen geistigen Behinderung kann ein Stoffwechseldefekt sein, wie es bei der Phenylketonurie der Fall ist.
Stellen Sie umfassend diesen Zusammenhang dar, und zeigen Sie Möglichkeiten der modernen Medizin auf, dieser Erbkrankheit zu begegnen!

Erwartungshorizont:
– Genetik:
  • autosomal-rezessiv vererbter Defekt
  • heterozygote Anlageträger sind phänotypisch gesund
  • Krankheit manifest, wenn zwei mutierte rezessive Allele vorliegen

– Physiologie:
  • Defekt im Aminosäurestoffwechsel: Abbau der Aminosäure Phenylalanin zu Tyrosin ist gestört
  • Ursache der klassischen Form von PKU: nahezu vollständiger Ausfall der Phenylalanin-Hydroxylase
  • Folgen: Anstieg des Phenylalanin-Gehaltes im Blut über einen kritischen Wert; Anstieg der Phenylbrenztraubensäure-Konzentration (Zellgift!); Tyrosinmangel;
  → verändertes chemisches Zellmilieu

– Klinische Symptome:
  • strukturelle und funktionelle Veränderungen des Nervensystems/Gehirns: geistige Retardierung
  • zusätzlich u. U.: kein normales Gewicht/Größe; geringe Pigmentierung
  • Häufigkeit 1 : 10 000

– Möglichkeiten der modernen Medizin:
  • Früherkennung homozygoter Träger fünf Tage nach der Geburt: Guthrie-Test (mikrobiologischer Hemmtest)
  • bei positivem Ergebnis: Diätmaßnahmen (phenylalaninarm, tyrosinreich)
  • Genetische Familienberatung: Heterozygotentest

Fragen zum Schwerpunktthema:

Der Umfang dieser Fragen ergibt sich aus der Qualität des Referats und der Notwendigkeit, klärende Zusatzfragen zu stellen.

- Vorlage des folgenden Stammbaumes. Um welchen Erbgang handelt es sich? Geben Sie für die Personen 1 mit 6 die möglichen Genotypen an!

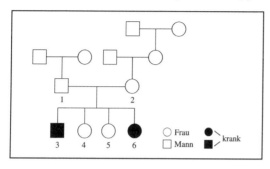

Autosomal-rezessiver Erbgang:
- rezessiv: Krankheit tritt über Generationen nicht in Erscheinung.
- autosomal: Krankheit tritt bei beiden Geschlechtern auf.

mögliche **Genotypen:**
1 Aa
2 Aa
3 aa
4 AA oder Aa
5 AA oder Aa
6 aa

- Lassen sich Erbkrankheiten durch entsprechende Behandlung vermeiden wie bei der PKU, dann reicht vielfach eine Diagnose beim Neugeborenen. Sind Leiden nach der Geburt nicht mehr beeinflussbar, können Voraussagen durch pränatale Diagnoseverfahren erfolgen. Erläutern Sie das bekannteste Verfahren!

Amniozentese:
- Zeitpunkt: 15./16. Schwangerschaftswoche
- Technik: Punktion durch die Bauchwand in die Fruchtblase; Entnahme von Fruchtwasser; biochemische Untersuchung des Fruchtwassers; Anlegen von fetalen Zellkulturen: biochemische Untersuchungen, Chromosomenuntersuchungen; evtl. Schwangerschaftsabbruch bei positivem Befund.

- Stellen Sie Genetik, Ursache und klinische Symptome des Marfan-Syndroms dar!
  - Genetik: autosomal-dominanter Erbgang
  - Ursache: mutiertes Allel a → A
  - Folgen: fehlgebildetes Protein zum Aufbau der elastischen Bindegewebsfasern
  - Symptome: überlange Gliedmaßen, überdehnbare Gelenke u. a.

Prüfungsteil 2: Gespräch zu zwei weiteren Kurshalbjahren (mit Begleitlektüre)

13/1 Neurobiologie/Ethologie

- Beschreiben Sie den Acetylcholin-Kreislauf an der Synapse!
  - Freisetzung von ACH aus synaptischen Bläschen
  - Diffusion durch den synaptischen Spalt
  - ACH besetzt spezifische Rezeptormoleküle an subsynaptischer Membran
  - ACH-Esterase zerlegt ACH in Essigsäure und Cholin
  - Diffusion von Essigsäure und Cholin zurück in den Axonendknoten
  - Resynthese von ACH mittels Synthetase unter Energieverbrauch

- Die Weiterleitung von Erregungen an einer neuromuskulären Synapse kann durch chemische Substanzen gehemmt werden. Wo bzw. wie könnten derartige Substanzen ihre Wirkung entfalten?
  Besetzung des ACH-Rezeptors ohne ACH-Wirkung (z. B. Curare; kompetitiver Antagonismus); Hemmung der ACH-Ausschüttung (z. B. Botulinusgift).
- Karl von Frisch entschied die Streitfrage, ob Fische hören können, mit Hilfe des Lernvermögens der Tiere. Entwerfen Sie einen Versuchsablauf, der eine relativ rasche Klärung ermöglicht!
  1. unbedingter Reiz: Futter → Appetenzverhalten des Fisches
  2. neutraler Reiz Pfiff und gleichzeitig unbedingter Reiz Futter → Appetenzverhalten
  3. nach fünf Tagen: nur Pfiff → Appetenzverhalten: bedingte Appetenz; Pfiff wurde zum (erfahrungs)bedingten Reiz.
- Was versteht man unter ritualisierten Verhaltensweisen? Erläuterung an Beispielen!
  - von Instinkthandlungen abgeleitet; ursprünglich andere Funktion; keinen Gebrauchswert mehr, reiner Signalcharakter; überbetont; artspezifisch
  - Beispiele: Übergeben von Nistmaterial (Tangbüschel) bei der Ablösung am Nest als reine Beschwichtigungshandlung. Seeschwalbenmännchen bieten bei der Balz dem Weibchen einen Fisch an, was als ritualisiertes Jungenfüttern der Partnerbindung dient; Zickzacktanz des Stichlingsmännchens bei der Balz: ritualisiertes Pendeln zwischen Angreifen und Nestweisen.
- **Begleitlektüre:**
  Das Verhalten von Säugetieren wird vom Nervensystem und vom Hormonsystem gesteuert. Besonders deutlich wird dies beim Phänomen Streß. Die aktuelle Forschung unterscheidet dabei zwei voneinander unabhängige Streß-Achsen, die aktiviert werden können.
  Was versteht man darunter? Verdeutlichen Sie dieses Konzept der zwei Streß-Achsen anhand eines Experimentes mit Tupajas!
  - Sympathikus-Nebennierenmark-System wird aktiviert, wenn ein Lebewesen durch aktives Handeln eine Situation unter Kontrolle zu bringen versucht (**aktiver Streß**): Adrenalinspiegel steigt; Gefühle wie Wut und Angst möglich.
  - Hypophysen-Nebennierenrinden-System wird aktiviert bei Verlust der Kontrolle über Personen oder Situationen (**passiver Streß**): Cortisolspiegel steigt; Gefühle der Unsicherheit, Hilflosigkeit, Depression; langfristig: Erkrankung des Immunsystems.
  - Experimente mit Tupajas: jeweils zwei einander unbekannte männliche Tiere wurden in einem für beide fremden Käfig zusammengebracht. Innerhalb von drei Tagen ergaben sich Dominanzbeziehungen. Bei den unterlegenen Männchen wurden folgende Streß-Reaktionen beobachtet:
  Subdominante Verlierer weisen eine erhöhte Sympathikus-NNM-Aktivität auf. Symptome: übermäßige Aktivität (Fluchtreaktionen), ständige Alarmbereitschaft (Verteidigungstendenzen); Folgen: langfristig Schäden des Herz-Kreislauf-Systems; Abnahme der Hypophysen-NNR-Aktivität.
  Submissive Verlierer wiesen erhöhte Hypophysen-NNR-Aktivität auf. Symptome: sie ergaben sich passiv ihrer Lage: apathisch, depressiv; Abbau von Muskulatur und Fettgewebe; Auswirkungen auf das Immunsystem; Tod innerhalb weniger Tage.

13/2 Evolution

- Die Vorfahren der heute lebenden Elefanten hatten noch keine Rüssel. Wie hätten Lamarck bzw. Darwin die Entstehung der rezenten Elefanten mit ihren langen Rüsseln erklärt?
  - *Lamarck:* Bei Elefantenvorfahren entsteht das Bedürfnis, Nahrung auf Bäumen zu suchen; sie machen alle Anstrengungen, die Schnauze zu verlängern, um an die Blätter zu kommen; ständiger Gebrauch führt zu einer rüsselartigen Verlängerung; diese individuell erworbene Verbesserung wird vererbt; es entstehen immer längere Rüssel.
  - *Darwin:* Elefantenvorfahren erzeugen mehr Nachkommen als zur Arterhaltung nötig wären (Überproduktion); Nahrung und Raum sind begrenzt: Konkurrenz um Raum und Nahrung *(struggle for life);* Variation in der Schnauzenlänge innerhalb der Vorfahren; im Konkurrenzkampf überleben die bestangepassten Varianten *(survival of the fittest)* und können sich vermehren; Variation ist erblich: über viele Generationen ändern sich die Arten.

- Läuse sind als Vertreter der Insekten im Meer sehr selten; im Pelz von Robben kommen Läuse allerdings vor. Wie ist dies zu erklären?
  Bei Walen kommen wegen des fehlenden Felles andere Ektoparasiten vor, die aber gewisse Ähnlichkeiten mit den Läusen aufweisen (sog. Walläuse, sie gehören zu den Krebsen). Interpretieren Sie diese Erscheinung!
  - Läuse im Pelz von Robben belegen die Abstammung dieser Meeressäuger von Landtieren.
  - Walläuse sind das Ergebnis einer **konvergenten** Entwicklung (Anpassung an ähnliche Lebensbedingungen führte unabhängig zu Ähnlichkeit im Aussehen. Es liegt keine Verwandtschaft zu echten Läusen vor).

- Erläutern Sie das Prinzip der Radiocarbonmethode! Welche Voraussetzungen müssen gegeben sein?
  - Kenntnis der radioaktiven Zerfallsreihe, der Halbwertszeit (5720 Jahre) und der Mengenverhältnisse von Ausgangs- und Endprodukt; C^{14} gleichmäßig über die Erde verteilt; $C^{12} : C^{14} = 10^{12} : 1$
  - Einbau in Lebewesen; bei Tod des Lebewesens: Stopp des Einbaus von CO_2; Zerfall von C^{14} geht weiter; C^{14}-Konzentration sinkt stetig
  - Grenzen der Methode nach 10facher Halbwertszeit; große Probenmengen erforderlich

- Ein evolutiver Trend in der Pferdeentwicklung ist die Schädelvergrößerung. Worauf ist diese zurückzuführen?
  - zunehmende Hochkronigkeit der Zähne wegen Versteppung und Grasnahrung
  - Unterkiefer höher und länger, weil Kaumuskulatur stärker wird und größere Ansatzflächen braucht
  - Vergrößerung des Hirnvolumens

Grundkurs Biologie (Bayern)
Übungsaufgabe 1: Malaria und Sichelzellanämie

BE

Weltweit sind etwa 400 Millionen Menschen an Malaria erkrankt. Zwischen zwei und drei Millionen Menschen sterben jährlich an dieser Infektion, vor allem Kinder im Alter von einem bis fünf Jahren. Der Malaria-Erreger *Plasmodium falciparum* ist ein einzelliger Parasit, der mit dem Stich der Anopheles-Mücke auf den Menschen übertragen wird. Diese Mücken gehören zur Familie der Stechmücken (Culicidae).
Zur ungeschlechtlichen Vermehrung dringen die Erreger in rote Blutkörperchen ein und verändern diese. Sie verstopfen dadurch Kapillaren, was unter anderem zu Gehirnschädigungen oder Nierenversagen führen kann. Die Zerfallsprodukte der roten Blutkörperchen lösen die charakteristischen Fieberschübe aus.

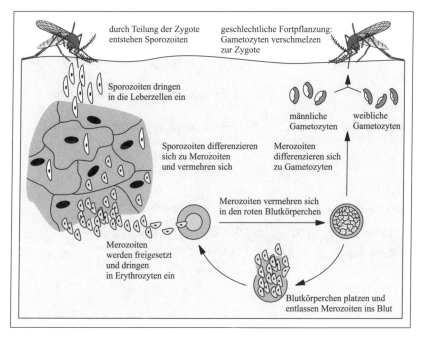

Seit langem ist bekannt, dass heterozygote Träger des Sichelzellgens (Ursache der Sichelzellanämie) weniger schwer an Malaria erkranken als homozygot gesunde Personen, während homozygote Träger des Gens meist vor Erreichen der Geschlechtsreife sterben. Bei den Betroffenen führt der Gendefekt zur Bildung veränderter Polypeptidketten im Hämoglobin, das bei Sauerstoffmangel die Ausbildung der charakteristischen Sichelform der roten Blutkörperchen bedingt. Die Sichelzellen verstopfen Blutkapillaren, wodurch es zu Blutarmut (Anämie), verminderter Leistungsfähigkeit und Organschäden kommt.

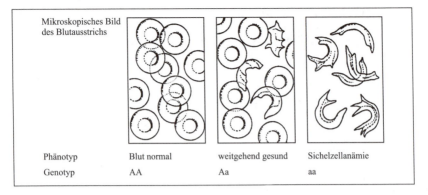

Beziehen Sie diese allgemeinen Informationen zur Malaria und Sichelzellanämie sowie die weiteren Materialien in die Bearbeitung der folgenden Fragen mit ein!

1. Entwickeln Sie mit Hilfe von Material 1 die mRNA- und Aminosäuresequenzen für die Bildung von normalem Hämoglobin und Sichelzell-Hämoglobin! Ermitteln Sie die Abweichung in der DNA-Sequenz und erklären Sie deren Folgen! 8

2. Erklären Sie die Verbreitung des Sichellzellgens in Afrika (Material 2) aus evolutionsbiologischer Sicht! 4

3. Stellen Sie Bedingungen und Verlauf einer Instinkthandlung am Beispiel des Stechakts der Stechmücken dar! 5

Material 1

DNA-Sequenz (Anfang des Gens für die β-Ketten des Hämoglobins) für die Bildung von

normalem Hämoglobin: 3' TACCAGGTAAATTGAGGGCTCCTC ... 5'

Sichelzell-Hämoglobin: 3' TACCAGGTAAATTGAGGGCACCTC ... 5'

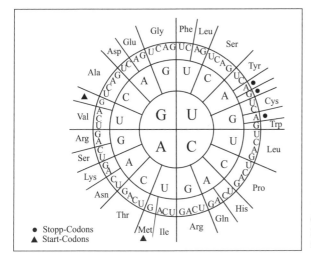

Code-Sonne:
Leserichtung von
innen nach außen!

- Stopp-Codons
▲ Start-Codons

Material 2

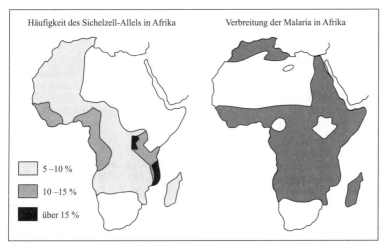

Häufigkeit des Sichelzell-Allels in Afrika   Verbreitung der Malaria in Afrika

- 5–10 %
- 10–15 %
- über 15 %

Material 3

Die Weibchen der Stechmücken benötigen für die Produktion der Eier Bluteiweiß. Sie werden durch ein Hungergefühl in Unruhe versetzt und suchen umherfliegend nach potenziellen Opfern. Durch chemische, thermische und optische Reize finden sie zu ihrem Wirt. Dort setzen sie sich auf die Haut, betasten diese mit ihrem Stechrüssel, um eine günstige Einstichstelle zu finden. Mit Hilfe empfindlicher Tastsinneszellen finden die Stechmücken unter der Haut verlaufende Blutgefäße, stoßen ihren Stechrüssel hinein und saugen sich voll Blut. Bei jedem Einstich werden Speicheldrüsensekrete in die Wunde abgegeben, um die Blutgerinnung zu unterbinden.

Lösung

1. Bei der Proteinbiosynthese wird der **codogene Strang** des Gens für die Bildung der β-Ketten des Hämoglobins transkribiert. Die RNA-Polymerase katalysiert die Ablesung in 3'-5'-Richtung. Wenn die angegebene DNA-Sequenz den codogenen Strang darstellt, ergibt sich folgende mRNA, wobei die Base Thymin durch Uracil ersetzt wird:

   Ausschnitt aus dem Gen für **normale Hämoglobinbildung**:
   DNA-Sequenz: 3' TAC CAG GTA AAT TGA GGG **CTC** CTC …5'
   mRNA-Sequenz: 5' AUG GUC CAU UUA ACU CCC **GAG** GAG…3'

   Da die gebildete mRNSSequenz als erstes Triplett das Startcodon AUG aufweist, stellt die angegebene DNS-Sequenz den codogenen Strang dar.

   Nach der Translation liegt folgende Aminosäuresequenz vor:
   AS-Sequenz: Met   Val   His   Leu   Thr   Pro   **Glu**   Glu …

   Für die Bildung von **Sichelzell-Hämoglobin** ergibt sich:
   DNA-Sequenz: 3' TAC CAG GTA AAT TGA GGG **CAC** CTC …5'
   mRNA-Sequenz: 5' AUG GUC CAU UUA ACU CCC **GUG** GAG…3'
   AS-Sequenz: Met   Val   His   Leu   Thr   Pro   **Val**   Glu …

   Die DNA-Sequenzen für normales und Sichelzell-Hämoglobin stimmen bis auf eine Base im vorletzten angegebenen Triplett überein. Durch **Punktmutation** wurde die Base Thymin durch Adenin ersetzt. Der **Basenaustausch** führt bei der Translation des Sichelzellgens zum Einbau der Aminosäure Valin in das Polypeptid (β-Kette) anstelle der Aminosäure Glutaminsäure. Dadurch verändern sich die räumliche Struktur und Löslichkeit des Sichelzell-Hämoglobins. Bei homozygot Kranken bildet sich unter Sauerstoffmangel die Sichelform der roten Blutkörperchen aus.

2. Menschen mit normaler Hämoglobinbildung (**homozygot gesund**) haben in Malariagebieten einen **Selektionsnachteil**, da gerade im Kindesalter viele Malariainfektionen tödlich sind. Die intakten Gene werden weniger häufig in die Folgegeneration eingebracht. **Heterozygote** Träger des Sichelzellgens dagegen erkranken nicht so schwer an Malaria. Sie besitzen einen **Selektionsvorteil**. Da sie das mutierte Allel häufiger an die Folgegeneration weitergeben können, kommt es zu einer Anreicherung des Sichelzellgens in den Populationen der Malariagebiete.

3. Zur Auslösung einer Instinkthandlung ist eine innere Handlungsbereitschaft (**Motivation**) und ein **äußerer Reiz** bzw. Reizmuster erforderlich. Die Stärke dieser beiden Voraussetzungen bestimmt die Intensität der Instinkthandlung. Je schwächer die Handlungsbereitschaft ist, umso stärker müssen die auslösenden Reize sein und umgekehrt. Diese Abhängigkeit der Intensität einer Instinkthandlung von den auslösenden Faktoren wird als **doppelte Quantifizierung** bezeichnet.

   – Im angegebenen Beispiel stellt das Hungergefühl die Handlungsbereitschaft (**Motivation**) der Stechmücke dar.

- Das **ungerichtete Appetenzverhalten** zeigt sich in der Unruhe und dem Umherfliegen der Stechmückenweibchen. Es erhöht die Wahrscheinlichkeit, auf potenzielle Opfer zu stoßen.
- Ein aus mehreren Einzelreizen zusammengesetztes **Reizmuster** löst die **gerichtete Appetenz** (Taxis) aus und wirkt richtend auf sie: Chemische, thermische und optische Reize führen zum Anfliegen des Wirts und dem Landen auf seiner Haut. Taktile Reize, die beim Betasten der Haut aufgenommen werden, erleichtern die Suche nach einer günstigen Einstichstelle in ein Blutgefäß.
- Das Reizmuster als äußere Voraussetzung wirkt jetzt auslösend auf die **Endhandlung** (Erbkoordination): Einstich, Abgabe von Speicheldrüsensekret und Blutsaugen.

Grundkurs Biologie (Bayern)
Übungsaufgabe 2: Aerober und anaerober Abbau in Zellen

Hefen sind fakultative Anaerobier, d. h. sie können je nach Sauerstoffangebot atmen oder gären.

Versuch:

Aus 100 g Mehl, 5 g Glucose, 7 g Bäckerhefe und Wasser wurde durch Rühren ein Hefeteig hergestellt, der ein Volumen von 200 ml einnahm. Anschließend wurde dieser Teig in ein sauerstofffreies Gefäß gegeben. Die Versuchstemperatur betrug 20 °C. In bestimmten Zeitabständen stellte man das Teigvolumen fest und erhielt folgende Werte:

Zeit (min)	0	20	40	60	80	100	120	140	160	180	200
Teigvolumen (ml)	200	240	400	560	690	830	1010	1130	1300	1340	1340

Tab. 1: Entwicklung des Teigvolumens mit der Zeit in anaerober Atmosphäre bei 20 °C

BE

1.1 Stellen Sie die Abhängigkeit des Teigvolumens von der Zeit graphisch dar und interpretieren Sie den Kurvenverlauf! 6

1.2 Das Experiment wird dahingehend abgeändert, dass in zwei getrennten Versuchsansätzen die Temperatur 30 °C bzw. 70 °C beträgt.
Tragen Sie für beide Fälle die zu erwartende Abhängigkeit des Teigvolumens von der Zeit in das Diagramm der Aufgabe 1.1 ein! Begründen Sie die Kurvenverläufe! 5

2 Kompartimentierung (Schaffung membranumgrenzter Reaktionsräume) und Oberflächenvergrößerung sind wichtige biologische Bauprinzipien.
Erläutern Sie diese Bauprinzipien am Beispiel der Mitochondrien einer Zelle und stellen Sie einen Zusammenhang zu den in diesen Organellen ablaufenden Abbauvorgängen her! 4

3 In welcher Reihenfolge in der Evolution des Energiestoffwechsels könnten die aerobe Atmung, Gärung und Photosynthese entstanden sein? Begründen Sie Ihre Annahme! 5

Lösung

1.1 Versuch:

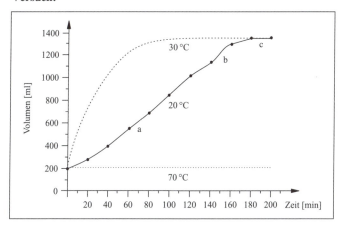

Interpretation des Kurvenverlaufs bei **20 °C**:
Zunächst ergibt sich ein linearer Anstieg der Kurve aufgrund konstanten Glucoseumsatzes in den Hefezellen (a). Mit abnehmender Glucosekonzentration sinkt auch die Gärungsrate und damit die Kohlenstoffdioxidbildung (b). Nach Verbrauch der Glucose erfolgt keine weitere Bildung von Kohlenstoffdioxid mehr (c: Plateauphase).

1.2 *Kurven bei 30 °C und 70 °C s. 1.1*

Abhängigkeit des Teigvolumens von der Zeit bei **30 °C**:
Der Kurvenverlauf wird steiler sein, so dass das Plateau in kürzerer Zeit erreicht wird. Eine Temperaturzunahme steigert auch die Geschwindigkeit enzymatischer Reaktionen. Es gilt die RGT-Regel (Reaktionsgeschwindigkeits-Temperatur-Regel): Bei einer Temperaturerhöhung um 10 °C verdoppelt bis verdreifacht sich die Reaktionsgeschwindigkeit. Das Endvolumen des Teigs wird nahezu gleich sein, da die Volumenzunahme des Kohlenstoffdioxidgases durch die Temperaturerhöhung relativ gering ist und die Masse an vergärbarer Glucose gleich ist.

Abhängigkeit des Teigvolumens von der Zeit bei **70 °C**:
Das Teigvolumen wird sich nicht verändern, da es zu keiner Kohlenstoffdioxidentwicklung kommt. Bei dieser Temperatur werden die Enzyme der Hefe hitzedenaturiert.

2 Kompartimentierung:

In den Mitochondrien laufen auf engstem Raum viele enzymgesteuerte Reaktionen gleichzeitig ab. Damit sie sich nicht gegenseitig stören, trennen Membranen Reaktionsräume ab. Die innere Membran der Mitochondrien umschließt den Matrixraum als inneres Kompartiment. Der Raum zwischen innerer und äußerer Membran bildet ein zweites Kompartiment, den Intermembranraum.

Im Matrixraum laufen die oxidative Decarboxylierung und der Citronensäurezyklus ab. Die Redoxsysteme der Atmungskette sind in der inneren Mitochondrienmembran und deren Einfaltungen eingebettet.

Oberflächenvergrößerung:
Die Oberfläche der inneren Membran wird durch Einstülpungen vergrößert. Darin kann eine größere Zahl an Redoxsystemen untergebracht werden. Dadurch wird die Effizienz der Atmungskette gesteigert.

Schematischer Aufbau eines Mitochondriums (Schema nicht verlangt):

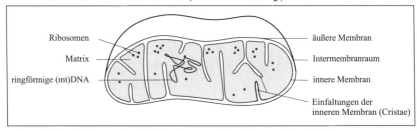

3   Der Energiestoffwechsel entwickelte sich wahrscheinlich in drei Schritten:

Gärung ⟶ Photosynthese ⟶ aerober Abbau

Die ersten primitiven, bakterienähnlichen Zellen ernährten sich von organischen Molekülen aus der Ursuppe. Da die Uratmosphäre sauerstofffrei war, musste der Abbau anaerob erfolgen.
Mit der Zeit und der Zunahme der einfachen Zellen verringerte sich der Vorrat an Energie liefernden organischen Molekülen. Einige dieser urtümlichen Bakterienarten besaßen die Fähigkeit, sich das Sonnenlicht als Energiequelle nutzbar zu machen. Aus ihnen entwickelten sich die Bakterien, die in der Lage waren, Wasser mit Hilfe der Lichtenergie zu spalten (Photolyse des Wassers). Der dabei entstandene Sauerstoff reicherte sich gelöst im Wasser und gasförmig in der Atmosphäre langsam an. In dieser Phase entwickelten sich einzellige Organismen, die den Sauerstoff zum aeroben Abbau nutzen konnten. Ein wichtiger Selektionsvorteil war die deutlich höhere ATP-Ausbeute aus dieser Form des Abbaus.

Abiturprüfungs-
aufgaben

Grundkurs Biologie (Bayern): Abiturprüfung 2002 – Aufgabe I

BE

1 Seen sind Lebensräume, die im Jahresverlauf unterschiedliche Lebensbedingungen bieten.
In einem mitteleuropäischen See wurden in unterschiedlichen Tiefen jeweils **am frühen Morgen** Sauerstoffmessungen durchgeführt. Die nachfolgend dargestellten drei Messungen erfolgten zu unterschiedlichen Jahreszeiten:
– nach starken Stürmen im Herbst,
– bei Eisfreiheit im Winter,
– während einer längeren Hitzeperiode im Sommer.

Tiefe	Messung 1	Messung 2	Messung 3
	Sauerstoffgehalt jeweils in mg/l		
20 cm	11	12	7
10 m	7	12	3

1.1 Ordnen Sie die Messungen 1 bis 3 den Jahreszeiten zu, in denen sie erhoben wurden, und begründen Sie Ihre Entscheidung unter Berücksichtigung physikalischer und stoffwechselbiologischer Argumente! 6

1.2 Neben dem Sauerstoffgehalt spielt die Konzentration bestimmter Ionen als abiotischer Faktor eine große Rolle für das Ökosystem See. Die folgende Grafik zeigt die Ergebnisse von Messungen der **Sichttiefe** sowie der **Konzentration an Phosphat-Ionen**: 2

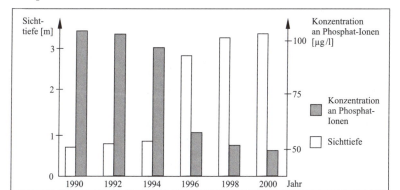

a) Beschreiben Sie den Verlauf der beiden Parameter **Sichttiefe** und **Ionenkonzentration** über den Beobachtungszeitraum und stellen Sie einen ursächlichen Zusammenhang zwischen beiden Messgrößen her! 3

b) Geben Sie zwei mögliche Maßnahmen an, die zu der sprunghaften Veränderung der Parameter **Sichttiefe** und **Ionenkonzentration** geführt haben können! 2

2 Das Pingelap-Atoll gehört zu einer pazifischen Inselgruppe vulkanischen Ursprungs und wurde vor rund 1 000 Jahren von Menschen besiedelt. 1775 wütete eine Taifun über der Insel, den nur etwa 20 Menschen überlebten. Sie bildeten die Basis für die heutige Inselbevölkerung von rund 3 000 Einwohnern, die in hohem Maße untereinander blutsverwandt sind. Ein nennenswerter Zuzug auf die Insel fand nicht statt.

In den Jahrzehnten nach dem Taifun begann sich auf dem Pingelap-Atoll eine Krankheit auszubreiten, von der heute rund 10 % der Inselbevölkerung betroffen sind: die Achromatopsie. Betroffene leiden an extremer Lichtempfindlichkeit, verminderter Sehschärfe und totaler Farbenblindheit. In Europa und den USA tritt die Krankheit sehr viel seltener auf als auf dem Pazifik-Atoll.

1998 fanden Wissenschaftler das Achromatopsie-Gen. Es enthält die Information für ein Kanalprotein, das Bestandteil der Membran von Fotorezeptoren ist.

2.1 Leiten Sie aus dem Stammbaumschema (siehe Abb. 1) den hier vorliegenden Erbgang unter Einbeziehung geeigneter Personen ab und schließen Sie dabei die anderen Ihnen aus dem Unterricht bekannten Erbgangstypen aus! Geben Sie die möglichen Genotypen der Personen 10, 11, 12 und 13 an! 8

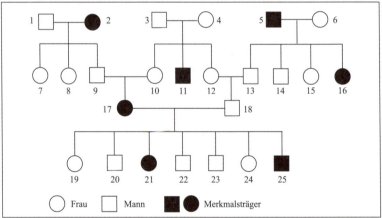

Abbildung 1: Stammbaumschema einer Familie, in der Achromatopsie auftritt

2.2 Analysieren Sie, ausgehend vom Erbgut (siehe Abb. 2) und unter Verwendung der Code-Sonne (siehe Abb. 3), die genetische Ursache der Krankheit und stellen Sie eine mögliche Auswirkung auf das synthetisierte Protein dar! 6

| **nicht mutiertes Allel:** | 3´...CTG GGC AGG ... 5´ |
| **mutiertes Allel:** | 3´...CTG GAC AGG ... 5´ |

Abbildung 2: Vergleich der DNS-Sequenzen jeweils des codogenen Strangs der beiden Allele des Achromatopsie-Gens

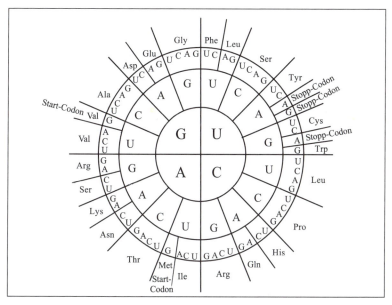

Abbildung 3: Code-Sonne der mRNS (Leserichtung von innen nach außen)

2.3 Ermitteln Sie, ausgehend von den möglichen Genotypen der Partner 1 und 2, mithilfe von Erbschemata die Wahrscheinlichkeiten, mit denen aus diesen Beziehungen Kinder mit Achromatopsie hervorgehen! 6

2.4 Erklären Sie das Zustandekommen der unterschiedlichen Häufigkeiten der Achromatopsie auf dem Pingelap-Atoll im Vergleich zu Europa und den USA! 4

2.5 Zu den Voraussetzungen für die Funktionsfähigkeit der Lichtsinneszellen gehört – wie bei Nervenzellen – das Vorliegen eines Ruhepotenzials. Geben Sie die Voraussetzungen für das Zustandekommen des Ruhepotenzials an einer Nervenzelle an! 5

3 Der Hoatzin ist ein südamerikanischer Vogel, der im Körperbau Ähnlichkeiten mit Fasanen zeigt und deshalb bisher mit diesen in eine Ordnung gestellt wurde. Neue DNS-Vergleiche weisen jedoch darauf hin, dass der Hoatzin näher mit den Kuckucken als mit den Fasanen verwandt ist.

3.1 Stellen Sie ein serologisches Testverfahren dar, durch das diese Erkenntnis schon vor den erwähnten DNS-Untersuchungen hätte gewonnen werden können! 6

3.2 Hoatzins bauen ihre Nester auf Äste, die über das Wasser ragen. Bei Gefahr lassen sich die Jungvögel aus dem Nest fallen und klettern danach mithilfe der Füße sowie der Krallen an den Flügeln zurück ins Nest.
Benennen Sie ein Fossil, an das eine Besonderheit im Körperbau der Jungvögel erinnert, und erläutern Sie die Bedeutung dieses Fossils für das Verständnis der Evolution der Vögel! 4

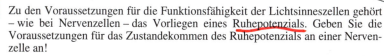

50

(erweiterter) Erwartungshorizont

1.1 Vorbemerkungen:
Zu den abiotischen Faktoren, die das Leben im Ökosystem See wesentlich beeinflussen, gehört der Sauerstoffgehalt.
Der im Seewasser gelöste Sauerstoff stammt zum einen aus der Atmosphäre, zum anderen aus der Fotosynthese der Algen im Epilimnion und der höheren Wasserpflanzen im Litoral. Verringert wird er entsprechend der Intensität der sauerstoffverbrauchenden Stoffwechselvorgänge zur Energiegewinnung v. a. der heterotrophen Organismen im See.
Die Jahreszeiten sind insofern von Bedeutung, als Winde durch die Bewegung des Oberflächenwassers die Anreicherung des Sees mit Sauerstoff begünstigen (Frühjahrs- und Herbststürme) und die jeweilige Wassertemperatur den Sauerstoffgehalt beeinflusst (je wärmer das Wasser, desto geringer die Sauerstoffsättigung).

Einheitliche Temperaturen des Wassers im Herbst und Frühjahr ermöglichen zudem eine Vollzirkulation im See und in der Folge ausgeglichene Sauerstoffverhältnisse.

Messung 1: Winter; insgesamt hohe Sauerstoffwerte

Physikalisches Argument	Stoffwechselbiologisches Argument
– Gute Löslichkeit von Sauerstoff im kalten Oberflächenwasser (Oberflächenwasser eisfrei!)	– Verminderte Zellatmung der heterotrophen Organismen in der Tiefe (4 °C!), daher dort geringe Sauerstoffzehrung

Messung 2: Herbst; ausgeglichene Sauerstoffverhältnisse im gesamten See

Physikalisches Argument	Stoffwechselbiologisches Argument
– Herbststürme mit hohem Sauerstoffeintrag – Wegen ausgeglichener Wassertemperaturen Vollzirkulation und damit gleichmäßig durchmischtes Wasser	– Bei niedrigen Temperaturen verminderte Zellatmung der Organismen im gesamten See, daher geringe Sauerstoffzehrung

Messung 3: Sommer; niedrige Sauerstoffwerte sowohl im Epilimnion als auch im Hypolimnion

Physikalisches Argument	Stoffwechselbiologisches Argument
– Geringere Löslichkeit von Sauerstoff bei höheren Wassertemperaturen (längere Hitzeperiode) – Sommerstagnation (stabile Temperaturschichtung) verhindert den Sauerstoffnachschub in das Tiefenwasser	– Verstärkte Zellatmung der Organismen im Oberflächenwasser bei höheren Temperaturen, daher hohe Sauerstoffzehrung – Keine Fotosynthese in der Nacht (Messung am frühen Morgen: somit kann die für Sommertage typische Übersättigung des Oberflächenwassers mit Sauerstoff nicht gegeben sein.) – Sauerstoffzehrung im Tiefenwasser durch Destruententätigkeit (ohne entsprechenden Nachschub)

1.2 a) Die Grafik zeigt, dass die Sichttiefe bei fallender Konzentration an Phosphationen zunimmt.
Im See sind Phosphationen als Minimumfaktor für das Algenwachstum verantwortlich: Wird die Phosphationenkonzentration verringert, dann vermindert sich auch das Algenwachstum. In der Folge nimmt die Planktondichte ab, wodurch sich die Sichttiefe verbessert.

b) Verminderung der Phosphationenkonzentration durch:
– Bau einer Kläranlage mit chemischer Reinigungsstufe zur Entfernung des Phosphats
– Ausbringung geringerer Düngermengen auf den umliegenden Feldern

2.1 Autosomal dominanter Erbgang:
Auszuschließen, da das phänotypisch gesunde Paar 3/4 ein krankes Kind hat.
Gonosomal (X-chromosomal) dominanter Erbgang:
Auszuschließen, da z. B. die Tochter 15 des kranken Vaters 5 ebenfalls krank sein müsste.
Gonosomal (X-chromosomal) rezessiver Erbgang:
Auszuschließen, da das gesunde Paar 9/10 eine kranke Tochter hat. Da ein Mann in Bezug auf das X-Chromosom hemizygot (XY) ist, muss sich bei ihm ein rezessives krank machendes Allel auf dem einzelnen X-Chromosom bereits auswirken. Eine kranke Tochter muss daher einen kranken Vater haben. Anders ausgedrückt: Ein gesunder Vater kann nur gesunde Töchter haben.

Autosomal rezessiver Erbgang:
Dieser Erbgang liegt vor, da das phänotypisch gesunde Paar 3/4 ein krankes Kind hat.

Genotyp Person 10:   Aa
Genotyp Person 11:   aa
Genotyp Person 12:   AA oder Aa
Genotyp Person 13:   Aa

2.2 Die genetische Ursache dieser Krankheit beruht auf einer **Punktmutation** im Achromatopsie-Gen: Die Base Guanin G im zweiten Triplett der in der Abbildung wiedergegebenen codogenen DNA-Sequenz wurde durch die Base Adenin A ersetzt.
Um die Auswirkungen dieses Basentauschs auf das synthetisierte Protein feststellen zu können, muss zunächst die mRNA-Sequenz des nicht mutierten und mutierten Allels angegeben werden. Aus dieser lassen sich unter Verwendung der Code-Sonne die jeweiligen Aminosäure-Sequenzen ermitteln:

Nicht mutiertes Allel:	mRNA	5´... GAC CCG UCC ...3´
	AS-Sequenz	Asp – Pro – Ser
Mutiertes Allel:	mRNA	5´... GAC CUG UCC ...3´
	AS-Sequenz	Asp – Leu – Ser

Die Auswirkung auf das synthetisierte Protein besteht darin, dass durch die Mutation statt der Aminosäure Prolin (Pro) die Aminosäure Leucin (Leu) in das Protein eingebaut wird. Dieser Aminosäuretausch führt zu einer veränderten Raumstruktur (v. a. der Tertiärstruktur) des Kanalproteins. Daraus resultiert letztlich dessen Funktionsstörung.

2.3 **Fall 1:**
Frau (2) aa   Mann (1) AA

	A	Vater
Keimzellen		
Mutter a	Aa	

Alle Kinder Aa; Erkrankungsrisiko 0 %

Fall 2:
Frau (2) aa   Mann (1) Aa

	A	a	Vater
Keimzellen			
Mutter a	Aa	aa	

50 % der Kinder Aa;
Erkrankungsrisiko 50 %: aa

2.4 Das häufige Auftreten der Krankheit Achromatopsie auf dem Pingelap-Atoll kann mit dem Phänomen der **Gendrift** erklärt werden:
Die Naturkatastrophe dezimierte die ursprüngliche Bevölkerung auf eine kleine Ausgangspopulation, die die Basis für die heutige Inselbevölkerung bildete (Flaschenhalseffekt). In dieser Population muss zufällig durch Mutation das Allel für Achromatopsie vorhanden gewesen oder aufgetreten sein. In derartig kleinen Populationen führen die Zufallseffekte bei der Rekombination häufig zu einer Verschiebung in der von großen Populationen her bekannten ausgeglichenen Genfrequenz (Gendrift). Die Folge ist eine Anreicherung bestimmter Allele im Genpool, andere können völlig aus dem Genpool verschwinden. In diesem Beispiel kam es durch die hohe Anzahl von Verwandtenehen zu dem häufigeren Auftreten homozygoter Allelträger für Achromatopsie im Gegensatz zu Europa und den USA.

2.5 Voraussetzungen für das Zustandekommen des **Ruhepotenzials** sind:
– die Konzentrationsunterschiede an Ionen zwischen dem Intra- und dem Extrazellularraum an der Nervenfaser:

	intrazellulär	extrazellulär
Kalium-Ionen	hoch	gering
Protein-Anionen	hoch	gering
Natrium-Ionen	gering	hoch
Chlorid-Ionen	gering	hoch

– die selektive Permeabilität der Membran des Axons: Sie ist in Ruhe im Wesentlichen nur für K+-Ionen durchlässig (Das Ruhepotenzial ist ein Kalium-Diffusionspotenzial).

3.1 Bei dem serologischen Testverfahren handelt es sich um den **Serum-Präzipitin-Test:**
Mit ihm lassen sich mittels einer **Antigen-Antikörper-Reaktion** abgestufte Ähnlichkeiten im Blutweiß von untersuchten Tieren (hier Hoatzin – Kuckuck, bzw. Hoatzin – Fasan) feststellen, wodurch Aussagen über eine Verwandtschaft möglich werden.

Die Testdurchführung gliedert sich in drei Schritte:
– Gewinnung eines Antiserums zur Durchführung der Testreihe:
Blutserum jenes Tieres (hier: Hoatzin), dessen Grad der Verwandtschaft zu anderen Tierarten geklärt werden soll, wird einem beliebigen Testtier (z. B. Kaninchen) gespritzt. Das Kaninchen bildet Antikörper gegen die darin befindlichen Hoatzin-Antigene: Kaninchen-Anti-Hoatzin-Antiserum.

- Festlegung einer Bezugsgröße für die eigentliche Testreihe:
  Man mischt das Blutserum des Hoatzin mit dem vom Kaninchen gebildeten Antiserum: Die in Schritt 1 gebildeten Antikörper reagieren logischerweise mit den Hoatzin-Antigenen und ergeben einen Niederschlag (Präzipitat). Diesen Ausfällungsgrad setzt man gleich 100 %.

- Eigentliche Testreihe:
  Mischt man Kaninchen-Antiserum in getrennten Ansätzen jeweils mit den Blutseren mutmaßlicher Verwandter (Kuckuck, Fasan), erhält man unterschiedlich starke Niederschläge, da Antikörper wegen ihrer hohen Spezifität am deutlichsten nur mit den Antigenen reagieren, die ihre Bildung verursacht haben. Die Werte der Ausfällung gelten daher als Maß für den Grad der Eiweißähnlichkeit zwischen Hoatzin und den Vergleichstieren und damit auch für den Grad der Verwandtschaft: Der Ausfällungsgrad des Serumproteins vom Kuckuck wird größer sein als der vom Serumprotein des Fasans.

Anmerkung:
Dem Verfahren liegt folgende Überlegung zugrunde: Der genetische Code ist universell, die Proteinsynthese ist bei allen Lebewesen identisch, Proteine sind die primären Genprodukte. Sind nun beim Vergleich verschiedener Arten Ähnlichkeiten im Aufbau von Proteinen erkennbar, dann müssen diese letztlich auf einer gemeinsamen genetischen Information beruhen, d. h. die verglichenen Arten müssen von einem gemeinsamen Ahn abstammen.

3.2 Die Besonderheit im Körperbau der Jungvögel des Hoatzin sind die Krallen an den Flügeln. Archaeopteryx erinnert mit seinen Krallen an den Fingern an diese Besonderheit. Dieses Fossil vereinigt in sich sowohl Reptilien- als auch Vogelmerkmale. Lebewesen, die Merkmale von phylogenetisch älteren und jüngeren Gruppen in sich enthalten, werden als **Brückenwesen** (connecting link) bezeichnet. Archaeopteryx gilt als eine derartige **fossile Zwischenform** und ist das einzige Zeugnis für die Abstammung der Vögel von den Reptilien.

Ergänzende Informationen:

	Reptilienmerkmale (phylogenetisch ältere Gruppe)	**Vogelmerkmale** (phylogenetisch jüngere Gruppe)
Kopf	Kiefer mit Kegelzähnen einfaches Gehirn	Vogelschädel große Augenhöhlen
Rumpf	Brustbein klein und ohne Kamm Rippen ohne stabilisierende Fortsätze Lange Schwanzwirbelsäule	Becken nach vorne offen Schambein nach hinten gerichtet, lang Gabelbein Rabenbein Federkleid
Vorderextremitäten	Mittelhandknochen nicht verwachsen **Drei Finger mit Krallen**	3 Finger im Flügel vermutlich hohle Knochen
Hinterextremitäten	Schien- und Wadenbein nicht verwachsen Mittelfußknochen frei	Eine Zehe nach hinten gerichtet

Grundkurs Biologie (Bayern): Abiturprüfung 2002 – Aufgabe II

BE

1 Die Wildform unserer Kartoffel ist ein in den Anden heimisches Nachtschattengewächs.
Eine Kartoffelpflanze kann nach Selbstbestäubung und Befruchtung Beeren bilden, die Samen enthalten. Sie entwickelt aber auch Kartoffelknollen, die einen umgewandelten Spross darstellen. Sowohl aus Samen als auch aus Kartoffelknollen lassen sich neue Pflanzen heranziehen.

1.1 Aus einer Mutterpflanze werden nach diesen beiden Verfahren Tochterpflanzen gewonnen. Diese werden anschließend jeweils mit der Mutterpflanze hinsichtlich ihrer Genome verglichen. Geben Sie die erwarteten Befunde an und begründen Sie Ihre Aussage! 5

1.2 Bewerten Sie die beiden bei der Kartoffelpflanze möglichen Fortpflanzungsweisen aus evolutionsbiologischer Sicht! 4

2 Die in den Kartoffelknollen gespeicherte Stärke liefert den Rohstoff zur Herstellung eines unter dem Namen „Wodka" bekannten alkoholischen Getränks.

2.1 Formulieren Sie die Bruttogleichung für den hier ablaufenden Abbau von Glucose und bringen Sie darin die Energieausbeute zum Ausdruck! 3

2.2 Gliedern Sie diese Stoffwechselreaktion in ihre Hauptabschnitte und beschreiben Sie qualitativ das jeweils ablaufende Reaktionsgeschehen! 5

2.3 Erklären Sie einen Vorteil, den Zellen haben, die Glucose unter Verbrauch von Sauerstoff abbauen! 2

3 Ein weiteres Nachtschattengewächs, die Tollkirsche, enthält Atropin. Dieses Synapsengift führt beim Menschen u. a. zu Lähmungserscheinungen. Atropinvergiftungen behandelt der Arzt mit dem Wirkstoff Physostigmin, der als Acetylcholinesterase-Hemmer wirkt.

3.1 Beschreiben Sie unter Mitverwendung einer beschrifteten Schemazeichnung den Mechanismus der Erregungsübertragung an einer neuromuskulären Synapse! 7

3.2 Entwickeln Sie auf der Basis der unter 3 vorliegenden Informationen eine begründete Vorstellung über die Wirkungsweise von Atropin im Bereich der Synapse! 4

4   Im amerikanischen Viktoria-See leben zahlreiche nur dort zu findende Buntbarsch-Arten, die, wie DNS-Analysen belegen, trotz z. T. recht unterschiedlichen Aussehens eng miteinander verwandt sind.

4.1 Zwei Buntbarschpopulationen, deren Vertreter in der folgenden Abbildung dargestellt sind, sollen im natürlichen System der Organismen richtig eingeordnet werden. Dazu ist zu entscheiden, ob es sich hier um Vertreter verschiedener Arten handelt. Erläutern Sie unter Anwendung der beiden Artbegriffe eine Vorgehensweise, die zur Klärung dieser Frage führt!   6

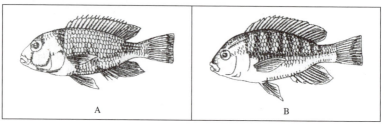

A   B

4.2 Ziehen Sie Rückschlüsse aus dem Körperbau des Buntbarsches B auf dessen Lebensweise!   4

4.3 Erläutern Sie die Entstehung der zahlreichen Buntbarsch-Arten des Viktoria-Sees aus der Sicht der erweiterten Evolutionstheorie!   10
                                                                                              50

(erweiterter) Erwartungshorizont

1.1 **Pflanzen aus Knollen:** Sie sind mit der Mutterpflanze genetisch identisch (geringe Unterschiede können sich lediglich aufgrund von seltenen Mutationen ergeben).
Begründung:
Bei der Knollenbildung und bei der Entwicklung der Pflanze finden nur mitotische Teilungen statt. Die Vermehrung erfolgt ungeschlechtlich.

Pflanzen aus Samen nach Selbstbestäubung und Befruchtung: Sie unterscheiden sich genetisch von der Mutterpflanze.
Begründung:
Samen entstehen als Ergebnis der Verschmelzung der Kerne (Befruchtung) von männlichen und weiblichen Keimzellen (Pollen und Eizellen). Die Keimzellen werden durch den Vorgang der Meiose gebildet. Kennzeichnend für die Keimzellbildung ist die Neukombination (Rekombination) der Chromosomen bei der zufälligen Anordnung in der Äquatorialebene während der Metaphase I der Reduktionsteilung (Reifeteilung I). Crossing over-Ereignisse können zusätzlich dazu beitragen, dass sich die Keimzellen in ihrem genetischen Bestand unterscheiden. Diese Vorgänge sind kennzeichnend für die geschlechtliche Fortpflanzung.

1.2 Vorbemerkung:
Nach den Erkenntnissen der synthetischen Evolutionstheorie beruht Evolution auf der Veränderung des Genpools einer Population. Eine entscheidende Voraussetzung dafür ist die **genetische Variabiliät** innerhalb einer Population, an der der Evolutionsfaktor Selektion angreifen kann.
Die genetische Variabiltität einer Population ihrerseits wird beeinflusst durch die Faktoren Mutation und Rekombination.

Ungeschlechtliche Fortpflanzung:
Sie beruht auf mitotischen Teilungen, die zu identischen Zellen führen. Bei diesen Vorgängen kann lediglich eine geringe Variabilität aufgrund von Mutationen erreicht werden. Auf diese Weise entstandene Populationen sind daher gegenüber veränderten Umweltbedingungen relativ unflexibel. Einen Vorteil haben sie nur bei gleichbleibenden Umweltbedingungen, an die sie in der Regel optimal angepasst sind.

Geschlechtliche Fortpflanzung:
Populationen, die sich geschlechtlich fortpflanzen weisen eine hohe Variabilität aufgrund der Rekombinationsereignisse bei der Meiose auf.
Sie können bei sich ändernden Umweltbedingungen rasch reagieren und besitzen daher eine größere Anpassungsfähigkeit.

2.1 Bruttogleichung für die alkoholische Gärung:
$$C_6H_{12}O_6 + 2\ ADP + 2\ P_i \longrightarrow 2\ C_2H_5OH + 2\ CO_2 + 2\ ATP$$

2.2 Bei der alkoholischen Gärung erfolgt zunächst die Zerlegung des C_6-Körpers Glucose in zwei C_3-Körper, die Brenztraubensäure. Dieser Stoffwechselschritt ist mit der Glykolyse der aeroben Dissimilation identisch und läuft im Zytoplasma ab. Er ist gekennzeichnet durch einen geringen Energiegewinn und die Bildung von Energiespeichermolekülen (NADH/H+).
Die Brenztraubensäure wird unter Abspaltung von CO_2 zu Ethanal (C_2-Körper) decarboxyliert.

Ethanal nimmt die Elektronen und Protonen vom NADH/H⁺ auf und wird dadurch zum Ethanol (C_2H_5OH) reduziert, wodurch wieder NAD^+ als Wasserstoffakzeptor regeneriert wird.

2.3 Zellen, die die Glucose aerob abbauen können, erzielen eine wesentlich höhere Energieausbeute (pro 1 Mol Glucose entstehen 38 Mol ATP), da die Glucose vollständig zu den energiearmen Endprodukten Kohlenstoffdioxid und Wasser abgebaut werden kann.

3.1 **Erregungsübertragung an einer neuromuskulären Synapse:**

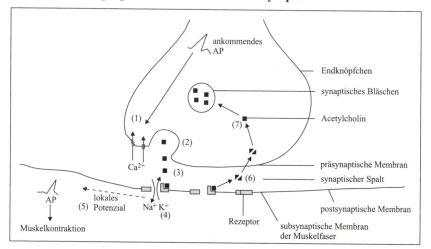

An einer Synapse werden Informationen von einer Nervenzelle an eine andere weitergeleitet. Die Übertragung erfolgt auf **chemischem** Weg durch so genannte **Transmitter** (z. B. Acetylcholin), die in den Endknöpfchen eines Axons ständig in synaptischen Bläschen gebildet werden:

1. Erreicht ein Aktionspotenzial das Endknöpfchen eines Axons, löst dies dort den Einstrom von Ca^{2+}-Ionen aus.

2. Als Folge davon verschmelzen synaptische Bläschen mit der präsynaptischen Membran und entleeren ihre Transmittermoleküle mittels Exocytose in den synaptischen Spalt.

3. Die Überträgerstoffe diffundieren sehr rasch durch den synaptischen Spalt und besetzen an der subsynaptische Muskelfasermembran reversibel hochspezialisierte Rezeptormoleküle.

4. Deren Raumstruktur wird dadurch so verändert, dass sich von ihnen bisher blockierte Ionenkanäle öffnen und ein Na^+-Ionen-Einstrom zur Membraninnenseite der Muskelfaser möglich wird (chemisch gesteuerte Ionenkanäle).

5. An der Muskelfaser entsteht ein lokales Endplattenpotenzial, das in seiner Höhe von der Transmittermenge abhängt. Bei Überschreiten eines Schwellenwertes breitet es sich zur postsynaptischen Membran aus und löst dort ein Muskelaktionspotenzial aus. (Das Aktionspotenzial läuft über die ganze Muskelfaser und bewirkt die Freisetzung von Ca^{2+}-Ionen im Inneren der Faser. Diese leiten die weiteren Vorgänge zur Kontraktion des Muskels ein.)

Anmerkung:
Eine erneute Erregungsübertragung ist erst wieder nach folgenden Vorgängen möglich:

6. Transmitter spaltende Enzyme (Acetylcholinesterasen) sorgen durch Zerlegung des Transmitters dafür, dass seine Wirkung zeitlich begrenzt bleibt: Die Rezeptoren gewinnen somit ihre alte Form zurück und die Poren schließen sich wieder.
7. Die Spaltprodukte des Transmitters (Cholin und Essigsäure) diffundieren in das Endknöpfchen, wo sie unter Energieverbrauch wieder zu Acetylcholin resynthetisiert und in den synaptischen Bläschen gespeichert werden.

3.2 Physostigmin, das bei einer Atropinvergiftung verabreicht wird, hemmt die Aktivität der Acetylcholinesterase. Somit wird der Transmitter Acetylcholin nicht in seine Spaltprodukte (Cholin und Essigsäure) zerlegt und es erhöht sich seine Konzentration im synaptischen Spalt. In der Folge gehen die Lähmungserscheinungen zurück, was darauf hin deutet, dass an der Synapse wieder eine Erregungsübertragung möglich ist.
Aus diesen pharmakologischen Beobachtungen kann gefolgert werden, dass Atropin als Gegenspieler (Antagonist) des Acetylcholins wirkt. Atropin blockiert aufgrund einer ähnlichen Struktur in Konkurrenz (kompetitiv) zum Acetylcholin die spezifischen Acetylcholin-Rezeptoren, ohne jedoch ein Aktionspotenzial auszulösen (kompetitiver Antagonist des Acetylcholins). Es stabilisiert die postsynaptische Membran in ihrem Ruhepotenzial.
Der durch die Gabe von Physostigmin erhöhte Acetylcholinspiegel verdrängt schließlich das Atropin von den Rezeptoren.

4.1 **Morphologischer Artbegriff**
Dieser Begriff beinhaltet, dass die Zugehörigkeit zu einer Art bei den beiden Vertretern der Buntbarschpopulationen durch die Suche nach Übereinstimmung in zahlreichen morphologischen Merkmalen überprüft werden müsste. In dem hier vorliegenden Beispiel ist aber eine Entscheidung nicht möglich.

Biologischer Artbegriff
Wenn sich die Vertreter der beiden Buntbarschpopulationen miteinander kreuzen lassen und dabei fortpflanzungsfähige Nachkommen entstehen, dann gehören sie beide zu einer Art. Ist dies nicht möglich oder sind die Nachkommen steril, dann handelt es sich um zwei getrennte Arten.

4.2 Der Körperbau des Buntbarsches B (und auch A) mit seiner hochrückigen Körperform (im Querschnitt seitlich abgeplattet) deutet auf eine langsame Fortbewegung hin, was für **Friedfische** kennzeichnend ist.
Die relativ kleine Mundspalte (mit kleinen oder fehlenden Zähnen) ist ebenfalls typisch für Friedfische. Sie ernähren sich nur von kleinen Beutetieren oder pflanzlicher Nahrung.

Anmerkung:
Die Körperform von Raubfischen hingegen ist langgestreckt und schlank (im Querschnitt rund), was ihnen eine rasche Fortbewegungsweise ermöglicht (Schnellstarter). Eine tief gespaltenes Maul mit zahlreichen Zähnen dient zum Festhalten von Beutetieren.

4.3 Die zahlreichen Buntbarsch-Arten sind das Ergebnis einer **adaptiven Radiation**:
Die Erstbesiedelung des Victoria-Sees erfolgte durch wenige Gründerindividuen. Unter den optimalen Lebensbedingungen im See und da keine Konkurrenten anderer Arten vorhanden waren, kam es zu einer starken Vermehrung der Ausgangspopulation. Schließlich führte diese Überproduktion an Nachkommen wegen der begrenzten Nahrungsressourcen aber zu innerartlicher Konkurrenz (Kampf ums Dasein).

Andererseits bestand aber innerhalb dieser inzwischen großen Population eine starke genetische Variabilität aufgrund von Mutationen, Rekombination und freier Kombinierbarkeit der Keimzellen.

Bei der im See vorhandenen reichen Biotopgliederung mit ihren unterschiedlichen Bedingungen waren die dort lebenden Teilpopulationen zudem unterschiedlichen Selektionsbedingungen ausgesetzt, was zur ökologischen Isolation (Einnischung) dieser Teilpopulationen führte. Sie spezialisierten sich darauf, unterschiedliche Nahrungsquellen und andere Ressourcen des Sees zu nutzen.

Im Laufe der Zeit führten schließlich fortwährende Mutations- und Selektionsschritte zu einer genetischen Separation innerhalb der Ausgangspopulation und damit deren Aufspaltung in die fast 200 heute im See lebenden Buntbarsch-Arten: **Sympatrische Artbildung** (Artbildung **innerhalb** des Verbreitungsgebietes von Ausgangspopulationen **ohne** geografische Isolation).

Grundkurs Biologie (Bayern): Abiturprüfung 2002 – Aufgabe III

BE

1 Wilde Tabakpflanzen können von den Raupen des Tomatenschwärmers als Futterpflanzen genutzt werden. Angefressene Tabakpflanzen produzieren Duftstoffe, die bereits identifiziert und auch synthetisch hergestellt werden konnten. In einem Versuch befestigten Forscher an intakten Tabakpflanzen jeweils die gleiche Anzahl von Eiern des Tomatenschwärmers; die Hälfte der Pflanzen wurde zusätzlich mit einer verdünnten Lösung der synthetischen Duftstoffe besprüht. Nach einigen Stunden bestimmten die Forscher auf den Pflanzen die Zahl räuberischer Wanzen, die sich von den Eiern und Raupen des Tomatenschwärmers ernähren, sowie die Zahl weiterer von Tomatenschwärmerweibchen abgelegten Eier. Die Ergebnisse der Zählung können der folgenden Abbildung entnommen werden:

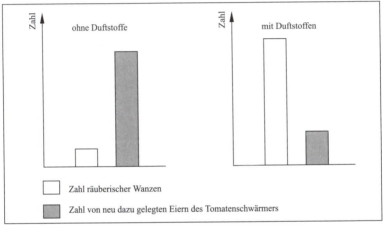

1.1 Fassen Sie die der Grafik entnehmbaren Befunde in Worte und erläutern Sie unter dem Kosten-Nutzen-Aspekt die Bedeutung der Duftstoffproduktion für die Tabakpflanze! 5

1.2 Die im Versuch beobachtete Reaktion der Wanzen auf die Duftstoffe kann angeboren oder erlernt sein. Führen Sie diese beiden Hypothesen unter Verwendung ethologischer Fachbegriffe aus und erläutern Sie das mögliche Zustandekommen einer erlernten Reaktion der Wanzen! 6

1.3 Interpretieren Sie das aus den Versuchsergebnissen ablesbare Eiablageverhalten des Tomatenschwärmerweibchens aus ökologischer Sicht! 2

2   Auf der in Asien verbreiteten indischen Biene – einer Verwandten unserer Honigbiene – lebt als Parasit die so genannte Varroa-Milbe, die den indischen Bienen aber keinen nennenswerten Schaden zufügt. Durch Zufall wurde die Varroa-Milbe nach Europa eingeschleppt und befiel dort die Honigbiene. Sie saugt an erwachsenen Bienen und an deren Larven Körperflüssigkeit, was die Bienen schwächt, sodass schließlich das ganze Volk absterben kann.
Das Diagramm zeigt durch die Wiedergabe der befallenen Bienenstände indirekt die Popualtionsentwicklung der Varroa-Milbe in Bayern.

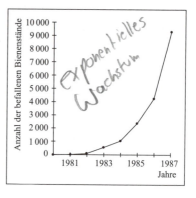

2.1 Charakterisieren Sie den Kurvenverlauf und geben Sie drei mögliche Ursachen für diese Form der Populationsentwicklung an!   5

2.2 Machen Sie eine begründete Voraussage für den weiteren Verlauf der Populationsentwicklung der Milbe für den Fall, dass der Mensch nicht eingreift!   4

2.3 Befallene Bienenvölker dürfen nicht mit Pestiziden behandelt werden. Erläutern Sie zwei Gründe, die gegen eine Pestizid-Behandlung der Bienen sprechen!   2

2.4 Nennen Sie drei weitere denkbare Bekämpfungsmöglichkeiten zur Eindämmung des Bienenbefalls!   3

3   Der größte Teil unserer DNS enthält nach heutigem Kenntnisstand keine sequenzabhängigen Informationen. Mutationen in diesen DNS-Bereichen haben deshalb keine Auswirkung auf den Phänotyp.

3.1 Nennen Sie zwei verschiedene Möglichkeiten solcher Mutationen und stellen Sie diese anhand beschrifteter Skizzen eines DNS-Einzelstrangabschnitts dar!   4

3.2 Schneidet man die oben genannten DNS-Bereiche einer Person mit einem bestimmten Restriktionsenzym, so erhält man DNS-Fragmente unterschiedlicher Länge.
Beschreiben Sie die Wirkungsweise eines Restriktionsenzyms und erklären Sie das Auftreten unterschiedlich langer DNS-Fragmente!   5

3.3 Mithilfe eines bestimmten Restriktionsenzyms können Täter anhand von gefundenen Speichel-, Sperma- oder Blutspuren eindeutig identifiziert werden. Schildern Sie die experimentelle Vorgehensweise!   5

3.4 Restriktionsenzyme spielen auch bei der gentechnischen Veränderung von Organismen eine wichtige Rolle. Stellen Sie Chancen und Risiken der Gentechnologie anhand eines selbst gewählten Beispiels dar!   4

4   Die Wiege der Menschenartigen liegt nach dem derzeitigen Stand der Forschung
    in Ostafrika. Im Gebiet des ostafrikanischen Grabens wurde eine ganze Reihe
    von Skelettteilen aus der Frühzeit des Menschen gefunden.

4.1 Prüfen Sie, ob eines der Schädelfragmente ein Merkmal aufweist, das auf einen
    aufrechten Gang hindeutet, und begründen Sie ihre Antwort!   2

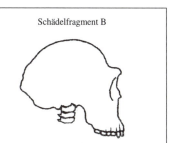

Schädelfragment A   Schädelfragment B

4.2 Vergleichen Sie die beiden Schädelfragmente hinsichtlich weiterer Merkmale, die
    für bzw. gegen eine Einordnung in die Entwicklungslinie des Menschen sprechen!   3
                                                                                    ――
                                                                                    50

(erweiterter) Erwartungshorizont

1.1 Die Grafik zeigt, dass sowohl die Zahl der neu von Tomatenschwärmern auf Tabakpflanzen abgelegten Eier als auch die Zahl der auf Tabakpflanzen räuberisch von den Eiern und Raupen des Tomatenschwärmers lebenden Wanzen von dem im Experiment aufgebrachten Duftstoff abhängig ist. Ohne Duftstoff bleibt die Zahl räuberischer Wanzen klein, die Zahl der neu gelegten Eier des Tomatenschwärmers hingegen ist groß und umgekehrt.
Der Nutzen der Duftstoffproduktion angefressener Tabakpflanzen liegt darin, dass dadurch weitere Tomatenschwärmer (Fressfeinde) davon abgehalten werden, ihre Eier auf der Pflanze abzulegen und dass gleichzeitig räuberische Wanzen zur Bekämpfung der Fressfeinde angelockt werden.
Kosten entstehen der Tabakpflanze insofern, als jegliche Stoffsynthese von Organismen nur unter Energieverbrauch möglich ist.

1.2 Hypothese I:
Angeborenes Verhalten der Wanzen aus dem Funktionskreis Nahrungsaufnahme
Besteht bei den Wanzen die innere Breitschaft zur Nahrungsaufnahme, zeigen sie ein ungerichtetes Appetenzverhalten, das aus verschiedenen Verhaltensweisen zusammengesetzt sein kann, um ein Antriebsziel für die Endhandlung Fressen zu finden. Treffen sie auf die Tabakpflanzen, dann stellt der dort aufgebrachte Duftstoff den auslösenden und richtenden Reiz dar, aufgrund dessen die Wanzen angeborenerweise ein gerichtetes Appetenzverhalten zeigen (sie suchen die Tabakpflanzen gezielt auf).

Hypothese II:
Erlerntes Verhalten der Wanzen (reizbedingte Konditionierung, **bedingte Appetenz**)
Auch in diesem Fall zeigten die Wanzen als Folge der inneren Breitschaft zur Nahrungsaufnahme ein ungerichtetes Appetenzverhalten, um ein Antriebsziel für die Endhandlung Fressen zu finden. Trafen sie dabei auf Tabakpflanzen, die von Raupen des Tomatenschwärmers befallen waren, dann fanden die Wanzen genügend Futter und es kam bei ihnen zu einer Antriebsbefriedigung (gute Erfahrung). Gleichzeitig nahmen sie vor der Antriebsbefriedigung den für sie zunächst neutralen Reiz des Duftstoffes der Tabakpflanze wahr, den diese aufgrund der Fresstätigkeit der Raupen produzierte. Kamen die Wanzen wiederholt in derartige (Lern-)Situationen, dass die gute Erfahrung „Futter" unmittelbar auf das Reizmuster „Duftstoff" folgte und antriebssenkend wirkte, dann wurde dieses Reizmuster gespeichert (erlernt) und löst nun künftig als (erfahrungs-)bedingter Reiz allein (d. h. ohne Futter) das Appetenzverhalten aus.

1.3 Für das Tomatenschwärmerweibchen bedeutet der Duftstoff auf den Tabakpflanzen die Information, dass Artmitglieder bereits Eier abgelegt und sich Raupen entwickelt haben, die für ihre Nachkommen eine Nahrungskonkurrenz darstellen würden. Deshalb meiden sie Tabakpflanzen mit Duftstoff.
Nachdem das Vorhandensein des Duftstoffes zudem mit dem Auftreten räuberischer Wanzen verbunden ist, verringern sie durch ihr Verhalten außerdem das Risiko, dass ihre Nachkommen diesen Fressfeinden zum Opfer fallen.

2.1 Der Verlauf der Populationsentwicklung zeigt ein **exponentielles Wachstum**:
Die Größe der Population nimmt in jeweils gleichen Zeiträumen um einen bestimmten Prozentsatz der jeweils vorigen Größe zu. In diesem Beispiel erfolgt eine Verdoppelung. Die Kurve verzeichnet zunächst einen flachen Anstieg (Anlaufphase), da nur wenige Gründerindividuen die Bienenstöcke befallen haben.

Der sich anschließende rasche Anstieg der Population (Vermehrungsphase) hat seine Ursache in den für das Wachstum der Varroa-Milbe optimalen Verhältnissen: z. B. günstige Nahrungsbedingungen, keine bzw. nur wenige Fressfeinde, keine bzw. nur wenige Konkurrenten.

2.2 Für den Fall, dass der Mensch nicht eingreift, würde das Populationswachstum langfristig einen sigmoidalen Verlauf nehmen, d. h. das Populationswachstum würde sich mit der Zeit verlangsamen, da es durch die Umweltkapazität der Population (z. B. durch das Nahrungsangebot) begrenzt wird: Die Zahl der befallenen Bienenstöcke nähert sich dann der Zahl der vorhandenen Bienenstöcke. Die Anzahl der Individuen nähert sich asymptotisch einem optimalen Grenzwert (Übergang in die Plateauphase bzw. stationäre Phase), um den sie pendelt (fluktuiert).

2.3 Folgende Gründe sprechen gegen eine Pestizid-Behandlung befallener Bienenvölker:
– Rückstände des Pestizids könnten in den Honig und damit in die menschliche Nahrung gelangen.
– Falls das verwendete Pestizid nicht völlig milbenspezifisch ist, besteht die Gefahr, dass die Bienen selbst geschädigt werden.

2.4 Alternativen zum Pestizideinsatz bietet die **Biologische Schädlingsbekämpfung**. Mit ihr wird durch die Verwendung von Lebewesen bzw. Ökosystem eigener und damit umweltverträglicher Mittel die Verminderung der Populationsdichte der Varroa-Milbe auf einen Stand angestrebt, der aus Sicht der Bienenzüchter tragbar ist. Beispiele:
– Erhaltung und Förderung der natürlichen (Fress-)Feind der Milbe durch Schaffung günstiger Lebensbedingungen für die Nützlinge (Erhalt von Brutplätzen, Angebot an Nahrung, Verstecken usw.).
– Massenzucht geeigneter Fressfeinde und deren gezielte Ausbringung in den von der Varroa-Milbe betroffenen Gebieten.
– Ausbringen von Bakterien und Viren, die wirtsspezifisch sind und daher nur bei der Varroa-Milbe pathogene Wirkungen hervorrufen.
– Duftstoffe (Pheromone) als Lockstoffe in Fallen: In den Fallen werden die Milben dann mechanisch, physikalisch oder chemisch vernichtet.

Anmerkung: Es sind nur drei Beispiele verlangt.

3.1 Mutationen auf der DNA, die lediglich ein Gen betreffen, bezeichnet man als Genmutationen. Es handelt sich dabei um Änderungen in der Basensequenz der DNA:
– **Punktmutation:** Eine Base eines Gens wird ausgetauscht und somit ein Triplett verändert.

nicht mutierter
DNA-Einzelstrangabschnitt ... G C [T] A G C A G T T T C ...

Basenposition 13 14 15 16 17 18 19 20 21 22 23 24

Mutation durch Tausch der Base in Position 15:
mutierter
DNA-Einzelstrangabschnitt ... G C [A] A G C A G T T T C ...

Basenposition 13 14 15 16 17 18 19 20 21 22 23 24

Anmerkung: Folgen, die zu erwarten wären, wenn die Mutationen in Bereichen der DNA stattfinden würden, die Erbinformationen enthalten:
Bei einer so genannten Sinnmutation codiert die neue Triplettvariante die gleiche oder eine Aminosäure, die die Aktivität des Proteins nicht beeinflusst.
Fehlsinnmutationen verändern die biologischen Eigenschaften des Proteins (z. B. Sichelzellanämie).
Unsinnmutationen ergeben Stopp-Codone und führen, wenn sie abgelesen werden, zum Abbruch der Proteinbiosynthese.

- **Rastermutation:** Bei ihnen wird durch den Einschub (Insertion) bzw. durch den Verlust von Basen (Deletion) das Ableseraster des Triplettcodes der mRNA gestört. (Dadurch wird in der Regel ein völlig verändertes, nicht funktionstüchtiges Protein gebildet.)

nicht mutierter
DNA-Einzelstrangabschnitt   ... G C T   A G C   [A]G T   T T C ...

Basenposition   13 14 15 16 17 18 19 20 21 22 23 24

Mutation durch Verlust der Base in Position 19:
mutierter
DNA-Einzelstrangabschnitt   ... G C T   A G C   G T T   T C ? ...

Basenposition   13 14 15 16 17 18 20 21 22 23 24 25

3.2 **Restriktionsenzyme** lagern sich als so genannte Endonukleasen nach dem Schlüssel-Schloss-Prinzip jeweils an einer speziellen, für sie typischen, in sich spiegelbildlichen Erkennungssequenz der DNA (sie umfasst etwa 4 bis 8 Nukleotide) an und spalten diese dort.
Wird der DNA-Doppelstrang dabei versetzt gespalten, führt dies zu DNA-Fragmenten mit kurzen überstehenden einsträngigen Enden. Diese Einzelstrangenden besitzen eine hohe Affinität (so genannte „sticky ends", „klebrige Enden") zu komplementären Basen, wodurch die Paarung derart gewonnener DNA-Abschnitte mit anderen möglich wird, sofern sie durch die gleichen Restriktionsenzyme bereitgestellt wurden (Hybridbildung mithilfe von Ligasen).
Schneiden Restriktionsenzyme an gegenüberliegenden Stellen des DNA-Doppelstranges, dann entstehen Doppelstrangenden.
Die Vielzahl unterschiedlich langer DNA-Fragmente entsteht dadurch, dass die Erkennungsregionen und damit die Schnittstellen für ein bestimmtes Restriktionsenzym ungleichmäßig über die DNA verteilt sind.

3.3 **Genetischer Fingerabdruck:**
Bei der Aufklärung von Straftaten spielt vor allem das in jedem menschlichen Genom individualspezifische Muster, sich charakteristisch wiederholender Sequenzen (so genannte hypervariable Sequenzen) eine Rolle. Man gewinnt sie, indem man aus Speichel-, Sperma- und Blutspuren Zellen isoliert und aus diesen Zellen die DNA extrahiert. Die gewonnene DNA wird mit einem bestimmten Restriktionsenzym geschnitten, wodurch man ein für den Täter typisches Fragmentmuster erhält.

Anschließend verfährt man mit der DNA von Verdächtigen in gleicher Weise und vergleicht die Fragmentmuster der Täterproben mit denen der Verdächtigen. Stimmt das Fragmentmuster eines Verdächtigen mit der Probe vom Tatort überein, dann kann man davon ausgehen, dass sie von ihm stammt.

3.4 **Chancen der Gentechnologie:**
  – Genetisch veränderte Mikroorganismen können Medikamente billiger und reiner herstellen, als es bisher möglich war. Z. B. die Herstellung von Humaninsulin, Wachstumshormon (Somatotropin), Impfstoff gegen Hepatitis B, Blutgerinnungsfaktor VIII.
  – Genetisch veränderte Mikroorganismen können zum Abbau von Xenobiotika befähigt werden (Stoffe, die vom Menschen erzeugt wurden, also in der Umwelt natürlicherweise nicht vorkommen und bei Umweltkatastrophen ein Ökosystem belasten würden).
  – Mikroorganismen können zur Herstellung neuer Werkstoffe (z. B. Kunststoffe) genetisch verändert werden.
  – In der Pflanzenzüchtung ist es möglich gentechnisch ertragreichere Sorten zu züchten, bzw. sie resistent gegen Krankheiten und Schädlinge zu machen. Z. B. transgener Mais, transgene Zuckerrübe, Anti-Matsch-Tomate.
  – Das Ersetzen eines defekten Gens durch ein intaktes könnte gezielt die Ursachen einer Erbkrankheit beseitigen (Versuche der somatischen Gentherapie bei Mucoviscidose-Patienten).
  – Genomanalysen (Screening) und pränatale Diagnostik ermöglichen das frühzeitige Erkennen von Erbkrankheiten bzw. von Dispositionen für Erbkrankheiten.

  Risiken der Gentechnologie:
  – Gentechnisch veränderte Pflanzen könnten neue Allergie auslösende Eiweiße herstellen, sodass daraus hergestellte Lebensmittel Allergien hervorrufen können.
  – Durch gentechnisch veränderte Mikroorganismen und Pflanzen könnten u. U. unerwünschte Gene unkontrolliert verbreitet werden. Z. B. könnten Resistenzgene auf Wildpflanzen übertragen werden.
  – Gentechnisch veränderte Mikroorganismen könnten natürlich vorkommende Mikroorgansimen aus ihren ökologischen Nischen verdrängen und zu Störungen ökologischer Kreisläufe führen.
  – Die beim Menschen durch ein Screening gewonnenen Daten könnten von Versicherungen und Arbeitgebern zum Nachteil der betroffenen Personen verwendet werden.
  – Keimbahngentherapie könnte dazu verführen, Menschen mit bestimmten Eigenschaften zu schaffen.
  – Pränatale Genomanalysen könnten die Zahl der Abtreibungen erhöhen, solange die Heilung erkannter genetische Defekte noch nicht möglich ist.
  – Pränatale Genomanalysen könnten Eltern zu Abtreibungen veranlassen, wenn bei Kindern nicht gewünschte Eigenschaften festgestellt werden.

  Anmerkung: Es ist nur jeweils ein Beispiel verlangt!

4.1 Bei Schädelfragment B ist es zu einer Verlagerung des Hinterhauptsloches des Schädels in das Zentrum der Schädelbasis und damit genau in die Körperachse gekommen. Dadurch ist ein Ausbalancieren des Schädelgewichtes leichter möglich. (In der Folge kam es dann zur Rückbildung der bei den Menschenaffen stark ausgeprägten Nackenmuskulatur.)

4.2 Merkmalsausprägungen der abgebildeten Schädelfunde, die eine Zuordnung zur **hominoiden** (menschenähnlichen) bzw. zur **hominiden** (menschenartigen) Entwicklungslinie zulassen.

Schädelfragment A: menschenähnlich	Schädelfragment B: menschenartig
Dominanz der Schnauzenpartie: Gesichtsschädel (Oberkiefer) lang, vor den Gehirnschädel vorgezogen	Rückbildung der Schnauzenpartie: Verkürzung der Oberkieferregion unter den Gehirnschädel
Kleiner Gehirnschädel mit flach zurückweichender Stirn	Dominanz des stark gewölbten Gehirnschädels über den Gesichtsschädel; hohe Stirn
Schädel mit deutlichem Überaugenbogen	Überaugenwülste noch vorhanden (Frühmensch)
Spitzer, die anderen Zähne überragender Eckzahn	Eckzahn klein, in den Zahnbogen integriert
U-förmiger Zahnbogen erkennbar	halbkreisförmiger Zahnbogen erkennbar
Kein Nasenbein vorhanden	Leicht vorspringendes Nasenbein erkennbar, wodurch das Nasenprofil aus dem menschlichen Gesicht herausragt

Grundkurs Biologie (Bayern): Abiturprüfung 2002 – Aufgabe IV

BE

1 Grünlich schimmerndes Teichwasser zeigt eine so genannte „Wasserblüte" an, die durch das massenhafte Auftreten mikroskopisch kleiner, frei schwimmender Algen zustande kommt. Die Entstehung einer solchen „Wasserblüte" kann im Labor simuliert werden:

Drei Aquarien A, B und C mit je 20 Liter Fassungsvermögen werden jeweils gleich hoch mit keimfrei gemachtem, mineralstoffarmem Leitungswasser gefüllt und anschließend mit 0,5 Liter Teichwasser gleicher Zusammensetzung „angeimpft".

In die Aquarien B und C werden jeweils drei gleich große Goldfische eingesetzt, C erhält zusätzlich eine Zypergraspflanze in einem Gittertopf mit Kieselsteinen als Erde-Ersatz.

Täglich wird in alle drei Aquarien jeweils die gleiche Menge an

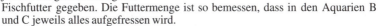

Fischfutter gegeben. Die Futtermenge ist so bemessen, dass in den Aquarien B und C jeweils alles aufgefressen wird.

Die Aquarien werden bei Dauerbeleuchtung 10 Tage unter den gegebenen Bedingungen gehalten. Nach dieser Zeit ist nur im Aquarium B eine „Wasserblüte" zu beobachten. Das Wasser der Aquarien A und C zeigt dagegen nur eine minimale Grünfärbung.

1.1 Geben Sie die Bedeutung des „Animpfens" der Becken mit Teichwasser und die Bedeutung des Beckens A in der Versuchsreihe an! 3

1.2 Erläutern Sie die Vorgänge, die zu den Beobachtungen in den Aquarien A, B und C führen! 6

1.3 Aquarium B wird im Anschluss an das beschriebene Experiment einem Tag-Nacht-Wechsel ausgesetzt. Geben Sie die Veränderung des Sauerstoffgehalts im Wasser während der Nacht an und begründen Sie Ihre Aussage! 3

2 Im Plankton vorkommende Grünalgen der Gattung *Chlorella* lassen sich leicht unter Laborbedingungen handhaben und sind daher bevorzugte Studienobjekte für die Fotosyntheseforschung. Im Rahmen solcher Untersuchungen lässt sich z. B. der Gehalt der *Chlorella*-Zellen an Ribulose-1,5-bisphosphat und an Glycerinsäure-3-phosphat in Abhängigkeit von verschiedenen Außenbedingungen messen. Bei Ribulose-1,5-bisphosphat handelt es sich um den Kohlenstoffdioxid-Akzeptor der Dunkelreaktionen, Glycerinsäure-3-phosphat ist das Reaktionsprodukt der Kohlenstoffdioxidfixierung (**Fixierungsphase**).

2.1 Stellen Sie kurz die beiden anderen Phasen der Dunkelreaktionen dar und geben Sie an, wie die oben genannten Stoffe daran beteiligt sind! 6

2.2 In Versuchen wird im Fall 1 die Kohlenstoffdioxidkonzentration, im Fall 2 die Beleuchtungsstärke plötzlich geändert. In beiden Fällen stellt sich eine kurzzeitige Zunahme der Konzentration von Glycerinsäure-3-phosphat bei gleichzeitiger Abnahme der Ribulose-1,5-bisphosphat-Konzentration ein. Geben Sie die Veränderung der beiden Außenfaktoren an und erklären Sie die Befunde! 6

3 Die schon von GREGOR MENDEL beschriebenen Erbsenformen **rund** und **kantig** unterscheiden sich nach neueren Erkenntnissen in ihrem Kohlenhydratstoffwechsel. Runde Erbsen haben einen höheren Stärkegehalt, kantige Erbsen enthalten mehr gelösten Zucker. E. SMITH fand heraus, dass Erbsen mit kantigen Samen durch einen Enzymdefekt gelöste Zuckermoleküle nicht so effektiv in Stärke umwandeln können. Die Samen dieser Erbsenrassen nehmen daher osmotisch mehr Wasser auf und schrumpfen bei Trocknung stärker, wodurch die kantige Form entsteht. Das dominante Allel für das Merkmal **runde Samen** enthält die genetische Information für das intakte Enzym, das rezessive Allel für das Merkmal **kantige Samen** enthält aufgrund einer Mutation die genetische Information für ein nicht funktionsfähiges Enzym. Erbsensamen, die bezüglich dieses Merkmals heterozygot sind, sind ebenfalls rund.

3.1 Beschreiben Sie den Ablauf eines der beiden Hauptschritte zur Umsetzung der genetischen Information vom Gen zum intakten Enzym! 6

3.2 Erklären Sie unter Berücksichtigung der stoffwechselphysiologischen Verhältnisse das Zustandekommen der Samenform bei einem heterozygoten Erbsensamen! 4

3.3 Erbsenrassen können sich auch im Bau der Hülse unterscheiden: Das Allel für das Merkmal **eingeschnürte Hülse** verhält sich gegenüber dem Allel für das Merkmal **geblähte Hülse** rezessiv. Die Gene für Hülsenform und Samenform sind nicht gekoppelt.
Die Kreuzung zweier phänotypisch gleicher Erbsenpflanzen, die die Merkmale **runde Samen** und **geblähte Hülsen** zeigten, führte zu lediglich fünf Nachkommen. Einer von ihnen hatte die Merkmale **kantige Samen** und **eingeschnürte Hülsen**, die vier anderen entsprachen phänotypisch der Parentalgeneration.
Leiten Sie den Genotyp der Elternpflanzen her und diskutieren Sie das Kreuzungsergebnis unter Mitverwendung eines Kreuzungsschemas! Bezeichnen Sie die entsprechenden Allele eindeutig mit Buchstabensymbolen. 10

4 Kohlmeisenpärchen besetzen, wie die meisten Singvögel, im Frühjahr ein Brutrevier; die entstehenden Familien lösen sich im Sommer mit dem Selbstständigwerden der Jungvögel auf.

4.1 Nennen Sie je zwei Vorteile, die zu den jeweiligen Zeitpunkten für die Bildung bzw. die Auflösung dieser Familien sprechen! 4

4.2 Nennen Sie zwei – von Ihnen in Aufgabe 4.1. noch nicht genannte – Vorteile, die die Herausbildung des angesprochenen Revierverhaltens im Laufe der Evolution bewirkt haben könnten! 2
—
50

(erweiterter) Erwartungshorizont

1.1 „Animpfen" bedeutet, dass das keimfrei gemachte, mineralstoffarme Leitungswasser in allen drei Aquarien mit Teichwasser versetzt wird, in dem die natürlicherweise vorkommenden Algen und Destruenten enthalten sind.
Da in den Aquarien B und C der Einfluss jeweils anderer Größen (Goldfische, bzw. Goldfische und Zypergras) beobachtet werden soll, dient Aquarium A als Kontrollansatz, da in ihm die Bedingungen herrschen, die in den Aquarien B und C gleich sind. Dadurch kann ausgeschlossen werden, dass andere als die in B und C veränderten Bedingungen Einfluss auf die beobachteten Veränderungen haben.

1.2 **Wasserblüten** kommen dadurch zustand, dass für die Algen in einem Gewässer Mineralstoffe im Überfluss zur Verfügung stehen.

Aquarium A:
Für die Algen steht lediglich eine geringe Menge an Mineralstoffen zur Verfügung, da die einzige Zufuhr an Mineralstoffen über die langsam verlaufenden Vorgänge der Remineralisierung des Fischfutters durch die **Destruenten** erfolgt. Dadurch ist nur ein geringes Algenwachstum zu verzeichnen.

Aquarium B:
Die Remineralisierung des Fischfutters durch die Destruenten wird zusätzlich unterstützt durch die Verdauungstätigkeit der Fische. Es kommt zu einer schnelleren Freisetzung von Mineralstoffen mit ihrer düngenden Wirkung für die Algen. Eine deutliche Algenblüte ist zu beobachten.

Aquarium C:
Es laufen die gleichen Vorgänge wie im Aquarium B ab: Freisetzung von Mineralstoffen durch die Tätigkeit der Destruenten, unterstützt durch die Verdauungstätigkeit der Fische. Eine Algenblüte ist dennoch nicht zu beobachten, weil durch das Zypergras dem Wasser ein beträchtlicher Anteil der Mineralstoffe wieder entzogen wird und somit den Algen nicht zur Verfügung steht.

1.3 Der im Aquariumwasser gelöste Sauerstoff stammt zum einen aus der Atmosphäre, zum anderen wird er durch die Fotosynthese der Algen produziert. Andererseits verringert er sich durch die Zellatmung der Organismen.
Im beschriebenen Experiment wird der **Sauerstoffgehalt** während der Nacht sinken: Ohne Licht erfolgt keine Sauerstoffproduktion durch Fotosynthese, die Sauerstoff verbrauchenden Vorgänge zur Energiebereitstellung laufen jedoch bei allen Lebewesen unvermindert weiter.

2.1 Die weiteren Phasen der Dunkelreaktion nach der CO_2-Fixierung an das Akzeptormolekül Ribulose-1,5-bisphosphat (= Fixierungsphase) sind:
 – die **reduzierende Phase:** Reduktion des in der Fixierungsphase entstandenen C_3-Moleküls Glycerinsäure-3-phosphat (= Phosphoglycerinsäure, PGS) zum C_3-Körper Glycerinaldehydphosphat (GAP) unter NADPH/H$^+$- und ATP-Verbrauch.
 (weiterer Ablauf: Zwei C_3-Körper GAP werden zu einem C_6-Körper (Fructose-1,6-bisphosphat) zusammengebaut und anschließend zu Glucose umgebaut.)
 – die **regenerierende Phase:** Damit die Dunkelreaktion weiterlaufen kann, müssen ständig unter ATP-Verbrauch C_5-Körper als Akzeptormoleküle für die Fixierungsphase nachgebildet werden: Aus zehn C_3-Körpern werden sechs C_5-Körper Ribulose-1,5-bisphosphat.

2.2 Fall 1: Änderung der **Kohlenstoffdioxidkonzentration:**
Die kurzzeitige Zunahme von Glycerinsäure-3-phosphat hat ihre Ursache in einer Steigerung der Vorgänge in der Fixierungsphase: Die **Erhöhung der Kohlenstoffdioxidkonzentration** ermöglicht eine verstärkte Reaktion mit dem Akzeptormolekül Ribulose-1,5-bisphosphat, wodurch dessen Konzentration abnimmt. Über einen instabilen C_6-Körper, der sofort wieder zerfällt, entsteht vermehrt Glycerinsäure-3-phosphat, das dadurch in erhöhter Konzentration nachweisbar ist.

Fall 2: Änderung der **Lichtintensität:**
Die kurzzeitige Zunahme von Glycerinsäure-3-phosphat hat ihre Ursache in einer Verlangsamung der Vorgänge der reduzierenden Phase: Glycerinsäure-3-phosphat kann nicht weiterverarbeitet werden, wenn nicht genügend Reduktionsäquivalente $NADPH/H^+$ und energielieferndes ATP vorhanden sind. Dies ist der Fall, wenn durch **Verminderung der Beleuchtungsstärke** die Lichtreaktion diese Primärprodukte nicht in erforderlicher Menge bereitstellen kann.
Wird Glycerinsäure-3-phosphat nicht weiterverarbeitet, verlangsamt sich auch die sich anschließende regenerierende Phase und somit nimmt auch die Ribulose-1,5-bisphosphat-Konzentration ab.

3.1 Die Umsetzung der genetischen Information vom Gen zum intakten Enzym erfolgt bei der Proteinbiosynthese. Diese gliedert sich in **zwei** Abschnitte:
– In der **Transkription** erfolgt ein Umschreiben der Basensequenz der DNA auf die mRNA als Matrize für die Synthese eines Proteins.
– Bei der **Translation** erfolgt an den Ribosomen die Übersetzung der Basensequenz der mRNA in die Aminosäure-Sequenz des Proteins (Enzyms) mithilfe der tRNA.

Die Fragestellung verlangt die Beschreibung nur eines der beiden Hauptschritte:

Transkription:
– Nach Auflösung der Überstruktur der DNA, erfolgt eine Aufweitung des DNA-Doppelstranges (Lösung der Wasserstoffbrücken) durch das Enzym Transkriptase (mRNA-Polymerase).
– Die Transkriptase „tastet" die Basensequenz ab und „erkennt", welcher der beiden Stränge als codogener Strang in 3'→5'-Richtung abgelesen werden soll.
– Der codogene Strang wird dann abgelesen und es erfolgt die Bildung der mRNA (Codon-Strang) durch Anlagerung der komplementären mRNA-Bausteine und ihre Verknüpfung in 5'→3'-Richtung durch die mRNA-Polymerase.
– Nach der Anlagerung der mRNA-Bausteine schließt sich hinter dem Enzymkomplex der DNA-Doppelstrang wieder.
– Signalisieren Stopp-Basensequenzen des Ende der Transkription, dann lösen sich die Transkriptase und die mRNA von der DNA.
– Die DNA nimmt wieder ihre Überstruktur an.

Translation:
Die Decodierung des genetischen Codes erfolgt an den Ribosomen:
– Ribosomen wandern in 5'→3'-Richtung über die mRNA hinweg und ermöglichen dadurch ein Ablesen der Codone (Basentripletts) der mRNA-Matrize.
– Das Ablesen erfolgt durch den jeweiligen Anti-Codon-Abschnitt der tRNA-Moleküle, die an ihrem entgegengesetzten Ende die dem genetischen Code entsprechende Aminosäure gebunden haben.
– Zwei Aminosäuren, die auf diese Weise innerhalb des Ribosoms nebeneinander zum liegen kommen, werden zu einer Polypeptidkette verknüpft. Die wachsende Peptidkette wird dabei über eine Peptidbindung immer an die jeweils zuletzt angelagerte Aminosäure angefügt.

(Mehrere nebeneinander liegende Ribosomen (Polysomen) ermöglichen, dass derselbe mRNA-Strang gleichzeitig mehrmals abgelesen wird.)
- Bei Erreichen eines Codons, das das Kettenende anzeigt, wird das fertige Protein (intaktes Enzym) freigesetzt, die Ribosomen und die mRNA zerfallen.

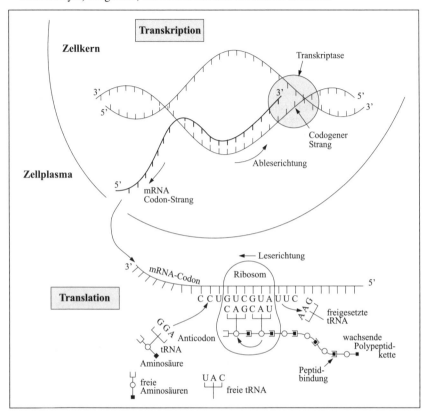

3.2 Erbsenpflanzen, die bezüglich des Merkmals Samenform heterozygot sind, haben runde Samen. Sie besitzen zum einen das normale Allel für das funktionsfähige Enzym, aber auch das mutierte Allel für das defekte Enzym. Damit werden von dieser Pflanze sowohl funktionsfähige Enzyme zur effektiven Stärkebildung in den Samen gebildet, als auch defekte Enzyme, wodurch freie Zuckermoleküle nicht so gut in Stärke umgewandelt werden können. Allerdings reicht die Aktivität des funktionsfähigen Enzyms aus, um genügend osmotisch aktiven Zucker in osmotisch unwirksame Stärke umzuwandeln, sodass bei den wachsenden Pflanzen keine erhöhte osmotische Wasseraufnahme in die Zellen erfolgt und damit die Samen bei der Trocknung während der Reifung nicht stärker schrumpfen und kantig werden.

3.3 Bei der Kreuzung der beiden verschiedenen Erbsenrassen wurde auf zwei Merkmale Wert gelegt: die Form der Samen, sowie den Bau der Hülsen. Es handelt es sich daher um einen **dihybriden Erbgang**. Für beide Merkmale liegen die Erbinformationen jeweils auf einem eigenen Chromosomenpaar (keine Genkopplung).

Kennzeichnung der Allele:
A = Allel für das Merkmal runde Samen, dominant
a = Allel für das Merkmal kantige Samen, rezessiv

B = Allel für das Merkmal geblähte Hülse, dominant
b = Allel für das Merkmal eingeschnürte Hülse, rezessiv

Die Kreuzung erfolgte zwischen zwei Erbsenpflanzen mit dem gleichen Phänotyp **runde Samen** und **geblähte Hülsen**, AB, also den dominanten Merkmalen.
Da bei den Pflanzen der F_1-Generation einer der Nachkommen die rezessiven Merkmale **kantige Samen** und **eingeschnürte Hülsen** aufweist, muss er den Genotyp **aabb** besitzen. Daraus wiederum ist abzuleiten, dass zwangsläufig beide Elternpflanzen heterozygot **AaBb** gewesen sein müssen.

Parentalgenerationen P:
P I   Phänotyp: Runde Samen – geblähte Hülsen
      Genotyp: AaBb
      Keimzelltypen: AB, Ab, aB, ab

P II Phänotyp: Runde Samen – geblähte Hülsen
      Genotyp: AaBb
      Keimzelltypen: AB, Ab, aB, ab

Kreuzung der Parental-Individuen; Kombinationsquadrat:

Keimzellen	AB	Ab	aB	ab
AB	AABB	AABb	AaBB	AaBb
Ab	AABb	AAbb	AaBb	Aabb
aB	AaBB	AaBb	aaBB	aaBb
ab	AaBb	Aabb	aaBb	aabb

Kreuzungsergebnis:
Die Auswertung der 16 Gametenkombinationen des Kombinationsquadrates für die F_1-Generation ergibt, dass neben den erwähnten Phänotypen der fünf Nachkommen zwei weitere Phänotypen mit dem jeweils angegebenen Anteil auftreten müssten:

9	AB	Runde Samen – geblähte Hülsen	tatsächlich aufgetretene vier Nachkommen
1	ab	kantige Samen – eingeschnürte Hülsen	tatsächlich aufgetretener Nachkomme
3	Ab	Runde Samen – eingeschnürte Hülsen	zusätzlich zu erwartende Nachkommen
3	aB	kantige Samen – geblähte Hülsen	zusätzlich zu erwartende Nachkommen

Das Ergebnis eines Kreuzungsschemas hat **statistischen Charakter**, d. h. es liefert Wahrscheinlichkeiten für das Auftreten der verschiedenen möglichen Genotypen und Phänotypen. Sie gelten aber nur für größere Anzahlen von Nachkommen. Im vorliegenden Beispiel sind aufgrund der geringen Nachkommenzahl nicht alle Möglichkeiten realisiert.

4.1 Vorteile der Familienbildung:
 – Revierbildung und Paarbindung bieten einen besseren gegenseitigen Schutz und schützen die Jungen vor Feinden (durch Verteidigung und Warnen).
 – Über den Fortpflanzungserfolg bei Vögeln entscheidet u. a. die eingetragene Futtermenge. Wenn beide Partner die Brut gemeinsam füttern und betreuen, wird die Versorgung des Nachwuchses gewährleistet.

Vorteile der Familienauflösung:
 – Nahrungskonkurrenz wird vermieden, da im anderen Fall die Reviergröße nicht mehr der Zahl der tragbaren Revierinhaber angepasst wäre.
 – Es wird den Kohlmeisen ermöglicht, ein weiteres Mal zu brüten.

4.2 Durch die Bildung von Revieren wird
 – Überbevölkerung vermieden, da die Tiere, die kein Revier erobern können, nicht zur Fortpflanzung kommen. Auf diese Weise wird die Populationsdichte einer Art reguliert.
 – die biologische Fitness einer Population erhöht, da in der Regel nur gesunde und starke Individuen im Kampf um ein Revier Sieger bleiben, sich dadurch paaren können und somit die Chance haben, ihr Erbgut weiterzugeben.
 – erreicht, dass sich die Mitglieder einer Population mit gleichen Nahrungsansprüchen so über das Verbreitungsgebiet einer Art verteilen, dass jedes dort lebende Individuum in dem Maße Nahrung bekommt, wie es zum Überleben braucht.
 – eine größere Verteilung der Tiere erreicht, wodurch die Gefahr der Ausbreitung von Infektionskrankheiten verringert wird.
 – vermieden, dass es zwischen den Artgenossen zu ständigen Konkurrenzkämpfen kommt. Reviere wirken somit aggressionsbegrenzend.
 – den Tieren ihr Lebensraum vertraut, so dass sie bei Gefahr rasch fliehen und sichere Verstecke aufsuchen können.

Anmerkung: Lediglich zwei weitere Vorteile sind bei dieser Frage verlangt!

Notizen

Leerseiten verbilligen in diesem Fall die Herstellung des Buches!

Notizen

Leerseiten verbilligen in diesem Fall die Herstellung des Buches!

Grundkurs Biologie (Bayern): Abiturprüfung 2003 – Aufgabe I

BE

1 Zu Beginn des Jahres 2002 wurde die Polkörper-Diagnostik erfolgreich erprobt, um Eizellen vor einer künstlichen Befruchtung auf genetische Schäden zu überprüfen.

1.1 Vergleichen Sie unter Verwendung beschrifteter Skizzen die Metaphasen I und II bei der Eizellenbildung, ausgehend von einer Ureizelle mit 4 Chromosomen!   5

1.2 Eine Untersuchung des Chromosomensatzes brachte für die drei Polkörperchen einer Eizelle folgendes Ergebnis: 22 + X, 22 + XX und 22 + X.
Geben Sie den Chromosomensatz der Eizelle an und begründen Sie die Antwort mit Hilfe beschrifteter Skizzen!   4

1.3 Die Vorgänge während der Meiose bilden eine wesentliche Grundlage der genetischen Variabilität. Begründen Sie diese Aussage!   3

2 Der Genuss von ungekochten Bittermandeln ist deshalb gefährlich, weil im Magen Blausäure gebildet wird. Als tödliche Dosis gelten 0,05 g Blausäure. Die giftige Wirkung von Blausäure beruht darauf, dass sie ein Enzym der Atmungskette blockiert. Dadurch wird die ATP-Bildung fast vollständig gestoppt.
Folgende Abbildung zeigt den Einfluss auf die Nervenzellen:

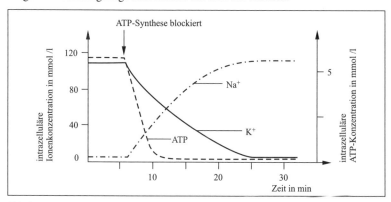

Abb. 1

2.1 Beschreiben Sie die relativen Ionenkonzentrationen an der Membran einer Nervenzelle im Ruhezustand!   4

2.2 Entnehmen Sie aus der Graphik die ATP- und Ionen-Konzentrationen nach 20 Minuten und erläutern Sie die Ursache der Änderungen und deren Auswirkung auf das Ruhepotenzial der Nervenzelle!   6

3 Vor ca. 50 000 Jahren herrschte in Teilen des heutigen Kalifornien ein eher feuchtes Klima, das zur Bildung zahlreicher, untereinander verbundener Seen führte. Vor ca. 10 000 Jahren setzte eine Trockenperiode ein, so dass schließlich vor ca. 4 000 Jahren fast alle Seen austrockneten. Übrig geblieben sind einige weit verstreute, geschützt liegende Quelltümpel mit sehr unterschiedlichen Wassertemperaturen und Salzgehalten. In jedem Tümpel lebt eine andere Art aus der Fischgattung der Zahnkärpflinge. Sie gingen vermutlich aus einer einzigen Ausgangspopulation hervor.

3.1 Geben Sie zwei Definitionen für den Artbegriff! 2

3.2 Erklären Sie die Entstehung der verschiedenen Zahnkärpflingsarten aus der Sicht der erweiterten Evolutionstheorie! 6

4 In vielen Büros werden Pflanzen in Hydrokultur gepflegt, d. h. sie wachsen ohne Erde in einem Substrat aus Tonkugeln. Diese Pflanzen erhalten die nötigen Mineralsalze durch Zugabe von Düngelösungen; in lichtarmen Räumen muss zusätzlich künstlich beleuchtet werden.

4.1 Erläutern Sie anhand eines Pfeildiagramms unter Verwendung von Fachbegriffen den Stoffkreislauf, der in der Natur die dauerhafte Versorgung mit Mineralsalzen sicherstellt! 5

4.2 In einem Büro stehen zur Beleuchtung der Zimmerpflanzen zwei verschiedene Lampen zur Verfügung. Die folgenden Abbildungen zeigen jeweils den Anteil der verschiedenen Wellenlängen am abgestrahlten Licht der Lampen:

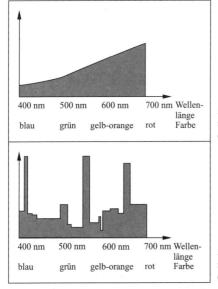

Abb. 2: relative abgestrahlte Lichtmenge einer Glühlampe.

Abb. 3: relative abgestrahlte Lichtmenge einer Leuchtstoffröhre.

Begründen Sie, welche der beiden Lampen zur Beleuchtung der Zimmerpflanzen vorteilhafter wäre!
Gehen Sie dabei davon aus, dass die Gesamtlichtintensität beider Lampen gleich groß ist! 4

4.3 Pflanzen, die in ungelüfteten, stark von Menschen frequentierten Räumen stehen, gedeihen besser als Pflanzen in schwach frequentierten, häufig gelüfteten Räumen.
Erläutern Sie diese Beobachtung anhand einer graphischen Darstellung! 4

5 Beim Betteln um Futter sperren Amseljunge von einem bestimmten Alter an gerichtet zum Kopf des Altvogels. Zur Untersuchung dieses Verhaltens wurden Attrappenversuche durchgeführt. Dabei wurden folgende Attrappen aus jeweils drei verschieden großen Pappscheiben eingesetzt:

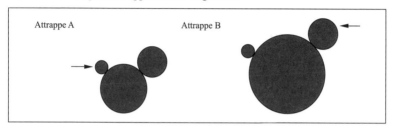

Abb. 4

Die Jungen sperrten bei den Attrappen a und b jeweils zu der mit einem Pfeil markierten Scheibe.

5.1 Beschreiben Sie allgemein Ziel und Vorgehensweise bei Attrappenversuchen! 3

5.2 Erklären Sie die unterschiedliche Reaktion der Amseljungen auf die beiden Attrappen a und b! 4

50

(erweiterter) Erwartungshorizont

1.1 Metaphase I:
- Chromatidentetrade in der Äquatorialebene
- Chromosomensatz diploid (2n = 4)
- Chromosomen in der Zwei-Chromatidform

Metaphase II:
- Chromosomen liegen nebeneinander in der Äquatorialebene
- Chromosomensatz in jeder Zelle in der haploiden Form (n = 2)
- Chromosomen noch in der Zwei-Chromatidform
- 1 große Eizelle, 1 kleines Polkörperchen

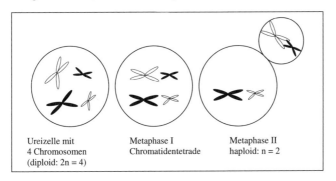

Ureizelle mit 4 Chromosomen (diploid: 2n = 4)   Metaphase I Chromatidentetrade   Metaphase II haploid: n = 2

1.2 Chromosomensatz der Eizelle lautet: 22 + 0
(22 Autosomen und kein X-Chromosom).

Ureizelle:
- 44 + XX
  (In den Abbildungen sind jeweils nur die X-Chromosomen dargestellt)
- X-Chromosomen in der Zwei-Chromatidform

Ureizelle

1. Reifeteilung (Reduktionssteilung):
- Verläuft normal
- Homologe X-Chromosomen werden durch die Spindelfasern zu den Zellpolen gezogen.

Telophase I:
- 22 + X
- Alle Chromosmen in der Zwei-Chromatidform
- 1 große Zelle, 1 kleines Polkörperchen

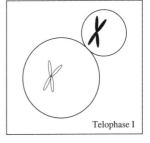

Telophase I

2. Reifeteilung (Äquationsteilung):
- Nondisjunktion der Chromatiden des X-Chromosoms in der großen Zelle.
  Beide Chromatiden gelangen in das 3. Polkörperchen.

Telophase II:
- 22 + 0
- Alle Chromosmen in der Ein-Chromatidform
- **Eizelle ohne X-Chromosom (22 + 0)**
- 2 Polkörperchen mit einem X-Chromosom (22 + X)
- 1 Polkörperchen (gebildet bei der Äquationsteilung) mit zwei X-Chromosomen (22 + XX)

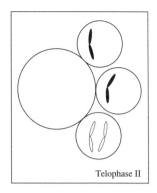

Telophase II

1.3. Die genetische Variabilität hat ihre Ursache in der
- zufälligen Verteilung der homologen Chromosomen bei der Reduktionsteilung,
- Möglichkeit des Umbaus der Chromosomen während der Prophase I der Meiose durch Crosssing-over.

2.1 Nach der Ionentheorie des Ruhepotenzials liegen zu beiden Seiten der Zellmembran eines Neurons im Ruhezustand die Ionen in unterschiedlichen Konzentrationen vor. Folgende relative Ionenverhältnisse sind die Voraussetzung für das Zustandekommen des Ruhepotenzials (Membranpotenzial):
An der Außenseite, in der Gewebsflüssigkeit (extrazellulär), findet man eine hohe Konzentration an Natrium- (Na^+) und Chlorid- (Cl^-) Ionen. Auf der Innenseite der Nervenfaser dagegen, im Zellplasma (intrazellulär), lassen sich überwiegend Kalium-Ionen (K^+), sowie große organische Anionen (A^-) nachweisen.

2.2 Auswertung der Grafik:
ATP-Konzentration nach 20 Minuten: 0 mmol/l
Na^+-Konzentration nach 20 Minuten: 100 mmol/l
K^+-Konzentration nach 20 Minuten: 20 mmol/l

Vorbemerkung:
Die Membran eines Neurons besitzt (wie alle Zellmembranen) selektiv permeable Eigenschaften und trennt dadurch die extra- und intrazellulären Reaktionsräume:
In Ruhe besitzt die Membran lediglich für K^+-Ionen eine selektive Permeabilität, daher diffundieren Kalium-Ionen aufgrund des Konzentrationsgefälles von innen nach außen. Da den großen negativen Anionen ein Membrandurchtritt nicht möglich ist, bleiben sie innen an der Membran zurück und wirken dem Austritt weiterer K^+-Ionen und damit deren Konzentrationsausgleich entgegen. Durch diese Ladungstrennung kommt es zum Aufbau einer elektrischen Potenzialdifferenz, dem Ruhepotenzial.
Obwohl die selektive Permeabilität nur für K^+-Ionen besteht, diffundieren dennoch einige Na^+-Ionen durch die Membran (Na^+-Leckströme) nach innen. Da sie positiv geladen sind, neutralisieren sie eine negative Ladung im Inneren und schwächen so das Ruhepotenzial ab, es wird also positiver. Als Folge davon verlassen Kalium-Ionen das Innere der Nervenzelle, um den Gleichgewichtszustand wiederherzustellen. Auf Dauer würde die Zelle Kalium-Ionen verlieren und sich dadurch das Ruhepotenzial abbauen.
Eine Natrium-Kalium-Ionenpumpe sorgt deshalb dafür, dass die Natrium-Ionen wieder nach außen und die Kalium-Ionen wieder nach innen transportiert werden, damit das Ruhepotenzial aufrecht erhalten werden kann.

Die in der Grafik dargestellten Änderungen der Ionenkonzentrationen haben ihre Ursache im Absinken der ATP-Konzentration. Von der Natrium-Kalium-Ionenpumpe wird zur Aufrechterhaltung des Ruhepotenzials Stoffwechselenergie benötigt. ATP ist der universelle Energieträger der Zelle. Da ATP fehlt, kann die Ionenpumpe, wie oben dargestellt, die Ionen nicht zurück transportieren. Na^+-Ionen strömen weiter in den intrazellulären Raum ein und K^+-Ionen diffundieren aufgrund des Konzentrationsgefälles nach außen. Das Ruhepotenzial wird dadurch abgebaut.

3.1 **Morphologischer Artbegriff**
Dieser Begriff beinhaltet, dass die Zugehörigkeit zu einer Art durch die Suche nach Übereinstimmung in zahlreichen wesentlichen Körpermerkmalen (Morphologie) festgestellt wird. Vor allem die Paläobiologie stützt ihre Aussagen auf diesen Artbegriff.

Biologischer Artbegriff
Wenn sich die Vertreter zweier Populationen unter natürlichen Bedingungen untereinander kreuzen und dabei fortpflanzungsfähige Nachkommen entstehen, dann gehören sie beide zu einer Art.
Ist dies nicht möglich oder sind die Nachkommen steril, dann handelt es sich um zwei getrennte Arten.

3.2 Die Trockenperiode führte dazu, dass fast alle Seen in diesem Gebiet austrockneten und nur noch einige weit verstreute Quelltümpel übrig blieben. Dadurch wurden die Individuen der Ausgangspopulation der Zahnkärpflinge voneinander **geografisch isoliert** und der Genfluss zwischen den Teilpopulationen war nicht mehr möglich, sie waren reproduktiv isoliert.
Diese einzelnen Restpopulationen wiesen eine deutliche **genetische Variabilität** auf. Die Ursache lag zum einen im Phänomen **Gendrift**: Jede Restpopulation besaß aufgrund der geringen Zahl von Überlebenden nur einen Teil der Gene aus dem ursprünglichen Genpool. Die Folge war, dass sich in diesen kleinen Populationen durch Zufallseffekte bei den **Rekombinationsereignissen** die Allelfrequenzen unterschiedlich entwickelten. Zum anderen veränderten in den einzelnen Tümpeln unterschiedliche **Mutationen** den jeweiligen Genbestand.
Unterschiedliche Umweltbedingungen (abiotische Faktoren wie Wassertemperatur und Salzgehalt) in den geografisch isolierten Quelltümpeln bedeuteten für die übrig gebliebenen Teilpopulationen zudem unterschiedliche **Selektionsbedingungen**. Dadurch kam es in diesen getrennten Arealen im Laufe von vielen Generationen zu einer unabhängig verlaufenden **Evolution** und dadurch unterschiedlichen Anpassung der jeweiligen Zahnkärpflinge an ihre speziellen Lebensbedingungen (**Einnischung**).
Die unterschiedlichen Bedingungen hatten eine **genetische Separation** des ursprünglichen Genpools zur Folge. Dies bedeutet, dass die Unterschiede in den Genomen der Teilpopulationen so groß geworden waren, dass sie, sofern sie die Möglichkeit gehabt hätten, gemeinsam keine bzw. keine fortpflanzungsfähigen Nachkommen mehr zeugen konnten. Damit war die Aufspaltung in die zahlreichen Arten vollzogen (**Allopatrische Artbildung**).

4.1 Vorbemerkungen:
Mineralsalze (Nährsalze) sind essentielle Stoffe für das Wachstum und die Aufrechterhaltung des ungestörten Stoffwechsels von Pflanzen. Sie stammen aus mineralischem Ursprung oder sind in organischen Verbindungen enthalten, wobei die Pflanzen nicht zwischen Mineralsalzen organischer oder anorganischer Herkunft unterscheiden. Allerdings können die Pflanzen Mineralsalze nur als Ionen aufnehmen. Daher müssen organische Substrate erst durch Destruenten mineralisiert werden, ehe ihre Nährsalze für die

Pflanzen verfügbar werden. Die Tätigkeit dieser im Boden lebenden Mikroorganismen hängt von einer optimalen Konstellation an abiotischen Faktoren (Temperatur, pH-Wert, Wasser, Sauerstoff) ab.
Wichtige Mineralstoffe für die Pflanzen sind:
- **Nitrat** als Stickstoffquelle für Eiweiße (Biomasse), die Wasserstoff übertragende Wirkgruppe $NADH/H^+$, Nukleinsäuren und die Chlorophyllbildung
- **Sulfat** als Element in Aminosäuren (Proteinen),
- **Phosphat** als Bestandteil von Proteinen (Enzyme) $NADPH/H^+$, Nukleinsäuren und ATP.

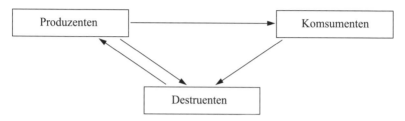

Produzenten:
Primärproduktion von Biomasse durch Photosynthese.
Aufbau energiereicher organischer Verbindungen unter Verbrauch von Kohlenstoffdioxid, Wasser und Mineralsalzen (Autotrophie).

Konsumenten:
Pflanzenfresser (Herbivore) und Fleischfresser (Carnivore) verwerten die energiereichen organischen Substanzen zur eigenen Energieversorgung und zum Aufbau eigener Körpersubstanz (Heterotrophie).

Destruenten:
Abbau der toten Biomasse von Produzenten und Konsumenten letztlich zu Mineralsalzen, die den Produzenten wieder zur Verfügung stehen. Detritusfresser zerkleinern als Primärdestruenten totes tierisches und pflanzliches Material und schaffen dadurch große Oberflächen für die eigentlichen Mineralisierer: Bakterien und Pilze als Sekundärdestruenten.

4.2 Misst man die Lichtabsorption der Blattfarbstoffe Chlorophyll a und b für alle Wellenlängen des sichtbaren Lichtes, dann ergibt die graphische Darstellung der Messwerte ein typisches **Absorptionsspektrum**: Die Maxima der Absorption liegen im blauen (kurzwelligen) und roten (langwelligen) Bereich. Die Wellenlängen dazwischen, grüne und blaue Farben, werden kaum absorbiert.
Beleuchtet man Pflanzen mit den einzelnen Wellenlängen des Lichtes (also mit unterschiedlicher **Lichtqualität**), erzielt man Photosyntheseraten, die ebenfalls in der graphischen Darstellung einen typischen Verlauf zeigen (**Wirkungsspektrum**): Die Maxima der Photosyntheserate liegen im blauen und roten Bereich, also bei den gleichen Wellenlängen, bei denen die Photosynthesepigmente (Chlorophyllmoleküle a und b), wie oben beschrieben, Absorptionsmaxima besitzen.
Vergleicht man nun die Abstrahlungsspektren der Leuchtmittel mit den Absorptionsmaxima der Blattfarbstoffe, bei denen zugleich Maxima der Photosyntheseaktivität zu verzeichnen sind, dann erweist sich die Leuchtstoffröhre als günstiger. Die Leuchtstoffröhre hat zwar dieselbe Gesamtlichtintensität wie die Glühbirne, aber höhere Intensitäten im blauen und roten Bereich, welche für die Photosyntheserate entscheidend sind. Die Glühlampe weist z. B. im blauen Bereich nur eine sehr geringe abstrahlende Lichtmenge auf.

4.3 In ungelüfteten, stark von Menschen frequentierten Räumen wird durch deren Ausatmung eine Erhöhung der CO_2-Konzentration erreicht. Für Landpflanzen ist die Luft mit ihrem CO_2-Gehalt (ca. 0,03 % bis 0,04 %) der für die Photosyntheseleistung limitierende Faktor. Eine Erhöhung der CO_2-Konzentration in den erwähnten Räumen hat bei den Pflanzen eine Steigerung der Photosyntheserate zur Folge. Das Assimilationsoptimum liegt für Landpflanzen bei 0,1 % CO_2 (Sättigungsbereich).

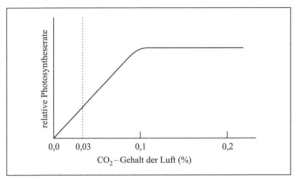

5.1 Bei Attrappen handelt es sich um künstliche Reize bzw. Reizkombinationen, mit denen geprüft werden kann, wie Außenreize beschaffen sein müssen, damit sie als Auslösereiz(e) angeborene Verhaltensweisen auslösen können.

Ausgehend von einer möglichst naturgetreuen Nachbildung wird in Versuchsreihen durch ein fortschreitendes Weglassen einzelner Strukturen jenes Merkmal ermittelt, das den eigentlichen auslösenden Reiz darstellt.

5.2 Dargestellt sind zwei verschiedene zweiköpfige Attrappen eines Altvogels zur Auslösung der Sperrreaktionen von Amseljungen. Bei beiden abgebildeten Attrappen sind die Kopfgrößen jeweils gleich, die Rumpfgröße jedoch ist unterschiedlich.

Da die Jungvögel bei der Attrappe A den kleineren Kopf und bei der Attrappe B dagegen den größeren Kopf bevorzugen, muss angenommen werden, dass die Amseljungen den Kopf der Eltern nicht an seiner absoluten Größe erkennen. Vielmehr stellt ein bestimmtes Größenverhältnis zwischen Rumpf und Kopf den entscheidenden Schlüsselreiz zur Auslösung des Sperrens dar.

Grundkurs Biologie (Bayern): Abiturprüfung 2003 – Aufgabe II

BE

1 Personen mit dem Erbleiden der Chondrodystrophie weisen Minderwuchs und Missbildungen des Skeletts auf. Folgende Abbildung zeigt den Modellstammbaum einer Familie mit dieser Erbkrankheit:

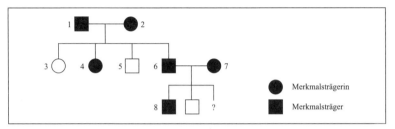

1.1 Leiten Sie den zugrunde liegenden Erbgang ab und schließen Sie die anderen im Unterricht besprochenen Erbgangstypen aus!
Begründen Sie Ihre Aussage an Beispielen aus dem abgebildeten Stammbaum! 6

1.2 Geben Sie für die Personen 1–7 die jeweils möglichen Genotypen an! 4

1.3 Erläutern Sie mit Hilfe eines Kreuzungsschemas, mit welcher Wahrscheinlichkeit ein weiteres Kind der Eltern 6 und 7 an Chondrodystrophie erkranken wird! 4

2 Hummeln und Bienen ernähren sich vor allem von Nektar und sind wichtige Blütenbestäuber.

2.1 Die nordamerikanischen Hummelarten der Gattung *Bombus* unterscheiden sich u. a. in ihrer Rüssellänge:

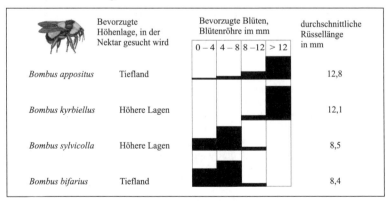

Erläutern Sie die ökologischen Zusammenhänge, die in der Tabelle zum Ausdruck kommen! Belegen Sie Ihre Aussagen mit Angaben aus der Tabelle! 6

2.2 Stellen Sie dar, wie Darwin die Entstehung des langen Rüssels von *Bombus appositus* erklärt hätte! 5

3   Hefezellen können Glucose je nach Umweltbedingungen anaerob oder aerob abbauen.

3.1 Beschreiben Sie die Durchführung eines Versuchs zum anaeroben Glucoseabbau der Hefezellen! Geben Sie je eine Nachweismethode für die entstehenden Reaktionsprodukte an! 4

3.2 Untergliedern Sie den anaeroben Glucoseabbau in zwei Hauptabschnitte und geben Sie die jeweilige stoffwechselbiologische Bedeutung der beiden Abschnitte an! 4

3.3 Stellen Sie die Bruttogleichung für den aeroben Stoffwechselweg auf und vergleichen Sie die Energiebilanz mit der des anaeroben Glucoseabbaus! 3

4   Die Erregungsleitung von Nervenfasern kann durch eine Vielzahl von Stoffen beeinflusst werden.

4.1 Fertigen Sie eine beschriftete Zeichnung eines typischen Neurons mit markhaltiger Nervenfaser an! 4

4.2 Nennen Sie die Vorteile markhaltiger Nervenfasern! 3

4.3 Bei mit Tetraethylammoniumsalzlösung behandelten Nervenzellen verändern sich die Aktionspotenziale dahin gehend, dass die Repolarisationsphase zeitlich etwa doppelt so lange dauert. Die anderen Phasen sind bezüglich des Ablaufs identisch.
Geben Sie eine mögliche Erklärung für diese Veränderung! 4

5   Die anatomischen Unterschiede zwischen Menschen und Menschenaffen stehen in direktem Zusammenhang mit der aufrechten Körperhaltung und der ausschließlichen Fortbewegung des Menschen auf zwei Beinen.
Nennen sie drei anatomische Merkmale des menschlichen Skeletts und geben Sie deren funktionale Bedeutung für den aufrechten Gang an! 3
___
50

(erweiterter) Erwartungshorizont

1.1 Autosomal rezessiver Erbgang:
Auszuschließen, da das phänotypisch kranke Paar 1–2 zwei gesunde Kinder (3, 4) hat. Bei einem autosomal rezessiven Erbgang wären die beiden Merkmalsträger (1, 2) jeweils homozygot. Somit wären alle Nachkommen ebenfalls Merkmalsträger.

Gonosomal (X-chromosomal) rezessiver Erbgang:
Auszuschließen, da das phänotypisch kranke Paar 1–2 einen gesunden Sohn hat. Die kranke Mutter wäre homozygot und würde die krankmachende Anlage an ihre Söhne weitergeben. Sie kann daher nur kranke Söhne haben, da das Y-Chromosom vom Vater nahezu genleer ist und deshalb bei ihren Söhnen nur die Informationen des X-Chromosoms zum Tragen kommen.

Autosomal dominanter Erbgang:
Dieser Erbgang liegt vor, da das phänotypisch kranke Paar 1–2 sowohl kranke als auch gesunde Kinder hat. Beide Elternteile sind jeweils heterozygot.

1.2 Genotyp Person 1: Aa   Genotyp Person 5: aa
Genotyp Person 2: Aa   Genotyp Person 6: Aa *
Genotyp Person 3: aa   Genotyp Person 7: Aa *
Genotyp Person 4: AA oder Aa   * heterozygot, da das Paar
6–7 einen gesunden Sohn hat

1.3 Aus dem Erbschema ist ersichtlich, dass für jedes Kind des Paares 6–7 grundsätzlich ein Erkrankungsrisiko von 75 % (schraffierte Fälle) besteht. Es ist es völlig unerheblich, wie viele kranke Kinder dieses Paar bereits hat, da der Zufall den Genotyp bestimmt und „der Zufall hat kein Gedächtnis."

Kreuzungsschema:
Genotypen: Person 6 (Vater): Aa
Person 7 (Mutter): Aa

Keimzellen	Vater	
	A	a
Mutter A	AA	Aa
a	Aa	aa

2.1 Zwischen den vier Hummelarten der Gattung *Bombus* bestimmt die Konkurrenz um die Nahrungsressourcen als wichtiger ökologischer Faktor das Zusammenleben. Diese **Konkurrenz** ist jedoch durch Ausbildung sog. **ökologischer Nischen** herabgesetzt, wodurch eine Koexistenz der verschiedenen Hummelarten in einem gemeinsamen Lebensraum möglich wird. Der Begriff der **ökologischen Einnischung** bedeutet, dass von jeder Art bestimmte Umweltfaktoren (hier der Bau der Blüten mit ihren unterschiedlichen Längen der Blütenröhre) in jeweils ganz spezifischer Weise genutzt werden. Es erfolgte bei den Hummelarten eine Einnischung durch die Ausbildung unterschiedlicher Rüssellängen.
Das Ergebnis dieser Konkurrenzvermeidung ist, dass in gleicher Höhenlage jeweils Arten mit verschiedenen Rüssellängen vorkommen (Arten mit Rüssellängen von 0 bis 8 mm, bzw. Arten mit Rüssellängen von 8 bis mehr als 13 mm), d. h. andererseits, dass Arten mit gleicher Rüssellänge unterschiedliche Höhenlagen besiedeln.

2.2 Darwin hätte das Auftreten des langen Rüssels bei *Bombus appositus* mit seiner Theorie der natürlichen Zuchtwahl – natural selection – erklärt:
Die Vorfahren der rezenten Hummelart *Bombus appositus* erzeugten mehr Nachkommen als zur Arterhaltung erforderlich waren. Es herrschte eine **Überproduktion** an Nachkommen. Dieser stand jedoch u. a. die Begrenztheit an Nahrung gegenüber. Die Individuen in den großen Populationen unterschieden sich in verschiedenen Merkmalen des Körperbaus. So traten **Varianten** auf, die längere Rüssel besaßen (*ungerichtete genetische Variabilität durch Mutation und Rekombination*). Mit ihren längeren Rüsseln konnten diese Hummeln bei Blumen mit tieferliegenden Nektarien die Nektarquelle noch erreichen und hatten somit einen Vorteil beim Nahrungserwerb, also im „**Kampf ums Dasein – struggle for life**", gegenüber Konkurrenten der eigenen Art. Diese **besser angepassten** Individuen überlebten, kamen zur Fortpflanzung und konnten ihren Vorteil beim Nahrungserwerb an ihre Nachkommen weitervererben: **survival of the fittest** (*ihre vorteilhafte Anpassung war genetisch bedingt; selektionspositives Erbgut*).
Über viele Generationen hinweg kam es durch diese **natürliche Selektion** zu einer immer deutlicheren Längenzunahme der Rüssel, bis hin zu den heute feststellbaren Längen. (In Schrägdruck: Begriffe der modernen, synthetischen Theorie der Evolution)

3.1. In einen Gärkolben wird zu einer Traubenzuckerlösung in Wasser aufgeschlämmte Bäckerhefe gegeben. Auf den Gärkolben wird ein Gärröhrchen aufgesetzt, in dem sich Kalkwasser befindet, wodurch der Kolben luftdicht abgeschlossen wird. Der daraufhin beginnende Gärprozess kann beschleunigt werden, indem der Kolben in ein Wasserbad von ca. 40 °C gestellt wird. In der Folge wird eine Gasentwicklung zu beobachten sein.

Beim anaeroben Glucoseabbau durch Hefezellen entstehen als Reaktionsprodukte Alkohol und Kohlenstoffdioxid.

Nachweis der Reaktionsprodukte:
Alkohol: Öffnet man nach einem Tag Gärung den Kolben, dann kann das Ethanol durch den charakteristischen Geruch nachgewiesen werden.
Filtriert man nach einem Tag Gärung den Kolbeninhalt, destilliert das Filtrat und sammelt es in einem Gefäß, dann kann das Ethanol auch durch die Brennbarkeit nachgewiesen werden.
Kohlenstoffdioxid: Das aufsteigende Gas führt mit zunehmender Versuchsdauer zu einer Trübung des Kalkwassers, wodurch CO_2 nachgewiesen wird.

3.2 – Beim anaeroben Glucoseabbau, erfolgt zunächst über mehrere Reaktionsschritte die Zerlegung des C_6-Körpers Glucose in zwei C_3-Körper Brenztraubensäure (**Glykolyse**). Die Bedeutung dieses Stoffwechselschrittes liegt im (allerdings geringen) Energiegewinn. Dieser Stoffwechselschritt kann nur dann ablaufen, wenn im Zellplasma vorhandenes NAD^+ reduziert wird, also zwei Wasserstoffatome aufnimmt. Es kommt dadurch zur Bildung der Energiespeichermoleküle $NADH/H^+$. Es muss also grundsätzlich NAD^+ zur Verfügung stehen.

– Fehlt Sauerstoff, wie es beim anaeroben Glucoseabbau der Fall ist, dann kann das bei der Glykolyse anfallende $NADH/H^+$ nicht oxidiert werden und es würde, wenn das NAD^+-Reservoir im Cytoplasma erschöpft ist, die Glykolyse und damit die ATP-Bildung zum Erliegen kommen. Somit kann der Abbau der Glucose nicht mit der Bildung der Brenztraubensäure enden, sondern es muss in einem sich anschließenden zweiten Hauptabschnitt die Weiterverarbeitung der Brenztraubensäure erfolgen, dessen Bedeutung in der Rückgewinnung von NAD^+ als Wasserstoffakzeptor (Oxidationsmittel) liegt.

Hefen besitzen im Cytoplasma ein Enzym, das diesen zweiten Schritt ermöglicht. Bei ihnen wird die Brenztraubensäure ($C_3H_4O_3$) unter Abspaltung von CO_2 zu Ethanal (C_2H_3OH) decarboxyliert. Ethanal nimmt die Elektronen und Protonen vom $NADH/H^+$ auf und wird dadurch zum Ethanol (C_2H_5OH) reduziert und NAD^+ wieder als Wasserstoffakzeptor regeneriert. (**Alkoholische Gärung**)

Ergänzende Information:
Bei der **Milchsäuregärung** (Milchsäurebakterien) nimmt die Brenztraubensäure ($C_3H_4O_3$) die Elektronen und Protonen vom $NADH/H^+$ auf und wird dadurch zur Milchsäure ($C_3H_6O_3$) umgebaut.

3.3 **Bruttogleichung für den aeroben Stoffwechselweg (Atmung)**

$C_6H_{12}O_6 + 6\,H_2O + 6\,O_2 + 38\,ADP + 38\,P_i \rightarrow 6\,CO_2 + 12\,H_2O + 38\,ATP$

Bruttogleichung für den anaeroben Stoffwechselweg (Alkoholische Gärung)

$C_6H_{12}O_6 + 2\,ADP + 2\,P_i \rightarrow 2\,C_2H_5OH + 2\,CO_2 + 2\,ATP$

Zellen, die die Glucose **aerob** abbauen können, erzielen eine wesentlich höhere Energieausbeute (pro 1 mol Glucose entstehen 38 mol ATP), da die Glucose vollständig zu den energiearmen Endprodukten Kohlenstoffdioxid und Wasser abgebaut werden kann.
Bei der **anaeroben** Energiegewinnung hingegen beträgt die Energieausbeute pro 1 mol Glucose lediglich 2 mol ATP, da die Glucose nur unvollständig zu den noch energiereichen Endprodukten Alkohol oder Milchsäure abgebaut werden kann.

4.1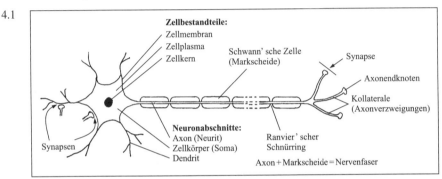

4.2 Die Erregungsleitung erfolgt in Nervenfasern durch fortlaufend erzeugte Aktionspotenziale: Jedes Aktionspotenzial löst auf seinem benachbarten Membranabschnitt wiederum ein Aktionspotenzial aus. In markhaltigen Nervenfasern ist dies aber nur an den marklosen Abschnitten, den Ranvier'schen Schnürringen, möglich. Eine Erregung springt somit jeweils von einem Schnürring zum nächsten: **saltatorische Erregungsleitung**.
– Da es nur an den Schnürringen zur zeitaufwendigen Depolarisation der Membran kommt, wird auf diese Weise eine relativ hohe Geschwindigkeit bei der Informationsweiterleitung erreicht: bis zu 120 m/sec.
– Da nur an den Schnürringen die ATP-getriebenen Kalium-Natrium-Ionenpumpen zur Wiederherstellung und Aufrechterhaltung des Ruhepotenzials erforderlich sind, ist der Energieverbrauch markhaltiger Nervenfasern wesentlich geringer als der markloser Fasern.
– Vergleicht man den Durchmesser markhaltiger und markloser Axone mit gleicher Leitungsgeschwindigkeit, dann wird bei den marklosen Fasern erheblich an Material gespart (z. B. Zellvolumina Katzen-: Tintenfischnervenfaser = 1 : 15000).

4.3 Vorbemerkung:
Der zeitliche Verlauf eines Aktionspotenzials lässt sich in folgende Phasen unterteilen:
– **Depolarisationsphase** mit einem raschen Potenzialanstieg: Verantwortlich ist eine plötzliche selektive Permeabilitätsänderung der Membran für Na^+-Ionen. Na^+-Ionen strömen vom extrazellulären Milieu ins Zellinnere und führen zu einer Ladungsumkehr an der Membran. Das vorher ca. 80 mV negative Faserinnere wird ca. 40 mV positiv gegenüber der Außenseite.
– **Repolarisationsphase** mit einem zunächst schnellen und in der Folge langsamen Rückgang der Potenzialänderung.

Wird eine Nervenzelle mit Tetraethylammoniumsalzlösung behandelt, dann dauert laut Angabetext die Repolarisationsphase etwa doppelt so lange. Für deren schnellen Rückgang der Potenzialänderung ist das Abstoppen des Na^+-Einstroms verantwortlich, da die Na^+-Permeabilität der Membran bereits vor Erreichen der Aktionspotenzialspitze sehr schnell wieder abgenommen hat. Der weitere langsamen Rückgang auf den Wert des Ruhepotenzials hat seine Ursache vor allem in der etwas später einsetzenden Zunahme der K^+-Permeabilität der Membran (Kalium-Ausstrom), was einen dem Aktionspotenzial entgegengesetzten Effekt zur Folge hat. Der Ausstrom von K^+-Ionen kann sogar so stark sein, dass das Ruhepotenzial geringfügig verstärkt wird (**Hyperpolarisation**).

Die Tetraethylammoniumsalzlösung kann sich z. B. auf die Kaliumionenkanäle auswirken: Sie kann die Öffnungsweite der Kanäle oder die Anzahl der geöffneten Kanäle so verändern, dass eine verzögerte Kaliumionen-Permeabilität zu verzeichnen ist.

5

Anatomische Merkmale des menschlichen Skeletts	Funktionale Bedeutung für den aufrechten Gang
Doppelt S-förmige Wirbelsäule	Federnde Säule mit dämpfender Wirkung von Stößen v. a. für den Kopf. Durch den deutlichen Knick am Übergang vom Becken zur Lendenwirbelsäule ergibt sich eine Zurückverlagerung des Körperschwerpunktes, wodurch die Rumpfmasse über die Stützfläche der Füße gelangt, was zu Folge hat, dass die aufrechte Haltung und die zweibeinige Fortbewegung ohne große Kraftanstrengung möglich ist.
Brustkorb breit und flach	Zurückverlagerung des Körperschwerpunktes wird begünstigt.
Hinterhauptsloch des Schädels im Zentrum der Schädelbasis	Schädel gelangt genau in die Körperachse; Verbesserte Statik.
Oberschenkel, Becken und Wirbelsäule bilden eine Linie	Der Mensch kann die Knie völlig durchdrücken. Damit ist die aufrechte Haltung ohne großen Kraftaufwand möglich.
Die Beine sind besonders lang und kräftig (171% der Rumpflänge)	Allein die Beine sind für die Fortbewegung bedeutend.
Standfuß mit dem Fußgewölbe	Notwendige Elastizität zum zweibeinigen Gehen, Laufen und Springen wird erreicht. Erschütterungen werden gut abgefangen.
Becken mit kurzen und breiten Darmbeinschaufeln (schüsselförmig) zur Aufnahme der Eingeweide	Das Becken übernimmt die tragende Funktion des Körpers. Die am Becken ansetzende Muskulatur ermöglich die Bewegungen für das Gehen.

Anmerkung: Es sind nur drei anatomische Merkmale verlangt.

Grundkurs Biologie (Bayern): Abiturprüfung 2003 – Aufgabe III

BE

1 Viele Schlangengifte enthalten Eiweißstoffe, die in speziellen Drüsenzellen gebildet werden und sehr wirksam sind.

1.1 Beschreiben Sie mit Hilfe einer beschrifteten Skizze die wesentlichen Schritte der Eiweißsynthese, die an den Ribosomen der Drüsenzellen ablaufen! 6

1.2 Das Gift der Schwarzen Mamba enthält Enzyme, die Acetylcholin spalten. Deshalb ist ein Biss der Schwarzen Mamba für Tier und Mensch meist tödlich.
Erläutern Sie die Giftwirkung und ihre Folgen! 4

1.3 Die im acetylcholinspaltenden Enzym enthaltene Aminosäure Tyrosin (Tyr) kann im codogenen Strang der DNS durch zwei verschiedene Basen-Tripletts codiert sein.
Fertigen Sie für eines der beiden Tripletts eine beschriftete Skizze an, die schematisch den Aufbau des entsprechenden DNS-Doppelstranges zeigt! 4

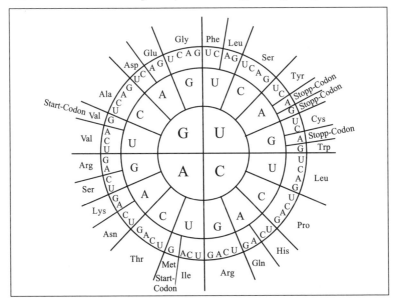

Code-Sonne (Leserichtung von innen nach außen)

1.4 In der DNS codiert das Triplett ACG eine andere Aminosäure des acetylcholinspaltenden Enzyms im Schlangengift.
Bei einer Punktmutation kann die 3. Base im Triplett ACG durch A, C oder T ausgetauscht werden.
Leiten Sie ab, welche der drei Mutationen die Giftwirkung sicher nicht beeinflusst! 5

2 Mungos ähneln in Körpergröße und Lebensweise den Mardern, gehören aber systematisch zu den Schleichkatzen, zu denen auch die Erdmännchen zählen. Ein unerfahrener, hungriger Mungo zeigt bereits die grundlegenden Abläufe eines Beutefangverhaltens. Der Mungo sucht nach Beute in Winkeln, Spalten und Höhlen, unter Steinen und im Sand. Bewegt sich das Beutetier und flieht, so verfolgt er es laufend und in kleinen Sprüngen. Aus dem Lauf heraus tötet er die Beute durch Genick- oder Kopfbiss und frisst sie dann auf.

2.1 Interpretieren Sie das oben geschilderte Verhalten aus verhaltensbiologischer Sicht mit Textstellenbezug! Verwenden Sie dabei die entsprechenden Fachbegriffe! 6

2.2 Beschreiben Sie Durchführung und Ergebnisse eines serologischen Testverfahrens, das belegt, dass der Mungo mit den Erdmännchen näher verwandt ist als mit den Mardern! 5

3 Das erste fossile Exemplar des berühmten Archaeopteryx wurde 1861 in Solnhofen gefunden. Zeigen Sie anhand von drei anatomischen Merkmalen die Bedeutung des Archaeopteryx für die Evolutionsforschung auf! 4

4 Seen bilden mit den Flüssen die größten Süßwasserökosysteme. Sie können in charakteristische Lebensräume mit unterschiedlichen Lebensbedingungen gegliedert werden.

4.1 Fertigen Sie eine beschriftete Skizze zur Gliederung eines Sees in die verschiedenen Lebensräume an und nennen Sie jeweils ein charakteristisches Lebewesen! 6

4.2 Die folgenden Werte geben das vertikale Temperaturprofil eines Sees zu verschiedenen Jahreszeiten wieder:

Tiefe (m)	50	40	30	20	15	10	5	0
Temperatur (°C)	4,0	4,0	4,0	4,0	4,0	3,5	2,5	0,0

Tab. 1

Tiefe (m)	50	40	35	30	25	20	15	10	5	0
Temperatur (°C)	4,0	4,0	5,0	6,0	7,0	8,5	16	18	19	20

Tab. 2

Ordnen Sie die Tabellen jeweils einer Jahreszeit zu! Erörtern Sie jeweils eine mögliche Auswirkung der jahreszeitlich bedingten Temperaturprofile auf die Organismen im Ökosystem See! 4

4.3 Aus einer defekten Kläranlage gelangt eine größere Menge fäkalienhaltiges Abwasser in einen Fluss. Unterhalb der Leckstelle, d. h. flussabwärts, werden daraufhin Sauerstoffmessungen mit folgenden Ergebnissen durchgeführt:

Fließstrecke des Wassers in m	10	50	300	700	1 400	1 800
Sauerstoffgehalt in mg/l	10,5	8,5	6,0	5,5	6,5	8,0

Zeichnen Sie die Messkurve! Interpretieren Sie die Veränderung des Sauerstoffgehalts bei zunehmender Entfernung von der Leckstelle! 6

50

(erweiterter) Erwartungshorizont

1.1 Die Bildung der in Schlangengiften enthaltenen Eiweißstoffe erfolgt entsprechend einer genetischen Information beim Vorgang der Proteinbiosynthese. Diese gliedert sich in **zwei** Abschnitte:
- Bei der **Transkription** wird die Basensequenz der DNS auf die Basensequenz der mRNS umgeschrieben.
- Bei der **Translation** wird die Basensequenz der mRNS in die Aminosäure-Sequenz des Proteins des Schlangengiftes übersetzt. Dies geschieht an den Ribosomen mit Hilfe der tRNS.

Die Fragestellung verlangt die Beschreibung des zweiten Schrittes:
Translation:
- Ribosomen wandern in 5'→ 3'-Richtung über die mRNS hinweg und ermöglichen dadurch ein Ablesen der Basentripletts (Codone) der mRNS.
- Das Ablesen erfolgt durch den jeweiligen Anti-Codon-Abschnitt der tRNS-Moleküle. Diese haben am entgegengesetzten Ende ihrer Raumstruktur die passende Aminosäure gebunden.
- Innerhalb des Ribosoms bringen zwei zu den Codonen passende tRNS-Moleküle ihre zugehörigen Aminosäuren nebeneinander in Position. Diese werden dann durch eine Peptidbindung miteinander verknüpft. Dabei wird die zuerst angelagerte Aminosäure (und in der Folge die wachsende Peptidkette) immer an die danach angelagerte Aminosäure angefügt. Das Ribosom rückt dann in 5'→ 3'-Richtung um ein Basentriplett weiter. An dieses neue „freie" Triplett bindet sich eine passende tRNS mit der zugehörigen Aminosäure. Die wachsende Peptidkette wird anschließend an diese neue Aminosäure gebunden, das Ribosom rückt weiter und der Vorgang wiederholt sich.
- Bei Erreichen eines Codons, das das Kettenende anzeigt, wird das fertige Protein freigesetzt. Die Ribosomen und die mRNS zerfallen.

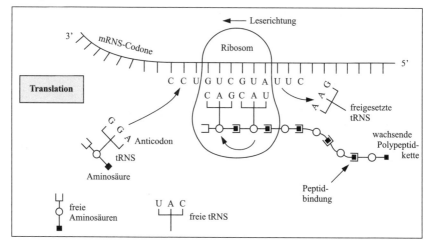

1.2 Acetylcholin spielt als so genannter **Transmitter** eine zentrale Rolle bei der Weiterleitung von Informationen an neuromuskulären Synapsen (von einer Nervenzelle an einen Muskel). Acetylcholin wird ständig in den Endknöpfchen eines Axons in synaptischen Bläschen gebildet.
Als Folge eines Aktionspotenzials diffundieren Acetylcholin-Moleküle sehr rasch durch den synaptischen Spalt und besetzen an der subsynaptische Muskelfasermembran reversibel hochspezialisierte Rezeptormoleküle. Deren Raumstruktur wird dadurch so verändert, dass sich von ihnen bisher blockierte Ionenkanäle (**chemisch** gesteuerte Ionenkanäle) öffnen und ein Na^+-Ionen-Einstrom zur Membraninnenseite der Muskelfaser möglich wird. An der Muskelfaser entsteht in der Folge ein Muskelaktionspotenzial. Dadurch werden weitere Vorgänge ausgelöst, die zur Kontraktion des Muskels führen.
Das Gift der schwarzen Mamba spaltet das Acetylcholin. Die angefallenen Spaltprodukte können mit den Rezeptoren der subsynaptischen Membran keine Bindung eingehen, wodurch sich die chemisch gesteuerten Ionenkanäle nicht öffnen. Damit ist keine Erregungsübertragung auf die Muskulatur möglich, was zu deren Lähmung führt. Atem- und Herzstillstand sind die tödlichen Folgen.

1.3 In der Code-„Sonne" sind Basentripletts zusammengestellt, die eine bestimmte Aminosäure codierenden. Sie gibt die Basensequenz der **mRNS-Codone** wieder (erkennbar an der Base Uracil) und ist daher von innen (5') nach außen (3') zu lesen.
Jedes einzelne Triplett codiert die bei ihm außerhalb des Kreises stehende Aminosäure bzw. den Start oder den Stopp der Proteinbiosynthese.
Die im acetylcholinspaltenden Enzym enthaltene Aminosäure Tyrosin (Tyr) wird auf der mRNS durch die beiden Basentripletts UAU und UAC codiert.
Diesen entsprechen auf dem codogenen Strang der DNS die Basentripletts: ATA bzw. ATG.

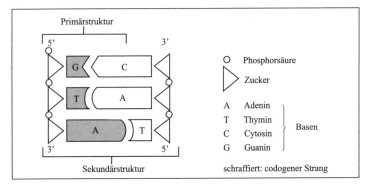

1.4 Das Triplett ACG des codogenen Stranges der DNS codiert folgende Aminosäure des acetylcholinspaltenden Enzyms im Schlangengift:

Codogenes Basentriplett	Triplett der mRNS	Codierte Aminosäure
ACG	UGC	Einbau von Cys (Cystein)

Bei einer Punktmutation der 3. Base am codogenen Basentriplett der DNS wird Guanin ausgetauscht. Dies kann folgende Auswirkungen haben:

	Neues codogenes Basentriplett	Triplett der mRNS	Codierte Aminosäure	Beeinflussung der Giftwirkung des Enzyms
Austausch von Guanin durch Adenin:	ACA	UGU	Einbau von Cys (Cystein)	**sicher keine Auswirkung**
Austausch von Guanin durch Cytosin:	ACC	UGG	Einbau von Trp (Tryptophan)	**möglicherweise Beeinflussung der Giftwirkung**
Austausch von Guanin durch Thymin:	ACT	UGA	Stoppcodon	**Abbruch der Synthese des Enzyms**

2.1 Beim Beutefangverhalten der Mungos handelt es sich um eine **Instinkthandlung** aus dem Verhaltensbereich Nahrungserwerb. Der Begriff Instinkthandlung steht für komplexe Handlungsabläufe, die angeboren (*"unerfahrener ... Mungo"*) und damit arttypisch sind.

Instinktive Verhaltensabläufe können nicht jederzeit ausgelöst werden, sondern für ihr Auftreten muss eine **innere Handlungsbereitschaft (Motivation)** vorliegen, hier der Trieb zur Nahrungsaufnahme (*"hungriger Mungo"*).

Ein Instinktverhalten verläuft in der Regel in drei aufeinanderfolgenden Abschnitten:

Ungerichtetes Appetenzverhalten:
Besteht bei dem Mungo die innere Breitschaft zur Nahrungsaufnahme (*Hunger*), zeigt er ein ungerichtetes Appetenzverhalten (*"Suchen in Winkeln, Spalten usw."*), das aus verschiedenen Verhaltensweisen zusammengesetzt sein kann, um ein Antriebsziel für die Endhandlung Töten und Fressen zu finden.

Gerichtetes Appetenzverhalten:
Sobald er auf ein Beutetier trifft, also das Antriebsziel (*Beutetier*) wahrgenommen hat, bestimmen dessen motivierende, auslösende und richtende Reize (*"Bewegung und Flucht des Beutetieres"*) das weitere Verhalten: Der Mungo zeigt ein gerichtetes Appetenzverhalten (*"Verfolgen der Beute"*).

Instinktive Endhandlung:
Hat der Mungo eine günstige Position zur Beute erreicht, dann erfolgt die Endhandlung (*"tötet er die Beute ... und frisst sie dann auf"*). Auch die Endhandlung wir durch auslösende und richtende Reize (*im Text nicht beschrieben*) ausgelöst und läuft dann formstarr, gezielt und artspezifisch ab. Die Ausführung und der Erfolg der Endhandlung führen zu einer Verringerung der Motivation.
Den Ablauf und die Stärke dieser Instinkthandlung bestimmen die innere Handlungsbereitschaft und die auslösenden Reize gemeinsam (Prinzip der doppelten Quantifizierung).

2.2 Bei dem serologischen Testverfahren handelt es sich um den **Serum-Präzipitin-Test**: Mit ihm lassen sich mittels einer **Antigen-Antikörper-Reaktion** abgestufte Ähnlichkeiten im Blutserumeiweiß von untersuchten Tieren (hier Mungo – Erdmännchen bzw. Mungo – Marder) feststellen, wodurch Aussagen über eine Verwandtschaft möglich werden.

Die Testdurchführung gliedert sich in drei Schritte:
1. Gewinnung eines Antiserums zur Durchführung der Testreihe:
Blutserum jenes Tieres (hier: Mungo), dessen Grad der Verwandtschaft zu anderen Tierarten geklärt werden soll, wird einem beliebigen Testtier (z. B. Kaninchen) gespritzt. Das Kaninchen bildet Antikörper gegen das fremde Serumeiweiß (Mungo-Antigene). Man entnimmt dann dem Kaninchen Blut und gewinnt daraus Serum mit diesen Antikörpern, in diesem Fall das Kaninchen-Anti-Mungo-Serum.
2. Festlegung einer Bezugsgröße für die eigentliche Testreihe:
Man mischt nun in einem Reaktionsgefäß das Serum des Mungos mit dem vom Kaninchen gebildeten Anti-Mungo-Serum: Die in Schritt 1 gebildeten Antikörper reagieren logischerweise mit den Mungo-Antigenen und ergeben einen Niederschlag (Präzipitat). Diesen Ausfällungsgrad setzt man gleich 100 %.
3. Eigentliche Testreihe:
Mischt man Kaninchen-Anti-Mungo-Serum in getrennten Ansätzen jeweils mit den Blutseren mutmaßlicher Verwandter (Erdmännchen, Marder), erhält man unterschiedlich starke Niederschläge, da Antikörper wegen ihrer hohen Spezifität am deutlichsten nur mit den Antigenen reagieren, die ihre Bildung verursacht haben (siehe Schritt 2). Die Werte der Ausfällung gelten daher als Maß für den Grad der Eiweißähnlichkeit zwischen Mungo und den Vergleichstieren und damit auch für den Grad der Verwandtschaft: Der Ausfällungsgrad des Serumproteins vom Erdmännchen wird größer sein als der vom Serumprotein des Marders.

Anmerkung:
Dem Verfahren liegt folgende Überlegung zugrunde: Der genetische Code ist universell, die Proteinbiosynthese ist bei allen Lebewesen identisch, Proteine sind die primären Genprodukte. Sind nun beim Vergleich verschiedener Arten Ähnlichkeiten im Aufbau von Proteinen erkennbar, dann müssen diese letztlich auf einer gemeinsamen genetischen Information beruhen, d. h. die verglichenen Arten müssen von einem gemeinsamen Ahn abstammen.

3. Archaeopteryx gilt als Prototyp einer Übergangsform (Brückenwesen, connecting link) zwischen den Reptilien und Vögeln. Fossile Zwischenformen dienen der Evolutionsforschung zur Untermauerung des Kernsatzes von der Existenz gemeinsamer Ahnenformen. Es sollen 3 anatomische Merkmale genannt werden.

	Reptilienmerkmale (phylogenetisch ältere Gruppe)	**Vogelmerkmale** (phylogenetisch jüngere Gruppe)
Kopf	Kiefer mit Kegelzähnen einfaches Gehirn	Vogelschädel große Augenhöhlen
Rumpf	Brustbein klein und ohne Kamm Rippen ohne stabilisierende Fortsätze Lange Schwanzwirbelsäule	Becken nach vorne offen Schambein lang, nach hinten gerichtet Gabelbein Rabenbein Federkleid
Vorderextremitäten	Mittelhandknochen nicht verwachsen 3 Finger mit Krallen	3 Finger im Flügel vermutlich hohle Knochen
Hinterextremitäten	Schien- und Wadenbein nicht verwachsen Mittelfußknochen frei	Eine Zehe nach hinten gerichtet

4.1 Ein typischer See der gemäßigten Breitengrade wird in die folgenden Lebensräume gegliedert. Dieser Einteilung liegt das Angebot am abiotischen Faktor Licht zugrunde.

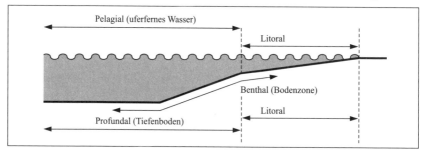

Charakteristische Lebewesen für diese Lebensräume (jeweils nur ein Beispiel verlangt!):

	Pflanzliche Lebewesen	Tierische Lebewesen
Litoral (Uferbereich) Bereich, der lichtdurchflutet ist	üppiges Pflanzenwachstum: Schilfrohr, Rohrkolben, Weiße Seerose, Laichkrautgewächse, Wasserpest, Armleuchteralge	Als Folge des Pflanzenbewuchs große Mannigfaltigkeit an Lebensformen: Wasserschnecken, Insektenlarven, Amphibien
Pelagial (Freiwasserzone) Oberflächenwasser Nährschicht (trophogene Zone); lichtreich	Phytoplankton (Kieselalgen, Grünalgen, Blaualgen)	Zooplankton (Kleinkrebse), Fische, Wasservögel
Pelagial (Freiwasserzone) Tiefenwasser Zehrschicht (tropholytische Zone) In diesen Bereich dringt kein Licht vor; meist sauerstoffarm	keine Pflanzen	Fische Destruenten
Profundal (Tiefenboden) In diesen Bereich dringt kein Licht vor; meist sauerstoffarm	keine Pflanzen	Schlammröhrenwürmer (Tubifex), Aale Destruenten

4.2 Tabelle 1: Winter
- 4 °C im Tiefenwasser: Ganzjähriger Lebensraum für Organismen
- Wegen der niedrigen Temperatur verminderte Zellatmung der Organismen, dadurch geringe Sauerstoffzehrung.

Tabelle 2: Sommer
- Je wärmer das Wasser ist, desto geringer ist die Sauerstoffsättigung. Unter Umständen entsteht dadurch für die Lebewesen ein Sauerstoffmangel. Auch die bei höheren Wassertemperaturen verstärkte Zellatmung der Organismen trägt dazu bei.
- Das sommerliche Temperaturprofil ist gekennzeichnet durch eine stabile Temperaturschichtung (Sommerstagnation). Die Folgen sind: kein Sauerstoffnachschub in das Tiefenwasser und Sauerstoffzehrung im Tiefenwasser durch die aerobe Destruententätigkeit.

4.3 Zeichnung der Messkurve

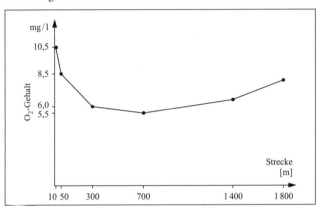

Veränderung des Sauerstoffgehalts	Ursache(n) für diese Veränderung
Abnahme des Sauerstoffgehaltes bis etwa 700 m	– Aerobe Destruententätigkeit
Zunahme des Sauerstoffgehaltes ab etwa 700 m und im weiteren Verlauf	– Die organische Substanz ist durch die aerobe Destruententätigkeit auf den ersten 700 m aufgebraucht. Daher müssen ab 700 m weniger aerobe Destruenten tätig sein und somit ist ein verminderter Sauerstoffverbrauch zu verzeichnen. – Die Wasserbewegung sorgt für einen Sauerstoffeintrag aus der Atmosphäre. – Die Produzenten im Uferbereich erhöhen mit ihrer Sauerstoffproduktion den messbaren Sauerstoffgehalt.

Grundkurs Biologie (Bayern): Abiturprüfung 2003 – Aufgabe IV

BE

1. Eine reinerbige Tulpenrasse mit glatten, roten Blütenblättern wird mit einer ebenfalls reinerbigen Tulpenrasse gekreuzt, die gefranste, gelbe Blütenblätter hat. Die Anlagen für die genannten Merkmale liegen auf verschiedenen Chromosomen. Alle Pflanzen der F_1-Generation haben glatte, orangefarbene Blütenblätter. Kreuzt man die Individuen der F_1-Generation untereinander, so kommt es zu einer Aufspaltung der Geno- und Phänotypen.

1.1 Leiten Sie jeweils mit Hilfe eines Kombinationsquadrats die Geno- und Phänotypen der F_1- und F_2-Generation ab! Ermitteln Sie das zu erwartende Zahlenverhältnis der Phänotypen für die F_2-Generation!
Verwenden Sie für die Allele die Anfangsbuchstaben des Alphabets! 7

1.2 Geben Sie an, welche Geno- und Phänotypen in der F_1- und F_2-Generation auftreten würden, wenn die beiden Allele auf einem Chromosom lägen! Geben Sie das Zahlenverhältnis der Phänotypen in der F_2-Generation an! Eine Entkopplung de Allele durch Crossing-over ist dabei auszuschließen. 5

2. Der Tumor-Nekrose-Faktor (TNF) ist ein Protein, das im menschlichen Körper in winzigen Mengen als Bestandteil des Immunsystems vorkommt. Dieses Protein wird mit Hilfe gentechnisch veränderter Coli-Bakterien produziert und als Medikament gegen verschiedene Krebsarten eingesetzt.

2.1 Stellen Sie das Prinzip der Gewinnung von Hybridplasmiden mit Hilfe beschrifteter Skizzen dar! 5

2.2 Beschreiben Sie eine gentechnische Analysemethode, mit der diejenigen Coli-Bakterien identifiziert werden, die Hybridplasmide mit dem gewünschten TNF-Gen enthalten! 3

3. Im Labor wird die Photosyntheseleistung von Aprikosenpflanzen bei unterschiedlichen Temperaturen untersucht. Das folgende, stark vereinfachte Diagramm zeigt die Messergebnisse:

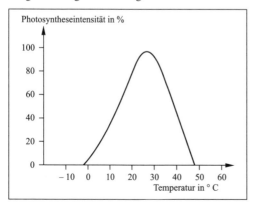

3.1 Nennen Sie den Zellbestandteil, in dem die Photosynthese abläuft! Fertigen Sie eine beschriftete Zeichnung vom elektronenmikroskopischen Feinbau dieses Organells an! 4

3.2 Beschreiben und erläutern Sie die Kurve aus stoffwechselphysiologischer Sicht! 4

3.3 In einem Gedankenexperiment wird einer Aprikosenpflanze – unter sonst optimalen Bedingungen – eine Substanz zugeführt, welche in den Zellen die Elektronen vom angeregten Chlorophyll aufnimmt und damit die Bildung von $NADPH/H^+$ verhindert.
Beschreiben und begründen Sie die Auswirkungen dieses Eingriffs auf Sauerstoffbildung, Stärkebildung und Kohlenstoffdioxidverbrauch unmittelbar nach Zugabe der Substanz! 6

4 Verschiedene Gruppen von Lebewesen haben im Laufe ihrer Evolution oft ähnliche Anpassung an die gleichen Umweltbedingungen entwickelt, wie z. B. Wasserkäfer, Delfin und Pinguin.

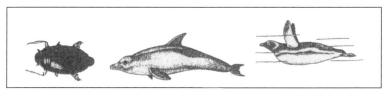

4.1 Stellen Sie zwei äußerlich erkennbare Gemeinsamkeiten heraus und erläutern Sie deren Bedeutung im Lebensraum Wasser! 4

4.2 Begründen Sie, welche Aussagen über die Verwandtschaft der drei Tiere durch Vergleich der Extremitätenskelette gemacht werden können! 6

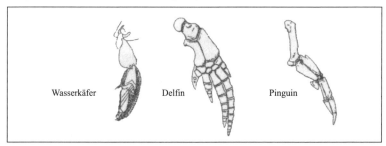

Wasserkäfer   Delfin   Pinguin

5 In sozialen Verbänden von Säugetieren entstehen – z. B. bei der Festlegung von Rangordnungen – immer wieder Situationen, in denen Aggressionsverhalten beobachtet werden kann.
Charakterisieren Sie drei typische Verhaltensweisen, die im Rahmen innerartlicher Aggression auftreten können, und geben Sie je ein Beispiel dafür an! 6
—
50

(erweiterter) Erwartungshorizont

1.1 Bei der Kreuzung der beiden Tulpenrassen wurde auf zwei Merkmale Wert gelegt: die Form und die Farbe der Blütenblätter. Es handelt es sich daher um einen **dihybriden Erbgang**. Für beide Merkmale liegen die Erbinformationen jeweils auf verschiedenen Chromosomenpaaren; es liegt also keine Genkopplung vor.

Die Kreuzung erfolgte zwischen einer reinerbigen Tulpenrasse mit glatten, roten Blütenblättern und einer ebenfalls reinerbigen Tulpenrasse mit gefransten, gelben Blütenblättern.

Da bei den Pflanzen der F_1-Generation alle Nachkommen glatte Blütenblätter aufweisen (uniform sind), muss die glatte Form der Blütenblätter dominant sein.

Da bei den Pflanzen der F_1-Generation alle Nachkommen orangefarbene Blütenblätter aufweisen (ebenfalls uniform sind), muss die Farbe der Blütenblätter intermediär vererbt worden sein.

Kennzeichnung der Allele:

A = Allel für das Merkmal glatte Blütenblätter: dominant

a = Allel für das Merkmal gefranste Blütenblätter: rezessiv

B_r = Allel für das Merkmal rote Blütenfarbe

B_g = Allel für das Merkmal gelbe Blütenfarbe

Parentalgenerationen P:

P I Phänotyp: glatte Blütenblätter, rote Blütenfarbe
Genotyp: AAB_rB_r
Keimzelltypen: AB_r

P II Phänotyp: gefranste Blütenblätter, gelbe Blütenfarbe
Genotyp: aaB_gB_g
Keimzelltypen: aB_g

Kreuzung der Parental-Individuen; Kombinationsquadrat:

Keimzellen	AB_r
aB_g	AaB_rB_g

Phänotyp der F_1:
$A\,B_r\,B_g$: glatte Blütenblätter; orangefarbene Blütenfarbe

Kreuzung der Individuen der F_1-Generation untereinander; Kombinationsquadrat:

Keimzellen	AB_r	AB_g	aB_r	aB_g
AB_r	AAB_rB_r	AAB_rB_g	AaB_rB_r	AaB_rB_g
AB_g	AAB_rB_g	AAB_gB_g	AaB_rB_g	AaB_gB_g
aB_r	AaB_rB_r	AaB_rB_g	aaB_rB_r	aaB_rB_g
aB_g	AaB_rB_g	AaB_gB_g	aaB_rB_g	aaB_gB_g

Kreuzungsergebnis: Phänotypen der F_2-Generation:

6	AB_rB_g	glatte Blütenblätter	orangefarbene Blütenfarbe	Elterntypen F_1
3	AB_r	glatte Blütenblätter	rote Blütenfarbe	Elterntypen P I
3	AB_g	glatte Blütenblätter	gelbe Blütenfarbe	neue Typen
2	aB_rB_g	gefranste Blütenblätter	orangefarbene Blütenfarbe	neue Typen
1	aB_r	gefranste Blütenblätter	rote Blütenfarbe	neue Typen
1	aB_g	gefranste Blütenblätter	gelbe Blütenfarbe	Elterntypen P II

Die Auswertung der 16 Gametenkombinationen des Kombinationsquadrates für die F_1-Generation ergibt, dass bei einer größeren Anzahl von Nachkommen sechs verschiedene Phänotypen im Zahlenverhältnis 6 : 3 : 3 : 2 : 1 : 1 erwartet werden könnten.
Anmerkung:
Gemäß der 3. MENDEL'sche Regel werden die Allele der verschiedenen Gene unabhängig voneinander vererbt und können bei der Keimzellbildung und Befruchtung frei miteinander kombiniert werden.

1.2 Erbgang bei **Genkopplung**:

Parentalgenerationen P:

P I Phänotyp: glatte Blütenblätter
rote Blütenfarbe

Genotyp: | A | A |
         | B_r | B_r |

Keimzelltypen: | A |
               | B_r |

P II Phänotyp: gefranste Blütenblätter
gelbe Blütenfarbe

Genotyp: | a | a |
         | B_g | B_g |

Keimzelltypen: | a |
               | B_g |

Kreuzung der Parental – Individuen; Kombinationsquadrat:

| Keimzellen | A |
	B_r
a	A a
B_g	B_r B_g	Genotyp der F_1

Phänotyp der F_1:
A B_r B_g: glatte Blütenblätter; orangefarbene Blütenfarbe

**Kreuzung der Individuen der F_1-Generation untereinander;
Kombinationsquadrat:**

Keimzellen	A B_r	a B_g
A B_r	A B_r / A B_r	A B_r / a B_g
a B_g	A B_r / a B_g	a B_g / a B_g

Genotypen der F_2

Kreuzungsergebnis: Phänotypen der F_2:

1	A B_r	glatte Blütenblätter	rote Blütenfarbe	Elterntypen P I
2	A B_r B_g	glatte Blütenblätter	orangefarbene Blütenfarbe	Elterntypen F_1
1	a B_g	gefranste Blütenblätter	gelbe Blütenfarbe	Elterntypen P II

Die Phänotypen der F_2 treten im Zahlenverhältnis 1 : 2 : 1 auf.

Ergänzende Information:
Genkopplung bedeutet, dass die Anlagen für z. B. zwei betrachtete Merkmale nicht auf zwei verschiedenen Chromosomen liegen, sondern beide auf einem Chromosom.
Auch hier gilt für die Kreuzung zweier reiner Parentalgenerationen die 1. MENDEL'sche Regel: Alle Nachkommen (F_1) sind bezüglich der beiden Merkmale uniform.
Kreuzt man jedoch die Individuen der F_1 untereinander, dann gilt für die Erbanlagen, die auf dem selben Chromosom liegen (gekoppelter Erbgang), die 3. MENDEL'sche Regel der freien Kombinierbarkeit der Gene nicht. Es treten nur Elterntypen und keine neuen Typen (Rekombinanten) auf.

2.1 Die moderne Gentechnologie kann mit Hilfe von Mikroorganismen (z. B. Bakterien) menschliche Proteine in großen Mengen herstellen. Die Grundvoraussetzung ist, dass DNS der Bakterien und Spender-DNS des Menschen *in vitro* zu so genannten Hybridplasmiden neu kombiniert wird.
 – Der erste Schritt dieser Grundoperation der Gentechnik besteht darin, mit Hilfe von **Restriktionsenzymen** (molekularen Scheren) jene DNS des Menschen, die das gewünschte Fremd-Gen enthält (hier: menschliche DNS mit dem TNF-Gen), in definierte Stücke zu **schneiden** und eben dieses zu übertragende Gen zu **identifizieren**.
 – Dieses fremde DNS-Molekül muss dann als sog. **"Passagier"-DNS** in ein Transportmolekül (**Vektor**) eingebaut werden, mit dessen Hilfe es möglich ist, das fremde Gen in die Empfängerzelle (Bakterienzelle) einzuschleusen. Als "Genfähren" können **Plasmide** eingesetzt werden. Plasmide sind eigenständige ringförmige DNS-Moleküle von Bakterien, die unter natürlichen Bedingungen von diesen aufgenommen werden, weil sie ihnen bestimmte Vorteile bieten (z. B. Antibiotika-Resistenz).
 – Zu diesem Zweck müssen die Plasmide **geöffnet** werden. Man verwendet dazu das gleiche Restriktionsenzym, mit dem die Fremd-DNS behandelt wurde.
 – Beim versetzten Schneiden der Spender-DNS und der Plasmide mit einem speziellen Restriktionsenzym entstehen jeweils identische Einzelstrangenden mit hoher Affinität zu komplementären Basen (= "klebrige Enden").

- Dadurch lassen sich die Fremd-Gene in die geöffneten Plasmide einbauen, wenn man beide in einem Reaktionsgefäß mischt und **DNS-Ligasen** (Enzyme) als „genetischen Kleber" hinzufügt. Gelingt dies, sind **rekombinierte Hybridplasmide** entstanden.

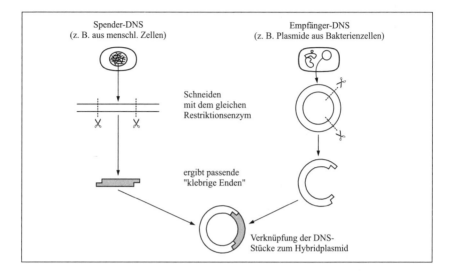

Ergänzende Information: Weitere Schritte, bis das gewünschte Protein produziert werden kann:
- Die geschlossenen Hybridplasmide werden als nächstes in plasmidfreie Bakterien (die Wirtszellen) eingeschleust, wo sie sich im Zellteilungszyklus vermehren.
- Da im Laborversuch nur etwa jedes zehntausendste Bakterium ein Plasmid aufnimmt, müssen für das weitere Vorgehen erst jene Bakterien identifiziert werden, bei denen das Einschleusen des Hybridplasmids gelungen ist. Dies geschieht mit Hilfe von speziellen Markern (vgl. Frage 2.2).
- Bakterienstämme, bei denen das Einschleusen des Plasmids erfolgreich war, werden dann isoliert, vermehrt (Klonierung) und dahingehend getestet, ob von ihnen die eingebaute genetische Information über den Weg der Proteinbiosynthese tatsächlich auch realisiert wird (Expression).
- Erst dann kann damit begonnen werden, gewünschte Proteine großtechnisch herzustellen.

2.2 Um aus der Vielzahl von Coli-Bakterien jene herauszufinden, die das TNF-Gen tatsächlich eingebaut haben, kann folgendermaßen verfahren werden:
- Erste Voraussetzung ist, dass man für die Herstellung des Hybridplasmids als Ausgangsplasmid einen DNS-Ring nimmt, der als **Marker** zwei Gene für zwei bestimmte Antibiotikaresistenzen trägt (z. B. für Tetracyclin und für Ampicillin).
- Die zweite Voraussetzung ist, dass das TNF-Gen in eines der beiden Resistenzgene eingebaut und dieses dadurch inaktiviert wird (hier z. B. das Tetracyclin-Resistenzgen).
- Hat man die Operationen zur Gewinnung von Hybridplasmiden beendet, versucht man diese in plasmidfreie Bakterien einzuschleusen.
- Diese Bakterienkulturen überträgt man anschließend auf einen ampicillinhaltigen Nährboden. Dort werden nur diejenigen Bakterien wachsen und sich vermehren, die

tatsächlich auch ein Plasmid mit dem Resistenzgen gegen Ampicillin aufgenommen haben.
- Von der Anordnung dieser Kulturen auf der Nährbodenplatte wird mit einem Samtstempel ein Abklatsch auf einen neuen, diesmal tetracylinhaltigen Nährboden übertragen.
- Es werden dort die Bakterien nicht überleben, bei denen der Einbau des TNF-Gens in das Tetracyclin-Resistenzgen geglückt ist, da bei ihnen ja durch den Einbau des Fremd-Gens dieses unbrauchbar geworden ist.
- Vergleicht man diese tetracylinhaltige Platte mit der Platte, von der der Abklatsch genommen wurde, dann kann man auf dieser diejenigen Kolonien identifizieren, die das TNF-Gen eingebaut haben. Es sind dies jene Kulturen, die auf der Agarplatte mit Tetracyclin fehlen.
- Sie werden dann isoliert und vermehrt (Klonierung). Dann prüft man, ob sie das TNF-Protein auch herstellen. Schließlich wird eine geeignete Bakterienkultur für eine großtechnische Produktion in Fermentern ausgewählt.

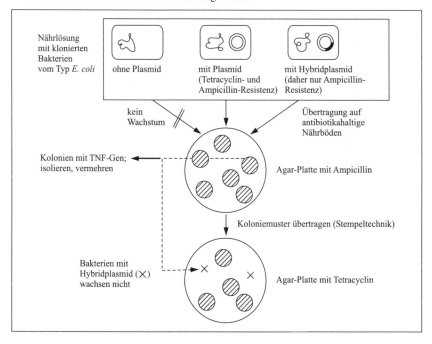

3.1 Bei dem Zellbestandteil, in dem die Photosynthese abläuft, handelt es sich um die Chloroplasten.

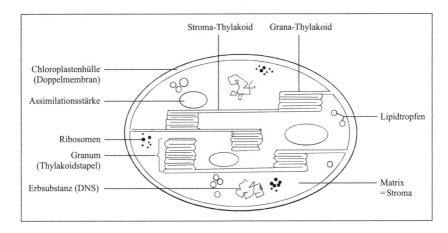

3.2 Die Messergebnisse, die den Einfluss der Temperatur auf die Photosynthese wiederspiegeln, ergeben einen Kurvenverlauf, wie er für die Temperaturabhängigkeit enzymatischer Reaktionen typisch ist. Ab 0 °C nimmt die Photosyntheseintensität bei Temperaturerhöhung exponentiell bis zu einem Temperaturoptimum zu, danach ist ein rascher Abfall der Photosynthesetätigkeit zu verzeichnen, bis sie vollständig zum Erliegen kommt.
Temperaturabhängige Prozesse der Photosynthese sind die biochemischen Vorgänge der **Dunkelreaktion**. Entsprechend der RGT-Regel (Reaktionsgeschwindigkeit-Temperatur-Regel) verdoppelt bis verdreifacht sich bei einer Temperaturerhöhung um 10 °C zunächst die Reaktionsgeschwindigkeit der enzymatischen Stoffwechselvorgänge bis zu einem Temperaturmaximum bei etwa 30 °C. Der dann feststellbare rasche Abfall der Photosyntheseintensität ist auf eine Hemmung der Dunkelreaktion durch Inaktivierung der Enzymproteine (Hitzedenaturierung des Eiweißes) zurückzuführen. Gleichzeitig kommt es zu einer Veränderung der Thylakoidstruktur der Chloroplasten, so dass auch die Lichtreaktion beeinträchtigt wird.

Anmerkung:
Neben der Temperatur bestimmen noch weitere abiotischen Faktoren die Assimilationstätigkeit von Pflanzen: die Lichtqualität, die Lichtquantität und die Kohlenstoffdioxidkonzentration. Das Wachstum wird außerdem beeinflusst von der Versorgung der Pflanze mit Wasser und Mineralstoffen. Grundsätzlich gilt, dass derjenige Faktor, der im Minimum vorhanden ist, die gesamte Photosyntheseleistung begrenzt.

3.3 Der Ablauf der Photosynthese gliedert sich in zwei Reaktionsfolgen, die Lichtreaktion und die Dunkelreaktion. Das **lichtabhängige** Geschehen der Photosynthese liefert Produkte (ATP und NADPH/H$^+$), die im **lichtunabhängigen** Geschehen der Photosynthese zur Bildung der Glucose benötigt werden.

Die Bedeutung der Lichtreaktion besteht
– zum einen in der Überführung physikalischer Energie in chemische Energie, die von der Pflanze verwendet werden kann: Bei der Photophosphorylierung wird aus ADP+P$_i$ das Energiespeichermolekül **ATP** aufgebaut.
– Zum anderen liefert die Lichtreaktion sog. Elektronenspeichermoleküle: Die bei der Spaltung (Photolyse) des Wassers neben dem Sauerstoff anfallenden Protonen und Elektronen werden von **wasserstoffübertragenden Wirkgruppen (NADP$^+$)** aufgenommen: NADP$^+$ + 2H$^+$ + 2e$^-$ → NADPH/H$^+$.

Wird nun der Aprikosenpflanze eine Substanz zugeführt, die die Elektronen aufnimmt, die eigentlich für die Bildung des NADPH/H$^+$ zur Verfügung stehen sollten, dann hat dies folgende Auswirkungen auf die Photosynthese:
- **Sauerstoffbildung**: Da der Elektronentransport in der Lichtreaktion weiterhin möglich ist, wird auch die Photolyse des Wassers weiterhin ablaufen und somit die Sauerstoffbildung unverändert stattfinden.
- **Stärkebildung**: Es findet keine Bildung der Elektronenspeichermoleküle (Reduktionsäquivalente) NADPH/H$^+$ statt. Damit steht in der reduzierenden Phase der Dunkelreaktion kein NADPH/H$^+$ für die Reduktion des C$_3$-Moleküls Phosphoglycerinsäure zum C$_3$-Körper Glycerinaldehydphosphat (GAP) unter ATP-Verbrauch zur Verfügung. Die Dunkelreaktion (Calvin-Zyklus) kommt zum Stillstand, somit auch die Glucoseproduktion (Stärkebildung).
- **Kohlenstoffdioxidverbrauch**: Da als weitere Folge der dritte Hauptschritt der Dunkelreaktion, die regenerierende Phase, das Akzeptormolekül Ribulose-1,5-biphoshat (RudP) für die CO$_2$-Fixierung in der carboxylierenden Phase nicht nachliefern kann, wird auch kein Kohlenstoffdioxidverbrauch der Pflanze mehr zu verzeichnen sein.

4.1 Gleiche abiotische Faktoren können auf Lebewesen verschiedener systematischer Gruppen einen ähnlichen Selektionsdruck ausüben mit der Folge, dass sie ähnliche ökologische Nischen ausbilden. Dies zeigt sich z. B. in morphologischen und anatomischen Ähnlichkeiten. Es entwickeln sich im Laufe der Evolution so genannte Lebensformtypen.
Wasserkäfer, Delfin und Pinguin sind an den Lebensraum Wasser angepasst:
- Die Stromlinienform des spindelförmigen Körpers mit dem nicht abgesetzten Kopf und Schwanzteil sorgt für einen geringeren Widerstand im Wasser, wodurch eine ökonomische, energiesparende Fortbewegung möglich wird.
- Ruderförmige Extremitäten, vergleichbar den Flossen von Fischen, bieten eine größere Fläche und sorgen damit für einen optimalen Antrieb im Wasser.

4.2 Die Suche nach Ähnlichkeiten ist eine zentrale Methode der Evolutionsforschung, wenn bei Lebewesen Verwandtschaftsbeziehungen vermutet werden. Zentrale Begriffe sind dabei **Homologie** und **Analogie**.
- Als **homologe Organe oder Strukturen** werden solche bezeichnet, die Übereinstimmungen im Grundbauplan (Aufbau) zeigen. Derartige Merkmalsähnlichkeiten sind ein Zeichen von Verwandtschaft: Die Extremitäten von Delfin und Pinguin unterscheiden sich zwar in Details, sie weisen aber beide das Grundmuster der Extremitäten der Wirbeltiere auf. Hinsichtlich ihres Aufbaues sind diese Extremitäten als homolog einzustufen.
- Als **analoge Organe oder Strukturen** bezeichnet man hingegen äußerliche Ähnlichkeiten von Organen, die zwar derselben Funktion dienen, jedoch vom Grundbauplan her unterschiedlich sind. Sie lassen keinen Rückschluss auf eine Verwandtschaft zu, sondern sind das Ergebnis einer Anpassung an gleichartige Umweltbedingungen im Laufe der Evolution (konvergente Entwicklung): Die Extremitäten des Wasserkäfers bestehen aus einem aus Chitin aufgebautem Außenskelett, Delfin und Pinguin hingegen besitzen ein Innenskelett aus Knochen.

Delfin und Pinguin gehören zum Stamm der Wirbeltiere, der Wasserkäfer zum Stamm der Gliederfüßer.
Ergänzende Bemerkung zu den „Flossen" und dem stromlinienförmigen Körper beim Delfin und Pinguin:
Wie oben dargestellt sind die Extremitäten beider Tierarten hinsichtlich ihres Aufbaues homolog und ein Beleg für die Zugehörigkeit beider zu den Wirbeltieren.

Betrachtet man jedoch die Vorderextremitäten von Pinguin und Delfin hinsichtlich ihrer **Funktion als Flossen,** dann verlief die Umgestaltung der Vorderextremitäten zu flossenartigen Organen bei den Pinguinen (sie stammen von landlebenden Vögeln ab) und den Delfinen (sie stammen von landlebenden Säugtieren ab) unabhängig voneinander. Dies gilt in gleicher Weise für die Körperform der beiden nicht (eng) miteinander verwandten Wirbeltiere. Hinsichtlich der **Gestalt** liegt also eine Anpassungsähnlichkeit, **Analogie (Konvergenz),** vor.

5 Triebfeder für die innerartliche (intraspezifische) Aggression ist die innerartliche Konkurrenz um Ressourcen (Lebensraum, Nahrung), um den Geschlechtspartner und die Rangordnung.
Der biologische Sinn dieser Intoleranz gegenüber Artgenossen wird darin gesehen, dass
– sich die Tiere gegenseitig abstoßen und dadurch besser in einem Lebensraum verteilen,
– sich durch Rangordnungskämpfe die Gesellschaft stabilisiert und
– Rivalenkämpfe für kräftige, gesunde Elternindividuen sorgen.
Diese Mechanismen dienen also letztlich der Arterhaltung.

Innerartliche Aggression zeigt sich in folgenden Verhaltensweisen:
Imponieren als ritualisiertes Drohverhalten zeichnet sich durch rhythmische Wiederholung von Bewegungen und mimischen Übertreibungen aus: Kopfnicken als Imponiergehabe bei den Galapagosechsen.
Drohverhalten: Es handelt sich dabei um Angriffshaltungen, ohne dass Tiere tatsächlich angreifen. Bei diesem Verhalten sind sowohl die Triebe zum Angriff als auch zur Flucht motiviert. Wesentliche Elemente können sein:
– Aggressive Färbungen (rote Mund-Innenseite bei den Galapagos-Meerechsen, die beim Sperren des Maules sichtbar wird; roter Kehlsack beim Truthahn)
– Die Vergrößerung von Körperumrissen (das Bieten der Breitseite bei den Galapagosechsen, das Aufrichten des Nacken und Rückenkammes bei den Galapagosechsen, der Katzenbuckel, das Haarsträuben bei Säugern)
– Das Zeigen von Waffen (Entblößen der Zähne bei Raubtieren)
– Das Ausstoßen von Warnlauten (Knurren der Hunde, Fauchen der Katzen).

Kämpfe treten bei Tieren auf, die sich mit gleich starker Handlungsbereitschaft begegnen. Beispiele sind die Kämpfe bei den Meerechsen, den Hirschen, den Antilopen, den Wölfen. Rangordnungskämpfe (Hackordnung der Hühner; Rangordnung in Wolfsrudeln) und Rivalenkämpfe lassen dabei ähnliche Charakteristika erkennen:
– Sie verlaufen nach festen Regeln (Phasen des Drohens verlängert, ritualisierte Abläufe, Bewegungen mimisch übertrieben und rhythmisch wiederholt).
– Sie werden mit speziellen Waffen geführt, die im Gegensatz zu Beschädigungskämpfen nicht die gefährlichsten der Tiere sind (Kommentkämpfe). (Giraffen z. B. kämpfen intraspezifisch mit den Hörnern (Stirnschiebekämpfe), gegen Raubtiere verteidigen sie sich mit den Hufen).
– Der Gegner wird nicht getötet, sondern der Kampf hat nur seine Unterwerfung zum Ziel.

Die Aggressivität bei Revierkämpfen ist im Zentrum des Revieres größer als an den Reviergrenzen.
Demutsgebärden, Unterwerfungsgesten (Demutshaltungen), beenden als aggressionshemmende Signale den Angriff des Gegners. Sie sind oft das Gegenteil der Drohgesten: Verkleinern von Umrissen, Abwenden der Waffen. Vorwiegend stammen die Demutshaltungen aus den Verhaltensbereichen Brutpflege, soziale Köperpflege und aus dem Verhaltensrepertoire von Jungtieren: Bei den Wölfen und Hunden legt sich der Unterlegene entweder auf den Rücken (Verhalten der Welpen) oder er stößt mit der Schnauze an die Mundwinkel des Stärkeren und leckt daran (ritualisiertes Futterbetteln).

Grundkurs Biologie (Bayern): Abiturprüfung 2004 – Aufgabe I

BE

1 Die Familie der Paradiesvögel umfasst 42 Arten; davon leben 36 auf Neuguinea und den Nachbarinseln, vier im Osten von Australien und zwei auf den nördlichen Molukken. Westlich der so genannten Wallace-Linie, die auch die Verbreitungsgrenze der auf dem asiatischen Festland vorkommenden Säugetiere darstellt, leben keine Paradiesvögel (Abb. 1). Ihre Vorfahren waren vermutlich krähenähnliche Tiere, die schon in der Tertiärzeit auf Neuguinea lebten. Die Paradiesvögel ernähren sich vorwiegend von Baumfrüchten und Beeren. Alle Arten haben in der Regel einen kräftigen Körperbau mit starken Beinen und Füßen, sehen aber ansonsten sehr unterschiedlich aus (Abb. 2).

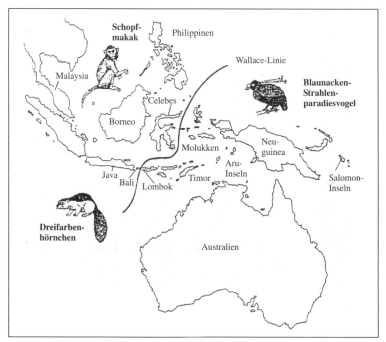

Abb. 1: Verbreitungsgebiete von Säugern und Paradiesvögeln

Schalldrossel Gelbschwanz-Sichelhopf

Abb. 2: Beispiele für die Artenvielfalt der Paradiesvögel

1.1 Formulieren Sie zwei mögliche Artdefinitionen!   3

1.2 Erklären Sie auf der Grundlage der erweiterten Evolutionstheorie die große Artenvielfalt unter den Paradiesvögeln!   7

1.3 Formulieren Sie unter Bezugnahme auf Abb. 1 eine Hypothese, welche die heutige Verbreitung der Paradiesvögel und der asiatischen Säugetiere erklärt!   3

2 Seit Jahrtausenden versteht es der Mensch aus zuckerhaltigen Fruchtsäften über die Gärung berauschende Getränke herzustellen. Louis Pasteur führte 1857 die Gärung auf die Tätigkeit lebender Hefezellen zurück.

2.1 Nennen Sie die wesentlichen Reaktionsschritte der alkoholischen Gärung und gehen Sie dabei auch auf den Energiegewinn ein!   3

2.2 Folgender Versuch wurde mit Hefezellen durchgeführt: In eine Zuckerlösung mit Hefezellen wird zur Schaffung anaerober Bedingungen 10 Minuten lang Stickstoff eingeleitet. Anschließend werden durch Einleiten von Sauerstoff für weitere 10 Minuten aerobe Bedingungen geschaffen. Die Glucose- bzw. Ethanolkonzentrationen werden dabei über einen Zeitraum von 20 Minuten gemessen. Die Werte für die ersten 10 Minuten sind in der folgenden Tabelle angegeben:

Zeitpunkt [min]	0	2,5	5	7,5	10
Glucosekonzentration [mol/l]	1,000	0,985	0,970	0,960	0,950
Ethanolkonzentration [mol/l]	0	0,030	0,060	0,080	0,100

2.2.1 Stellen Sie die Messergebnisse in Kurvenform in zwei getrennten Diagrammen dar!   4

2.2.2 Ergänzen und begründen Sie die zu erwartenden Kurvenverläufe nach dem Einleiten von Sauerstoff!   5

3 Watson und Crick wurden 1962 für ihre grundlegenden Arbeiten zur Aufklärung der Struktur der DNA mit dem Nobelpreis ausgezeichnet. Sie stützten sich dabei u. a. auf DNA-Analysen. In der nachfolgenden Tabelle sind die prozentualen Anteile der Nucleotidbasen an der Erbsubstanz einer Zelle bei verschiedenen Organismen angegeben:

Herkunft der DNA	Adenin	Thymin	Guanin	Cytosin
Mensch, Milz	30	30	20	20
Mensch, Leber	30	30	20	20
Weizenkeim	27	27	23	23
Rind, Brustdrüse	28	28	22	22
Mycobakterium phlei	16	16	34	34

3.1 Ziehen Sie dem heutigen Kenntnisstand entsprechend die wesentlichen Schlussfolgerungen aus der Tabelle! 4

3.2 Aus einem Untersuchungspräparat wurde Nucleinsäure isoliert und analysiert. Als Ergebnis erhielt man folgende Basen mit jeweils unterschiedlichen prozentualen Anteilen: Adenin, Uracil, Cytosin, Guanin.
Leiten Sie daraus den untersuchten Nucleinsäuretyp ab und geben Sie dessen Funktionen in Zellen an! 4

3.3 Die Messungen des DNA-Gehalts eines bestimmten Zelltyps erbrachten zu aufeinander folgenden Zeitpunkten folgende Messergebnisse:

Zeitpunkt	relativer DNA-Gehalt (%)
1	50
2	100
3	50
4	25

3.3.1 Benennen Sie die Vorgänge, die zu den zeitlichen Veränderungen in der Zelle führen! 3

3.3.2 Fertigen Sie eine für den Übergang von Zeitpunkt 2 nach 3 charakteristische, beschriftete Skizze der Zelle an! Beschreiben Sie die zu diesem Zeitpunkt in der Zelle ablaufenden Vorgänge und geben Sie deren biologische Bedeutung an! 6

3.4 Eine häufige Ursache für Erbkrankheiten sind Veränderungen der Basensequenz innerhalb der DNA. Ein Beispiel hierfür ist die Polydaktylie. Sie äußert sich durch einen sechsten Finger und/oder eine sechste Zehe, die jedoch im Kleinkindalter chirurgisch leicht entfernt werden können. Der folgende Stammbaum lässt den Erbgang erkennen:

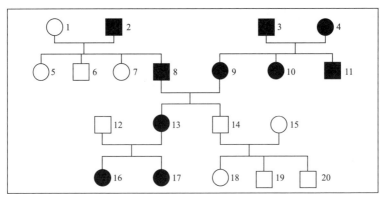

Abb. 3: Familienstammbaum

3.4.1 Leiten Sie aus dem Stammbaum den zugrunde liegenden Erbgang ab und schließen Sie dabei nicht zutreffende Erbgänge begründet aus!   4

3.4.2 Die vier Kinder 5, 6, 7 und 8 des Paares 1 und 2 zeigen alle möglichen Blutgruppen nach dem AB0-System.
Geben Sie unter Anfertigung eines Vererbungsschemas die Blutgruppen der Eltern 1 und 2 an und begründen Sie Ihre Aussage!   4
                                                                                                    50

(erweiterter) Erwartungshorizont

1.1 **Morphologischer Artbegriff:**
Dieser Begriff beinhaltet, dass die Zugehörigkeit zu einer Art durch die Suche nach Übereinstimmung in zahlreichen wesentlichen Körpermerkmalen (Morphologie) festgestellt wird. Vor allem die Paläobiologie *(Zweig der Biologie, der sich mit den Lebewesen vergangener Erdzeitalten beschäftigt)* stützt ihre Aussagen auf diesen Artbegriff.

Biologischer Artbegriff:
Wenn sich die Vertreter zweier Populationen unter natürlichen Bedingungen untereinander kreuzen und dabei fortpflanzungsfähige Nachkommen entstehen, dann gehören sie beide zu einer gemeinsamen Art. Ist dies nicht möglich oder sind die Nachkommen steril, dann handelt es sich um zwei getrennte Arten.

1.2 Die große Artenvielfalt unter den Paradiesvögeln ist das Ergebnis einer **adaptiven Radiation** *(Auffächerung einer Stammart durch divergente Einnischung der Schwesterarten)*:
Die Stammart, krähenähnliche Tiere, fanden einen Lebensraum ohne Konkurrenten vor. Unter den optimalen Lebensbedingungen kam es zu einer starken Vermehrung dieser Ausgangspopulation.
Die Überproduktion an Nachkommen führte schließlich wegen der begrenzten Nahrungsressourcen zu **innerartlicher Konkurrenz** (Kampf ums Dasein). Andererseits bestand aber innerhalb der inzwischen großen Population aufgrund von Mutationen, Re-

kombination und freier Kombinierbarkeit der Keimzellen eine starke **genetische Variabilität**. Dies hatte Individuen zur Folge, die durch genetisch bedingte Anpassungen dem Konkurrenzdruck entgehen konnten: Es kam zur Selektion von Individuen mit Tendenzen zur **Konkurrenzvermeidung**, die in freie ökologische Nischen ausweichen konnten.

Einige Vögel gelangten sicher auch auf benachbarte Inseln. Sie waren dadurch von der Ausgangspopulation **geografisch isoliert** und entwickelten sich unter dem Einfluss anderer Selektionsbedingungen unabhängig von dieser, wodurch auch ihr Genpool verändert wurde.

Kehrten einzelne Vögel lange isolierter Populationen wieder auf die Ausgangsinsel zurück und hatten sie andere Ansprüche an ihre Umwelt herausgebildet (**Einnischung**), dann konnten sie mit diesem Selektionsvorteil neben den anderen Populationen leben. Waren die genetischen Differenzierungen so weit fortgeschritten, dass sie sich mit Individuen der Ausgangspopulation nicht mehr kreuzten (**genetische Separation**), dann hatte sich eine neue Art entwickelt. Die beschriebenen Ereignisse können sich mehrmals wiederholt haben, was schließlich zu den 42 Arten geführt hat.

1.3 Östlich der Wallace-Linie ist eine völlig andere Tierwelt nachweisbar als auf den Inseln westlich davon. Dies deutet auf eine bereits lange bestehende **geografische Isolation** hin.

Den Paradiesvögeln könnte es aufgrund ihrer Flugfähigkeit zwar möglich sein, diese räumliche Trennung zu überwinden. Dennoch breiten sie sich aber, vermutlich wegen interspezifischer Konkurrenz, westlich der Linie nicht aus.

Für die angeführten Säuger jedoch stellt(e) diese Wallace-Linie eine unüberwindbare Barriere dar.

Die heute in diesem Bereich zu beobachtende Verbreitung von Säugern und Paradiesvögeln lässt sich nur durch die Theorie der Kontinentalverschiebung (Alfred Wegener, 1912) erklären.
Vor etwa 200 Millionen Jahren zerbrach der Superkontinent Pangäa, die einzige Landmasse der damaligen Zeit, zunächst in zwei Teile, Laurasia im Norden mit Nordamerika, Europa und Asien (ohne Indien) und Gondwana im Süden mit der Antarktis, Australien, Indien, Afrika und Südamerika. Für lange Zeit blieben die beiden Großkontinente durch den Ozean Tethys getrennt. Die verbindende Inselkette der Abbildung 1 ist erst vor geologisch kurzer Zeit durch eine Nordwärtsbewegung von Australien entstanden. In der letzten Eiszeit waren diese Inseln durch trockenes Land untereinander beziehungsweise mit Asien oder Australien verbunden, nur die Wallace-Linie war noch geflutet, so dass die beiden getrennten Gebiete entstanden sind.

2.1 Bei der alkoholischen Gärung wird von Hefezellen durch anaeroben Abbau von Glucose Energie gewonnen. Zunächst erfolgt über mehrere Reaktionsschritte die Zerlegung des C_6-Körpers Glucose in zwei C_3-Körper Brenztraubensäure (= Pyruvat) (**Glykolyse**). Die Bedeutung dieses Stoffwechselschrittes liegt für die Hefen im Energiegewinn: Allerdings werden pro eingebrachtes Glucosemolekül nur 2 Moleküle ATP freigesetzt. Dies sind lediglich 5 % der beim aeroben Abbau von Glucose freiwerdenden Energiemenge.

In dem sich anschließenden zweiten Abschnitt erfolgt die Weiterverarbeitung der Brenztraubensäure: Die Brenztraubensäure ($C_3H_4O_3$) wird unter Abspaltung von CO_2 zu **Ethanal** (C_2H_3OH) decarboxyliert. Ethanal nimmt dann die Elektronen und Protonen vom in der Glykolyse angefallenen $NADH/H^+$ auf und wird dadurch zum (noch energiereichen) **Ethanol** (C_2H_5OH) reduziert.

2.2.1
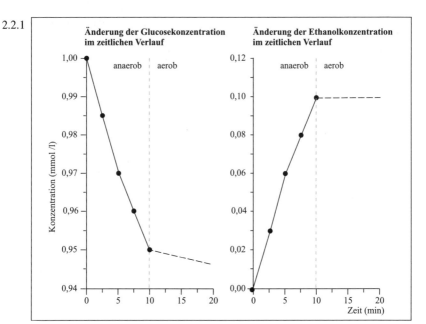

2.2.2 Mit dem Einleiten von Sauerstoff nach 10 Minuten Versuchsdauer werden für die Hefen aerobe Bedingungen geschaffen. Als fakultative Anaerobier haben sie nun die Möglichkeit, ihren Stoffwechsel von der alkoholischen Gärung auf die aerobe Dissimilation umzustellen. Das bei der Glykolyse anfallende NADH/H$^+$ kann jetzt in der Endatmung oxidiert werden, so dass der zweite Abschnitt der Gärung, dessen Bedeutung in der Rückgewinnung von NAD$^+$ als Wasserstoffakzeptor (Oxidationsmittel) liegt, nicht mehr ablaufen muss. Daher dürfte kein weiterer Anstieg der **Ethanol**konzentration zu verzeichnen sein.

Da die Zellatmung (aerober Abbau der **Glucose**) hinsichtlich der Energieausbeute wesentlich effektiver ist (pro 1 mol Glucose entstehen 38 mol ATP) als die alkoholische Gärung (pro 1 mol Glucose entstehen lediglich 2 mol ATP), müssen die Hefezellen jetzt weniger Glucose umsetzen, um zur gleichen Energieausbeute zum kommen. Ab dem Zeitpunkt des Einleitens von Sauerstoff wird daher die Glucosekonzentration langsamer abnehmen.

3.1 Die relativen Anteile von Adenin und Thymin sowie von Cytosin und Guanin, entsprechen sich stets. Dies bestätigt die Erkenntnis, dass in der DNA komplementäre Basen vorliegen, die doppelsträngig angeordnet sind.

Die Analyseergebnisse von zwei verschiedenen Zelltypen des Menschen belegen, dass die Basenanteile in allen Zellen eines Organismus gleich sind.

Unterschiedliche Organismen hingegen weisen aufgrund ihrer arttypischen genetischen Information verschiedene relative Anteile der 4 Kernbasen auf.

3.2 Das Vorhandensein von Uracil *(statt Thymin)* im Untersuchungspräparat weist darauf hin, dass eine **Ribonukleinsäure (RNA)** vorliegt. Die Tatsache, dass alle vier Basen in unterschiedlicher Häufigkeit vertreten sind, lässt sich mit der Einsträngigkeit der Ribonukleinsäuren erklären.

Ribonukleinsäuren spielen bei der **Proteinbiosynthese** eine entscheidende Rolle:
mRNA (messenger-RNA): Transportmolekül, das die Information eines Gens von der DNA des Zellkerns an den Ort der Proteinsynthese, die Ribosomen, überträgt.

tRNA (transfer-RNA): tRNA-Moleküle transportieren bei der Proteinbiosynthese die Aminosäuren, die Bausteine der Proteine, zu den Ribosomen. Mit ihrem Anticodon-Triplett erkennen sie das zu ihrer Aminosäure passende Codon (Basentriplett) auf der mRNA.

rRNA (ribosomale RNA): Neben Proteinen (synthetisiert im Cytoplasma) ist rRNA (gebildet an bestimmten DNA-Abschnitten im Zellkern) am Aufbau der Ribosomen beteiligt. Die Zusammensetzung der beiden Untereinheiten erfolgt im Nucleolus des Zellkerns.

3.3.1 Die in der Tabelle in der zeitlichen Folge nachgewiesenen relativen DNA-Gehalte können nur bei der **Keimzellbildung** während des Vorganges der **Meiose** gemessen worden sein.
Die Verdopplung des relativen DNA-Gehalts zum Zeitpunkt 2 ist auf die identische **Replikation** des genetischen Materials zurückzuführen.
Der zum Zeitpunkt 3 feststellbare wieder halbierte DNA-Gehalt ist die Folge der **Reduktionsteilung** (Trennung homologer Chromosomen ⇨ Chromosomensatz der Zelle danach haploid, aber Chromosomen in der Zwei-Chromatidform).
Die Halbierung des DNA-Gehalts zum Zeitpunkt 4 ist nur durch die **Äquationsteilung** zu erklären (Trennung von Chromatiden).

3.3.2

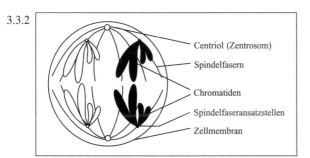

Anaphase der Reduktionsteilung einer tierischen Zelle:
Der Spindelapparat transportiert die während der Metaphase I als Tetraden in der Äquatorialebene angeordneten homologen Chromosomen (in der Abbildung 2n = 4) jeweils zu den entgegengesetzten Zellpolen.
Durch die Trennung der homologen Chromosomen kommt es zu einer **Reduktion des Chromsomensatzes** vom diploiden zum haploiden, wie er für Keimzellen typisch ist. Allerdings liegen die Chromsomen noch in der Zwei-Chromatidform vor.

3.4.1 *Für die Feststellung, welcher Erbgang zugrunde liegt, stellen sich grundsätzlich zwei Fragen: 1. wird die Information für das Merkmal dominant oder rezessiv vererbt, 2. wird die Information für das Merkmal autosomal oder gonosomal vererbt.*

- **Rezessiv:** Beim Auftreten einer Krankheit können eine oder mehrere Generationen übersprungen werden. Die ist im vorliegenden Beispiel nicht der Fall.
  Die Krankheit tritt außerdem nur auf, wenn der Merkmalsträger bezüglich der die Krankheit übertragenden Allele homozygot (aa) ist. Dies müsste dann für die Personen 8 und 9 zutreffen. Aus dieser Ehe könnte aber bei dieser Allelkombination kein gesundes Kind (14) hervorgehen.
- **Dominant:** Typisch für diesen Typ eines Erbganges ist, dass sich das Merkmal in einer Familie leicht verfolgen lässt. Beim vorliegenden Stammbaum tritt das Merkmal in jeder Generation auf. Die Person 2 ist dabei heterozygot (Aa), da sonst die Kinder 5, 6, und 7 nicht gesund wären.
- **Autosomal:** Kennzeichnend hierfür ist, dass Erbleiden in beiden Geschlechtern mit gleicher Häufigkeit auftreten. Die ist hier der Fall.
- **Gonosomal:** Der Fall eines (sehr seltenen) Y-chromosomalen Erbganges trifft nicht zu, da dann nur Männer betroffen wären.
  X-chromosomaler Erbgang: Besonderheiten ergeben sich bei diesem Erbgang aus der Tatsache, dass der Mann hemizygot ist, es also für Gene auf dem X-Chromosom im Y-Chromosom keine Allele gibt. Da im Falle einer X-chromosomalen dominanten Vererbung alle Mädchen der Ehe 1–2 Merkmalsträger und der Sohn 8 gesund sein müssten, scheidet dieser Typ aus.

Somit liegt bei der Erbkrankheit Polydaktylie ein **autosomal-dominanter Erbgang** vor.

3.4.2 Blutgruppen der Kinder 5, 6, 7 und 8 nach dem AB0-System:

Blutgruppen (Phänotypen):	A	B	AB	0
mögliche Genotypen:	AA, A0	BB, B0	AB	00

Unter der Vorgabe, dass die vier Kindes des Paares 1 und 2 alle möglichen Blutgruppen des AB0-Systems aufweisen sollen, kommen für die **Eltern** nur die Blutgruppen A und B in Frage und zwar jeweils mit den Genotypen **A0** bzw. **B0**.

Vererbungsschema:

Keimzellen	B	0	
A	AB	A0	Genotyp
	AB	A	Phänotyp
0	B0	00	Genotyp
	B	0	Phänotyp

Begründung: Die Blutgruppe 0 kann bei einem der Kinder nur dann auftreten, wenn beide Eltern das gegenüber den kodominanten Allen A und B rezessive Allel 0 weitergeben. Aus der Kodominanz von A und B ergibt sich bei einem Kind der Phänotyp (und Genotyp) AB. Den Blutgruppen A und B der beiden anderen Kinder liegt jeweils der heterozygote Genotyp zugrunde.

Die Blutgruppen werden autosomal vererbt, so dass sie in dem Schema nicht auf eine bestimmte Person des vorgegebenen Stammbaumes festgelegt werden können.

Grundkurs Biologie (Bayern): Abiturprüfung 2004 – Aufgabe II

BE

1 Morbus Fabry ist eine Erbkrankheit, bei der es zur Ablagerung fettähnlicher Substanzen (z. B. Glykosphingolipide) auf der Innenseite der Gefäße kommt, was u. a. zu Bluthochdruck bis hin zum Herzinfarkt führt. Ursache der Erkrankung ist das durch Genmutation inaktive Enzym Galaktosidase. Infolge dieser Veränderung können die Glykosphingolipide nicht mehr abgebaut werden. Die Krankheit wird X-chromosomal rezessiv vererbt.

1.1 Ein Ehepaar, bei dem der Mann an der Krankheit leidet, die Frau und beider Eltern aber keine Krankheitssymptome aufweisen, hat einen Kinderwunsch. Geben Sie für die sechs Personen die möglichen Genotypen an! 4

1.2 Um den Genotyp einer Person zu ermitteln, wird deren Galaktosidaseaktivität gemessen. Die Graphik zeigt die drei möglichen Testergebnisse. Dabei ergab sich für die Frau das Testergebnis 2.
Interpretieren Sie diesen Kurvenverlauf und ermitteln Sie anhand eines Vererbungsschemas, mit welcher Wahrscheinlichkeit diese Krankheit bei einem Kind auftreten kann! 7

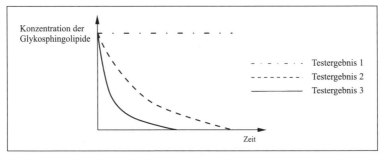

Abb. 1: Abbaugeschwindigkeit der Glykosphingolipide

2 Abbildung 2 zeigt ein in Bayern vorkommendes Insekt, dessen Larvenstadium als Ameisenlöwe und dessen Imago als Ameisenjungfer bezeichnet werden. Die Larven errichten an stark besonnten Stellen mit sandigem, nicht dem Regen ausgesetzten Boden Trichter mit einem Durchmesser von wenigen Zentimetern. Am Grunde des Trichters sitzt verdeckt der Ameisenlöwe. Sobald eine Ameise oder ein anderes Beutetier in den Trichter gerät, wirft der Ameisenlöwe Sand nach oben und bringt das Beutetier im Trichter zum Absturz, so dass er es mit seinen Zangen ergreifen kann. Eine Insektenlarve (z. B. von einer Wanze) wird in verschiedenen Abständen zum Ameisenlöwen auf den Sand des Trichters gesetzt. Die Orientierung des Ameisenlöwen, der am Grund des Trichters sitzt, bleibt während der Versuche gleich.
Dabei stellt die Pfeilspitze in Abb. 3 die Kopfregion und das Pfeilende die Schwanzregion des Ameisenlöwen dar. Jede Position des Beutetiers und die entsprechende Reaktion des Ameisenlöwen ist durch ein Punktsymbol dargestellt.

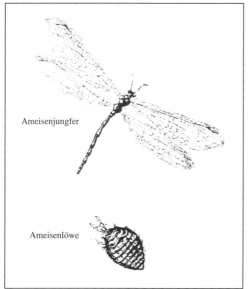

Abb. 2:
Imago und Larve
der Ameisenjungfer

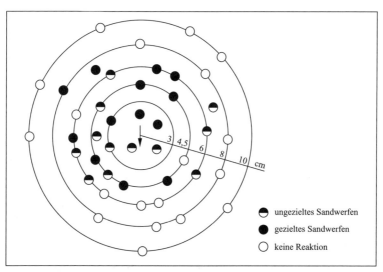

Abb. 3: Darstellung der Reaktionen des Ameisenlöwen auf angebotene Beute

2.1 Stellen Sie in einer Tabelle die Anzahl der verschiedenen Reaktionen des Ameisenlöwen in Abhängigkeit von der Entfernung der eingesetzten Insektenlarven dar! Punkte im Zwischenraum zwischen den Kreisen und im Zentrumsbereich sollen dabei dem nächst äußeren Kreis zugeordnet werden, so dass entsprechend den fünf Kreisen nur die fünf angegebenen Entfernungen berücksichtigt werden müssen.   4

2.2 Belegen Sie, welche Schlussfolgerungen über das Beutefangverhalten des Ameisenlöwen aus der Graphik und der von Ihnen erstellten Tabelle gezogen werden können! 4

2.3 Interpretieren Sie das im einleitenden Text dargestellte Beutefangverhalten unter Verwendung ethologischer Fachbegriffe! 4

2.4 Bei Zweiflüglern (Fliegen und Mücken) gibt es einige wenige Arten, deren Larven („Sandwürmer") ebenfalls Sandtrichter zum Beuteerwerb bauen. Erläutern Sie diesen Befund! 3

3 Die meisten Algen sind an das Leben im Wasser gebunden, in dem sie vor allem als Plankton schweben und wie die Landpflanzen Photosynthese betreiben.

3.1 Die Organellen der Photosynthese sind auch bei ihnen Chloroplasten.
Fertigen Sie eine schematische, beschriftete Skizze vom Feinbau eines Chloroplasten an! 4

3.2 Die Lichtqualität hat für Meeresalgen eine besondere Bedeutung.

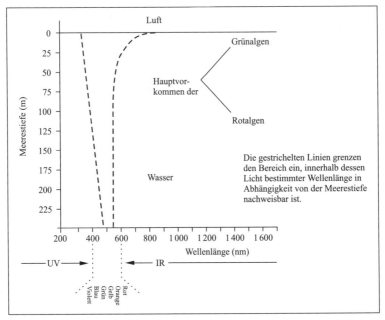

Abb. 4: Lichtqualität und Algenvorkommen im Wasser

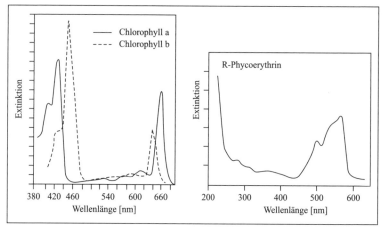

Abb. 5: Absorptionsspektren der photosynthetisch aktiven Pigmente von Grünalgen (a) und Rotalgen (b)

Stellen Sie einen Zusammenhang her zwischen der spektralen Zusammensetzung des Lichts im Wasser, dem Hauptvorkommen der Grün- und Rotalgen in den unterschiedlichen Gewässertiefen und den in diesen Algen vorwiegend auftretenden Photosynthese-Pigmenten (Abb. 5a und b)! 7

3.3 Die Photosynthese-Pigmente sind die wesentlichen Komponenten der Lichtreaktionen.
Entwerfen Sie ein vereinfachtes, beschriftetes Schema zum Ablauf der Lichtreaktionen bei Grünalgen! 6

3.4 Das Zusammenwirken von Licht- und Dunkelreaktionen lässt sich auch an isolierten Chloroplasten demonstrieren, die unter bestimmten Bedingungen photosynthetisch aktiv sind. Dabei wird der Gehalt an $NADPH/H^+$ photometrisch bestimmt.

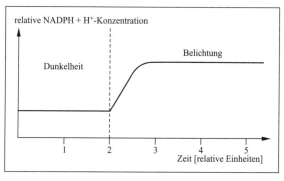

Abb. 6: Photometrische Auswertung der Licht- und Dunkelreaktionen

3.4.1 Erklären Sie die Veränderung der $NADPH/H^+$-Konzentration! 4

3.4.2 Legen Sie begründet dar, wie sich bei den gleichen Versuchsbedingungen die Konzentration von $ADP + P_i$ in einem Chloroplasten ändert! 3

50

(erweiterter) Erwartungshorizont

1.1

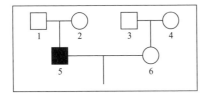

1 Vater des Mannes	$X_A Y$	gesund
2 Mutter des Mannes	$X_A X_a$	Konduktorin
3 Vater der Frau	$X_A Y$	gesund
4 Mutter der Frau	$X_A X_A$ oder $X_A X_a$	gesund oder Konduktorin
5 Mann	$X_a Y$	krank (Morbus Fabry)
6 Frau	$X_A X_A$ oder $X_A X_a$	gesund oder Konduktorin

1.2 **Testergebnis 1:** Die Konzentration der Glykosphingolipide bleibt gleich bleibend hoch, dies lässt auf ein inaktives Enzym Galaktosidase schließen. Die Testperson ist an Morbus Fabry erkrankt ($X_a Y$ bzw. $X_a X_a$).

Testergebnis 3: Der rasch Rückgang der Konzentration der Glykosphingolipide deutet auf die volle Funktionsfähigkeit des Enzyms Galaktosidase hin. Die getestete Person ist reinerbig (homozygot) gesund ($X_A Y$ bzw. $X_A X_A$).

Testergebnis 2: Die Konzentration der Glykosphingolipide nimmt während des zeitlichen Verlaufs der Messung kontinuierlich ab, jedoch nur halb so schnell wie beim Test 3.
Das Testergebnis von Messung 2 zeigt den typischen Verlauf wie er bei einem so genannten **Heterozygotentest** zu beobachten ist. Mit einem Heterozygotentest ermittelt man mögliche Überträger rezessiv vererbter Krankheiten (autosomal und gonosomal). Die Tests beruhen darauf, dass heterozygote Träger des rezessiven Allels (Konduktoren) in der Regel eine um ca. 50 % reduzierte Gesamtwirksamkeit der für diesen Stoffwechselschritt verantwortlichen Enzyme (hier der Galaktosidase) aufweisen, da nur etwa die Hälfte der gebildeten Enzymmoleküle intakt ist. Bei heterozygoten Frauen mit dem Genotyp $X_A X_a$ wirkt sich die verringerte Enzymaktivität phänotypisch nicht aus. Für das Auftreten der Krankheit ist die Bildung von ausschließlich inaktiven Enzymmolekülen verantwortlich.

Wahrscheinlichkeit für das Auftreten dieser Krankheit bei einem Kind aus der Verbindung 5–6:

Genotyp Person 5 (Vater): $X_a Y$;
Genotyp Person 6 (Mutter): $X_A X_a$

Keimzellen	X_a	Y
X_A	$X_A X_a$	$X_A Y$
X_a	$X_a X_a$	$X_a Y$

Aus dem Erbschema ist ersichtlich, dass für jedes Kind des Paares (egal ob Junge oder Mädchen) grundsätzlich ein **Erkrankungsrisiko von 50 %** (schraffierte Fälle) besteht. Es ist es völlig unerheblich, wie viele kranke Kinder dieses Paar bereits hat, da der Zufall den Genotyp bestimmt und „der Zufall hat kein Gedächtnis."

2.1

Reaktion des Ameisenlöwen	Entfernung der eingesetzten Larven				
	3 cm	4,5 cm	6 cm	8 cm	10 cm
keine Reaktion	–	1	4	7	7
ungezieltes Sandwerfen	3	3	5	1	–
gezieltes Sandwerfen	3	5	3	2	–

2.2 Je näher zum Ameisenlöwen die Insektenlarve (das Beutetier) auf den Sand des Trichters gesetzt wird, desto wahrscheinlicher ist eine **Reaktion** des Ameisenlöwen: Er reagiert grundsätzlich erst, wenn die Beute bei 8 cm abgelegt wird, sehr deutlich ab 6 cm, allerdings überwiegend mit ungezieltem Sandwerfen, ab 4,5 cm dagegen mit gezieltem Werfen.
Es fällt gleichzeitig auf, dass die **Trefferwahrscheinlichkeit** im Rücken des Ameisenlöwen größer ist (9 gezielte Treffer) als vor seiner Kopfregion (lediglich 4 gezielte Treffer). Die Zahl der ungezielten Sandwürfe vor seine Kopfregion ist ab 4,5 cm mit 5 Würfen mehr als doppelt so hoch als die Zahl der ungezielten Sandwürfe (2) in die Schwanzregion.

2.3 Beim Beutefangverhalten des Ameisenlöwen handelt es sich um eine **Instinkthandlung** aus dem Verhaltensbereich Nahrungserwerb. *(Der Begriff Instinkthandlung steht für komplexe Handlungsabläufe, die angeboren und damit arttypisch sind.)* Instinktive Verhaltensabläufe können nicht jederzeit ausgelöst werden, sondern für ihr Auftreten muss eine innere Handlungsbereitschaft (**Motivation**) vorliegen, hier der Trieb zur Nahrungsaufnahme.
Ein Instinktverhalten verläuft in der Regel in drei aufeinanderfolgenden Abschnitten:
Ungerichtetes Appetenzverhalten:
Besteht bei dem Ameisenlöwen die innere Bereitschaft zur Nahrungsaufnahme, zeigt er ein ungerichtetes Appetenzverhalten, um ein Antriebsziel für die Endhandlung Töten und Fressen zu finden. Das Appetenzverhalten besteht hier im Einnehmen einer Warteposition *(sitzt verdeckt am Grunde des Trichters)*.
Gerichtetes Appetenzverhalten:
Sobald ein Beutetier in den Trichter gelangt ist und er das Antriebsziel *(Ameise, Insektenlarve)* wahrgenommen hat, bestimmen dessen motivierende, auslösende und richtende Reize *(eine als Folge von Fluchtversuchen des Beutetieres losgetretene Sandlawine)* das weitere Verhalten: Der Ameisenlöwe zeigt ein gerichtetes Appetenzverhalten *(Sandwerfen)*, wobei die „Gerichtetheit" mit der Nähe des Beutetiers zunimmt.
Instinktive Endhandlung:
Hat der Ameisenlöwe das Beutetier im Trichter zum Absturz gebracht, dann kann die Endhandlung erfolgen *(ergreift es mit seinen Zangen, sticht damit in den Körper und saugt ihn aus)*. Auch die Endhandlung wir durch auslösende und richtende Reize gestartet und läuft dann formstarr, gezielt und artspezifisch ab. Die Ausführung und der Erfolg der Endhandlung führen zu einer Verringerung der Motivation.

Den Ablauf und die Stärke einer Instinkthandlung bestimmen die innere Handlungsbereitschaft und die auslösenden Reize gemeinsam (Prinzip der **doppelten Quantifizierung**).

2.4 Die beschriebene Ähnlichkeit im Beuteerwerb bei den Larven der Ameisenjungfer (echte Netzflügler) und bei den Larven von Zweiflüglern (Fliegen und Mücken) sind das Ergebnis einer stammesgeschichtlichen Anpassung nicht-verwandter Arten an gleiche Umweltbedingungen (**konvergente Entwicklung**): Während der Besiedelung ihrer Lebensräume unterlagen ihre Vorfahren gleichen oder ähnlichen Selektionsfaktoren, so dass sie ähnliche Verhaltensweisen ausbildeten (**Verhaltensanalogien**). Es handelt sich also um Arten mit ähnlichen ökologische Nischen.

3.1 Chloroplasten gehören zu den Zellorganellen mit einer Doppelmembran. Durch die Faltung der inneren Membran in Thylakoide entstehen Reaktionsräume (Kompartimente) für die Lichtreaktion der Fotosynthese.

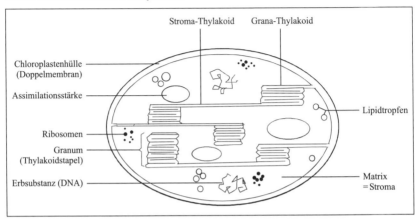

3.2 Die spektrale Zusammensetzung des Lichts ändert sich mit zunehmender Wassertiefe: Steht den Lebewesen in der obersten Wasserschicht noch das volle Spektrum des sichtbaren Lichts zur Verfügung, so erfolgt bereits ab 25 m Wassertiefe eine deutliche **Einschränkung des Spektrums** vor allem im langwelligen Bereich. In eine Tiefe von 250 m gelangt nur noch Licht zwischen 450 und 525 nm (Abb. 4).

Das Vorkommen einer Algenart in einer bestimmten Wassertiefe wird bestimmt von der Lichtqualität in dieser Wassertiefe und den in der Alge vorwiegend auftretenden Photosynthese-Pigmenten: Grünalgen absorbieren mit den Pigmenten Chlorophyll a und Chlorophyll b vor allem im blauen und roten Bereich und sind daher überwiegend nur in den obersten Wasserschichten zu finden, während die Rotalgen, deren Pigmente, wie z. B. R-Phycoerythrin, vor allem im grünen und gelben Bereich absorbieren, das Licht in einer Tiefe von 75 m noch nutzen können und dort ihr Hauptvorkommen haben.

3.3

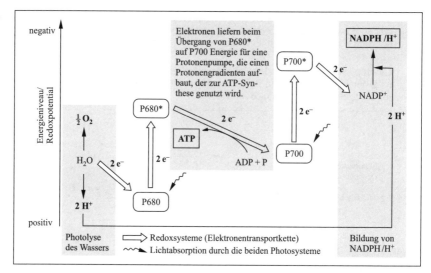

Die an der Lichtreaktion beteiligten Photosysteme und Redoxsysteme sind in die Thylakoidmembranen der Chloroplasten eingebettet. Durch die Thylakoidmembranen wird der Chloroplast zudem in zwei Kompartimente geteilt: einen von Thylakoidmembranen umschlossenen Thylakoid-Innnenraum und das außerhalb der Thylakoide liegende Stroma (vgl. Abb. bei 3.1).

Das **Redox-Schema** der Lichtreaktion gibt die Reihenfolge der an der Photosynthese beteiligten Photosysteme (P700 und P680) und Redoxsysteme (⇒) unter Berücksichtigung ihres Redoxpotentials wieder. (Ein negatives Redoxpotential drückt die Bereitschaft aus, Elektronen abzugeben, d. h. einen anderen Stoff zu reduzieren, ein stark positives Redoxpotential, Elektronen aufzunehmen, einen anderen Stoff zu oxidieren). Es veranschaulicht, wie Elektronen des Wassers zur Reduktion von $NADP^+$ verwendet werden, so dass die in der Dunkelreaktion zur Reduktion des Kohlenstoffdioxids notwendigen Reduktionsäquivalente $NADPH/H^+$ entstehen.

Zentraler Vorgang ist die **Lichtabsorption** durch die beiden Photosysteme I (P700) und II (P680), wodurch deren Elektronen auf ein höheres Energieniveau (P*) gebracht werden. Als Folge davon entsteht an beiden Photosystemen jeweils ein Elektronendefizit. P680 deckt sein Elektronendefizit dadurch, dass es Elektronen vom Wasser, das im Redoxpotential negativer ist, übernimmt (**Photolyse des Wassers**).
P700 wiederum deckt sein Elektronendefizit dadurch, dass es die Elektronen vom angeregten Chlorophyll a (P680) übernimmt. $NADP^+$, das im oxidierten Zustand vorliegt, übernimmt schließlich die Elektronen vom angeregten Chlorophyll a (P700).

Für die Bildung der für die Dunkelreaktion ebenfalls notwendigen Energie (**ATP**) sind folgende Vorgänge von Bedeutung:
- Beim Übergang der Elektronen vom angeregten P680 auf P700, werden durch in der Membran befindliche Redoxsubstanzen (= Protonenpumpe) Protonen aus dem Stroma in den Thylakoid-Innenraum abgegeben.
- Zusammen mit den Protonen aus der Photolyse des Wassers entsteht im Thylakoid-Innenraum ein Protonenüberschuss gegenüber dem Stroma.
- Dieser Protonengradient liefert die Energie für die ATP-Synthese: Durch Proteinkanäle in der Thylakoidmembran, einem Multienzymkomlex mit ATPase (= Protonenturbine) können Protonen entsprechend dem Protonengradienten die Membran jetzt von innen nach außen passieren. Dabei wird ATP gebildet.

3.4.1 **Dunkelheit:** Im Dunkeln erfolgt keine Bildung von NADPH/H$^+$, so dass sich die Konzentration an NADPH/H$^+$ auf einem niedrigen Wert konstant hält. Es wird auch kein NADPH/H$^+$ verbraucht *(da auch kein ATP für die Dunkelreaktion zur Verfügung steht, s. Aufgabe 3.4.2)*.

Belichtung: Durch die Belichtung wird die Lichtreaktion in Gang gesetzt und dabei wird NADPH/H$^+$ bereitgestellt. Die Konzentration steigt bis zu einem konstant bleibenden Wert, der das Gleichgewicht zwischen Bildung von NADPH/H$^+$ und dessen Verbrauch in der reduzierenden Phase der Dunkelreaktion wiedergibt.

3.4.2 ADP + P$_i$ sind die Ausgangssubstanzen für die Bildung von ATP bei den Teilschritten der Lichtreaktion.
Bei Dunkelheit wird die Konzentration des ADP + P$_i$ konstant hoch sein, nach Einsetzen der Belichtung jedoch auf einen konstant niedrigen Wert abnehmen, da nun ATP gebildet wird *(s. Aufgabe 3.3)*.

Grundkurs Biologie (Bayern): Abiturprüfung 2004 – Aufgabe III

BE

1 In der Gentechnik verfügt man bereits über eine große Zahl unterschiedlicher Plasmide, die vor allem als Vektoren eingesetzt werden. Sie enthalten ein Resistenzgen für Ampicillin Amp^R und ein Gen LacZ, das für ein Enzym codiert. Mit Hilfe dieses Enzyms wird aus einer farblosen Substanz A ein blauer Farbstoff B hergestellt. Bakterien, die ein entsprechendes Plasmid enthalten, bilden auf Nährböden mit der Substanz A blaue Kolonien.

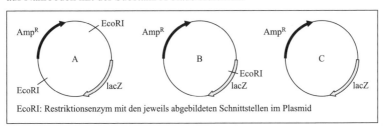

EcoRI: Restriktionsenzym mit den jeweils abgebildeten Schnittstellen im Plasmid

Abb. 1: Verschiedene Plasmide

1.1 Wählen Sie aus den Plasmiden A bis C dasjenige aus, das zur Übertragung fremden genetischen Materials geeignet ist! Begründen Sie Ihre Auswahl und leiten Sie aus den Angaben her, wie man Kolonien von Bakterien, die das gewünschte Plasmid mit Fremd-DNA enthalten, von allen anderen Varianten unterscheiden kann! 8

1.2 Lebewesen, die Fremd-DNA enthalten, nennt man transgen.
Zeigen Sie an einem selbst gewählten Beispiel den praktischen Einsatz eines bereits erfolgreich hergestellten transgenen Organismus auf! 4

2 1872 wurde der Mungo, ein in Ostindien heimisches Raubtier von Mardergröße, in Jamaika eingeführt, um die dort eingeschleppten Ratten zu dezimieren. Diese hatten sich in den Jahren zuvor stark vermehrt und richteten in den Zuckerrohrplantagen große Schäden an. Bis 1890 veränderte sich daraufhin das biologische Gleichgewicht in Jamaika dramatisch. Der Schaden durch den Mungo (und bestimmte Insekten) war letztlich größer als der Nutzen. Der Mungo wurde jetzt zur Bekämpfung freigegeben und es stellte sich im Jahr 1950 ein neuer Gleichgewichtszustand ein. Die folgenden Kurven zeigen die Entwicklung von vier verschiedenen Tierarten bzw. Tiergruppen während dieses Zeitraums:

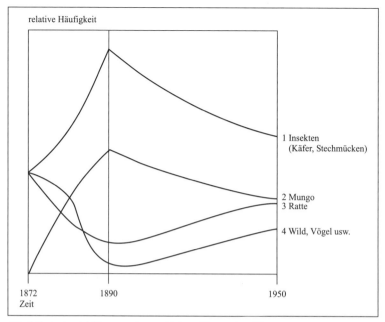

Abb. 2: Bestandsentwicklung von vier verschiedenen Tierarten bzw. Tiergruppen

2.1 Stellen Sie dar, welche Zusammenhänge zwischen den Populationen der verschiedenen Tiergruppen über den dargestellten Zeitraum erkennbar werden! 6

2.2 Erstellen Sie eine begründete Prognose über die Entwicklung der Mungopopulation ab 1890 ohne Dezimierung durch den Menschen! 4

2.3 Die Bekämpfung der Ratten durch den Mungo ist ein Beispiel für biologische Schädlingsbekämpfung.
Stellen Sie kurz zwei weitere biologische Methoden der Schädlingsbekämpfung vor! 3

3 In der britischen Wissenschaftszeitschrift „nature" erschien 1878 ein Artikel über spektakuläre Massensterben von Wild- und Nutztieren. Auf einigen Gewässern hatte sich ein dicker, grüner Schaum gebildet und die Tiere, die das Wasser tranken, starben eines schnellen, manchmal schrecklichen Todes. Wie wir heute wissen, war die Ursache eine Massenvermehrung von so genannten Cyanobakterien, die vor allem in landwirtschaftlich intensiv genutzten Gebieten auftreten. Sie produzieren mehrere Giftstoffe, unter anderem das Saxitoxin und das Anatoxin A.

3.1 Saxitoxin entfaltet seine Wirkung an der Axonmembran der zu den Muskeln ziehenden Nervenfasern.

3.1.1 Erläutern Sie das Zustandekommen des Membranpotentials an einer unerregten Nervenzelle! 5

3.1.2 Saxitoxin blockiert die Natrium-Ionen-Kanäle in der Nervenfaser. Leiten Sie die Folgen für die Bildung und Weiterleitung von Aktionspotentialen ab! 3

3.2 Anatoxin A beeinflusst die Erregungsübertragung an Synapsen.

3.2.1 Skizzieren Sie einen beschrifteten, schematisierten Längsschnitt durch eine neuromuskuläre Synapse! 5

3.2.2 Leiten Sie aus den in den folgenden Graphiken dargestellten Messergebnissen einen begründeten Wirkungsmechanismus des Gifts ab! 5

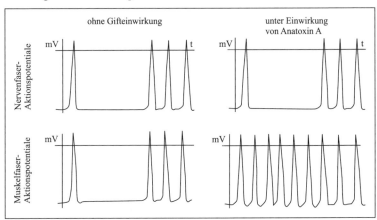

Abb. 3: Zusammenhang zwischen Gifteinwirkung und neuronalen bzw. muskulären Aktionspotentialen

3.3 Die für die Vergiftungsfälle verantwortliche Massenvermehrung der Cyanobakterien setzt das Zusammentreffen mehrerer optimaler Umweltbedingungen voraus. Nennen Sie drei dieser Bedingungen und zeigen Sie deren Einfluss auf die in den Zellen ablaufenden Stoffwechselvorgänge auf! Erklären Sie eine Maßnahme, welche die Gefahr von Massenvermehrungen verringern könnte! 7

50

(erweiterter) Erwartungshorizont

1.1 Die moderne Gentechnologie nutzt Mikroorganismen (z. B. Bakterien), um gewünschte Stoffe (z. B. Proteine, Medikamente) herzustellen. Dazu muss die Spender-DNA als sog. **„Passagier"-DNA** *in vitro* in ein Transportmolekül (einen **Vektor**) eingebaut werden, mit dessen Hilfe es möglich ist, das fremde Gen in die Empfängerzelle (Bakterienzelle) einzuschleusen. Als Vektoren werden **Plasmide** eingesetzt. Plasmide sind eigenständige ringförmige DNA-Moleküle von Bakterien.
Sowohl die Herstellung von Hybridplasmiden *(Vektor + Fremd-DNA)* als auch die Einschleusung der Vektoren in Wirtszellen haben noch eine geringe Erfolgsquote. Daher braucht man Verfahren, mit denen man herausfinden kann, ob zum einen das Fremd-Gen in Plasmide eingebaut und zum anderen dann auch von den Wirtszellen aufgenommen wurde. Man verwendet daher Ausgangs-Plasmide, die zwei Gene als **Marker**

tragen (hier: Resistenz-Gen für Ampicillin und das Gen lacZ). Diese Gene ermöglichen dann die Selektion mit Hilfe von Nährböden, die ihrerseits antibiotikahaltig sind (hier: Ampicillin) und zusätzlich spezielle Marker (hier: farblose Substanz A) aufweisen. Von den drei zur Übertragung fremden genetischen Materials zur Verfügung stehenden Plasmiden kann lediglich das **Plasmid B** (mit der Schnittstelle für das Restriktionsenzym im lacZ-Gen) verwendet werden, da das Gen lacZ zur Identifizierung nur dann geeignet ist, wenn es durch den Einbau der Fremd-DNA inaktiviert wird *(Insertions-Inaktivierung)*:
– Bakterien, die kein Plasmid aufgenommen haben, werden wegen fehlender Ampicillinresistenz nicht wachsen.
– Bakterien, die zwar ein Plasmid aufgenommen haben, aber nicht das Fremdgen, bilden auf Nährböden mit der Substanz A blaue Kolonien, da das Gen lacZ aktiv ist.
– Bakterien, die ein Plasmid aufgenommen haben und das Fremd-Gen an der Schnittstelle EcoRI in das lacZ-Gen eingebaut haben, bilden auf Nährböden mit der Substanz A farblose Kolonien und können dadurch identifiziert werden.

Plasmid C nicht geeignet, weil es keine Schnittstelle für das Restriktionsenzym und damit keine Einbaustelle für das Fremd-Gen besitzt. **Plasmid A** ist aufgrund der Lage der Schnittstellen für das Restriktionsenzym und damit der Einbaustellen für das Fremd-Gen zur Identifizierung ebenfalls ungeeignet, da der Marker „Gen lacZ" nicht beeinflusst werden kann.

1.2 *Es ist lediglich **ein** Beispiel verlangt!*

transgener Organismus	übertragene Eigenschaft, praktischer Einsatz
transgene E. coli- Bakterien	Einschleusen des Human-Gens zur Produktion von **Humaninsulin**; Einsatz in der Diabetestherapie
transgene Hefezellen	Hüllprotein-Gen des Hepatitis B-Virus; Impfstoff gegen **Hepatitis B**
transgene Pflanzen	**Insektenresistenz** bei Pflanzen durch ein Gen, das Bti- Gift Proteinkristalle codiert. Diese Proteinkristalle in den Pflanzen (Fraßgifte) gelangen in den Darm von Insekten und deren Raupen und werden zu tödlich wirkenden Enzymen. Pflanzen brauchen nicht mehr gespritzt zu werden, da sie das Insektengift selbst produzieren.
transgene Tomatenpflanze	**Antisense-mRNA** (= spiegelbildliche mRNA) zur mRNA, die das Enzym Polygalacturonase codiert, das in reifender Tomate die Zellwände zerstört. Antisense-mRNA hybridisiert Polygalacturonase-mRNA, wodurch diese nicht mehr abgelesen werden kann. Ergebnis: **Antimatsch-Tomate**, Flavr-Savr® Tomate (USA)
transgene Karpfen, Forellen, Lachse	Gene für **Wachstumshormone**: höheres Schlachtgewicht **Anti-Freeze-Gene**: Aufzucht in Gewässern mit niedriger Temperatur möglich

2.1 Der Mungo fand nach seiner Einführung in der großen Zahl an Ratten ein überreiches Nahrungsangebot vor und traf auf keine Konkurrenz, so dass sich die Population sehr rasch vermehrte. Wie erwartet, nahm die Zahl der Ratten ab und stellte nach 10 Jahren keine Gefahr mehr für die Plantagen dar. Die Kurve 4 zeigt jedoch, dass nicht nur Ratten, sondern auch andere am Boden lebende Tiere zum Nahrungsspektrum der

Mungos gehörten, auf die die Mungos auswichen, als nach einigen Jahren die Ratten weniger wurden. Bei diesen Tieren handelte es sich um Insektenfresser (Vögel, Schlangen, Reptilien, Amphibien), so dass die Zahl der Insekten, von denen ihrerseits einige das Zuckerrohr schädigten, drastisch anstieg, wie die Kurve 1 wiedergibt.

Die Mungos begannen schließlich auch Zuckerrohr zu fressen.

Als der Mungo zu Bekämpfung freigegeben worden war, nahm seine Population wieder ab, parallel dazu nahmen die Populationen an Ratten und den bodenlebenden Tieren wieder zu, so dass für die Insekten wieder genügend Fressfeinde vorhanden waren und sich deren Populationsdichten verringerten. Es stellte sich um 1950 der im Text erwähnte Gleichgewichtszustand ein.

An diesem Beispiel wird ersichtlich, dass bei jedem Einsatz im Rahmen einer biologischen Schädlingsbekämpfung eine genaue Kenntnis der Lebensgemeinschaft notwendig ist. Ohne Wirtsspezifität des Räubers, also ohne einen geeigneten Fressfeind, kommt es zu einer Störung des biologischen Gleichgewichts.

2.2 Für den Fall, dass der Mensch ab 1890 nicht begonnen hätte, die Mungopopulation zu dezimieren, hätte sich deren Populationswachstum mit der Zeit verlangsamt, da es schließlich durch die **Umweltkapazität** (Beutemangel und intraspezifische Konkurrenz) begrenzt worden wäre. Die Anzahl der Individuen hätte sich langfristig auf ein mehr oder weniger konstantes Niveau eingependelt.

Graphisch würde sich der exponentielle Kurvenverlauf von 1872 bis 1890 asymptotisch einem Grenzwert nähern, also in eine Plateauphase (**stationäre Phase**) übergehen (sigmoidaler Kurvenverlauf), um den er langfristig pendelt (**fluktuiert**).

2.3 Bei der biologische Schädlingsbekämpfung wird durch die Verwendung von Lebewesen bzw. ökosystemeigener und damit umweltverträglicher Mittel die Verminderung der Populationsdichte einer Art auf einen Stand angestrebt, der aus Sicht des Menschen tragbar ist.

Beispiele *(es sind nur zwei weitere Methoden verlangt)*:
- Erhaltung und Förderung der natürlichen (Fress-)Feinde eines Schädlings durch Schaffung günstiger Lebensbedingungen für die **Nützlinge** (Erhalt von Brutplätzen, Angebot an Nahrung, Verstecken usw.)
- Ausbringen von Bakterien und Viren, die wirtsspezifisch sind und daher nur beim Schädling **pathogene** Wirkungen hervorrufen
- Duftstoffe (**Pheromone**) als Lockstoffe in Fallen: in den Fallen werden die Schädlinge dann mechanisch, physikalisch oder chemisch vernichtet
- „**Sterile-Männchen-Methode**": In Massen gezüchtete, durch radioaktive Bestrahlung sterilisierte Männchen werden in einem Biotop ausgebracht. Durch ihre große Zahl blockieren sie die Begattung der Weibchen durch fruchtbare Männchen. Voraussetzung: Jedes Weibchen paart sich nur einmal; Biotop von Nachbarbiotopen isoliert.

3.1.1 Das Phänomen Ruhepotential beruht auf einer speziellen Ionenverteilung im wässrigen Milieu außerhalb und innerhalb der Zellmembran eines Neurons. Die typische Verteilung dieser Ladungsträger führt zu einer Potentialdifferenz zwischen Intra- und Extrazellulärraum. Die Membraninnenseite von Neuronen ist dabei negativ (ca. −80 Millivolt) geladen, die Membranaußenseite positiv.

Nach der Ionentheorie sind an der Zellmembran eines unerregten Neurons folgende Verhältnisse Voraussetzung für das Zustandekommen des Ruhepotentials (Membranpotential):
- Ionen kommen zu beiden Seiten der Membranen in **unterschiedlichen Konzentrationen** vor: An der Außenseite, in der Gewebsflüssigkeit (extrazellulär), findet man eine hohe Konzentration an Natrium- (Na^+) und Chlorid- (Cl^-) Ionen. Auf der Innenseite der Nervenfaser, im Zellplasma (intrazellulär), lassen sich mehr Kalium-Ionen (K^+), sowie große organische Anionen (A^-) nachweisen.
- **Selektiv permeable Membranen** trennen die extra- und intrazellulären Reaktionsräume: In Ruhe besitzen die Membranen eine selektive Permeabilität für K^+-Ionen, d. h. Kalium-Ionen diffundieren aufgrund des Konzentrationsgefälles von innen nach außen. Da den großen negativen Anionen ein Membrandurchtritt nicht möglich ist, bleiben sie innen an der Membran zurück und wirken dem Austritt weiterer K^+-Ionen und damit deren Konzentrationsausgleich entgegen. Durch diese Ladungstrennung kommt es zum Aufbau einer elektrischen Potentialdifferenz, dem Ruhepotential.

3.1.2 *Die Erregungsleitung erfolgt in Nervenfasern durch fortlaufend erzeugte Aktionspotentiale. Aktionspotentiale werden durch eine Depolarisation der Membran ausgelöst. Verantwortlich für die Entstehung eines Aktionspotentials ist eine plötzliche selektive Permeabilitätsänderung der Membran für Na^+-Ionen. Na^+-Ionen strömen durch Natrium-Ionen-Kanäle vom extrazellulären Milieu ins Zellinnere und führen zu einer Ladungsumkehr an der Membran. Das vorher ca. 80 mV negative Faserinnere wird ca. 40 mV positiv gegenüber der Außenseite.*

Werden durch das Blaualgengift **Saxitoxin** die Natrium-Ionen-Kanäle in der Nervenfaser blockiert, dann unterbleibt der für die Depolarisation der Membran erforderliche Na^+-Ionen-Einstrom, der Schwellenwert der Depolarisation wird nicht erreicht, es kann sich **kein Aktionspotential** aufbauen und somit auch **keine Erregungsweiterleitung** erfolgen.

3.2.1
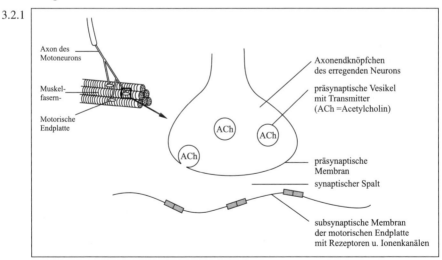

3.2.2 Aus den Graphiken geht hervor, dass unter Einwirkung von Anatoxin A an der Muskelfaser Aktionspotentiale nachweisbar sind, obwohl keine Nervenfaser-Aktionspotentiale aufgetreten sind.

Nervengifte können an verschiedenen Stellen (Strukturen) der motorischen Endplatte und bei verschiedenen Prozessen eingreifen:
- Möglich wäre eine **Besetzung des Acetylcholin-Rezeptors** durch den Giftstoff *(dies ist bei Anatoxin A der Fall)*. Der Giftstoff entfaltet also die gleiche Wirkung wie das ACh: Es kommt zur Öffnung der Natriumionen-Kanäle an der postsynaptischen Membran und zur Auslösung von Muskelfaser-Aktionspotentialen. Der Giftstoff wird aber von der Esterase nicht abgebaut. Die Folge ist eine Dauerdepolarisation des Muskels, starke Muskelzuckungen, danach u. U. eine **Lähmung**, da die Membran nicht mehr in die Repolarisationsphase zurückkehrt und keine weiteren Aktionspotentiale ausbildet.
- Denkbar wäre bei den Messergebnissen auch eine schlagartige, irreparable **Entleerung der synaptischen Bläschen** (ohne ankommendes Nervenfaser-Aktionspotential) aller motorischen Endplatten mit der Folge z. B. einer Atemlähmung (z. B. Gift der schwarzen Witwe).

3.3 Die Wassertemperatur, die Lichtverhältnisse und die Konzentration an Mineralstoffen sind die wichtigsten **Umweltfaktoren**, die die Zellteilungsgeschwindigkeit der Cyanobakterien und damit deren Massenvermehrung beeinflussen.

Erhöhung der **Wassertemperatur** durch lang andauernde Schönwetterperiode: Temperaturabhängige Prozesse sind die biochemischen Vorgänge z. B. der Dunkelreaktion der Photosynthese. Entsprechend der RGT-Regel (Reaktionsgeschwindigkeit-Temperatur-Regel) verdoppelt bis verdreifacht sich bei einer Temperaturerhöhung um 10 °C die Reaktionsgeschwindigkeit der enzymatischen Stoffwechselvorgänge bis zu einem Temperaturmaximum bei etwa 30 °C.

Günstige **Lichtverhältnisse**: Lange Sonneneinstrahlung bedeutet, dass den Cyanobakterien eine erhöhtes Lichtangebot zur Verfügung steht. Die Lichtintensität beeinflusst die Lichtreaktion der Photosynthese, so dass vermehrt deren Primärprodukte ATP und NADPH/H$^+$ für die Dunkelreaktion bereitgestellt werden können. Eine Steigerung der Photosyntheserate ist die Folge.

Überangebot an **Mineralstoffen**: Mineralsalze (Nährsalze) sind essentielle Stoffe für das Wachstum und die Aufrechterhaltung des ungestörten Stoffwechsels von autotrophen Organismen. Wichtige Mineralstoffe sind:
- Nitrat als Stickstoffquelle für Eiweiße (Biomasse), die Wasserstoff übertragende Wirkgruppe NADH/H$^+$, Nukleinsäuren und die Chlorophyllbildung;
- Sulfat als Element in den Aminosäuren (Proteinen) und
- Phosphat als Bestandteil von Proteinen (Enzyme), NADPH/H$^+$, ATP und Nukleinsäuren (dadurch erhöhte Replikationsrate der DNA möglich).

Maßnahmen zur Verringerung der Gefahr einer Massenvermehrung *(eine Maßnahme verlangt)*:
- Vermeidung von direktem oder indirektem Mineralstoffeintrag (v. a. an Phosphor- und Stickstoffverbindungen) und damit Verhinderung der zunehmenden Anreicherung eines Gewässers mit Pflanzennährsalzen (Eutrophierung): z. B. keine Düngereinschwemmung, keine Güllezufuhr aus der Landwirtschaft, keine Zufuhr von unzureichend geklärten Abwässern (Bau von Kläranlagen mit drei Reinigungsstufen).
- Keine Störung des Ökosystems Gewässer durch systemfremde Energiezufuhr: keine thermische Belastung z. B. durch Kühlwasser aus Kraftwerken.

Grundkurs Biologie (Bayern): Abiturprüfung 2004 – Aufgabe IV

BE

1 Der Vogelzug ist ein weltweit beobachtbares Phänomen. Im Folgenden sind Beobachtungen beschrieben, die im Zusammenhang mit dem Zugverhalten verschiedener Vogelarten gemacht wurden.

1.1 Analysieren Sie, welche der folgenden Beobachtungen im Wesentlichen auf ein genetisch bedingtes beziehungsweise auf ein erlerntes Verhalten schließen lassen:

a) Der heimische Kuckuck wandert stets zu Winterquartieren in Zentralafrika. Die Wirtseltern des Kuckucks können verschiedene Arten sein, die zu ihren Winterquartieren in die unterschiedlichsten Richtungen ziehen.

b) In Experimenten wurden Individuen aus zwei Populationen von Mönchsgrasmücken gekreuzt: Tiere aus Süddeutschland, die nach Südosten ziehen, mit Tieren von den Kapverdischen Inseln, die kein Zugverhalten zeigen. Die Nachkommen zeigen das gleiche Zugverhalten und die gleiche Zugrichtung wie die süddeutschen Mönchsgrasmücken.

c) Mönchsgrasmücken aus Süddeutschland, die nach Westen ziehen, wurden in Versuchen mit Vögeln aus Ostösterreich, die nach Osten ziehen, gekreuzt. Die (von Menschen aufgezogenen) Jungen zeigten die in der Graphik unten dargestellte Richtungswahl.

6

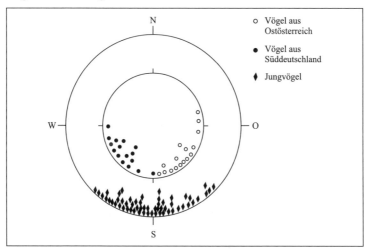

Abb. 1: Richtungswahl verschiedener Gruppen von Mönchsgrasmücken

1.2 Beschreiben Sie ein Experiment, mit dem man überprüfen kann, ob die heimischen Schwalben ihren Überwinterungsort angeborenermaßen finden.

4

2 Das Braunkehlchen ist hauptsächlich von Europa bis nach Westsibirien bzw. Südafrika verbreitet. In der folgenden Graphik ist die Bestandsentwicklung zwischen 1976 und 1992 im Kreis Waldeck-Frankenberg (Hessen) dargestellt:

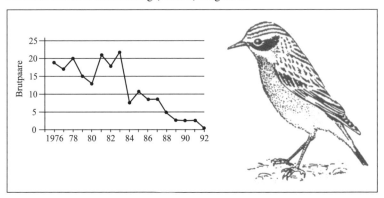

Informationen über das Braunkehlchen:
Braunkehlchen bewohnen buschbestandene, bachdurchzogene Wiesenflächen, Schilfgebiete und Ödland mit eingestreutem Gebüsch.
Das Nest wird sehr verborgen, meist unter vorjährigem Gras am Boden angelegt. Das Weibchen brütet alleine ein Gelege von 5 bis 6 Eiern aus; beide Eltern füttern die Jungen.
Als Nahrung dienen überwiegend Insekten, die vom Boden und niedrigen Pflanzen abgesucht werden oder von Ansitzen aus in der Luft gefangen werden, außerdem Spinnen und kleine Würmer. Als Ansitze dienen hohe Grashalme, Stauden, niedriges Buschwerk und Weidezaunpfosten. Nach kurzem Jagdflug kehren Braunkehlchen oft auf den gleichen Ansitz zurück.

2.1 Beschreiben Sie die Bestandsentwicklung der Braunkehlchen-Population! 3

2.2 Erläutern Sie detailliert unter Textbezug, inwiefern die folgenden ökologischen Veränderungen sich auf die Bestandsentwicklung des Braunkehlchens auswirken können:
a) Maßnahmen zur Flurbereinigung, z. B. Entfernung von Sträuchern und Vergrößerung von Parzellen zu großen Flächen,
b) Pestizideinsatz in benachbarten Feldbereichen,
c) intensive Beweidung. 6

2.3 Setzen Sie das Aussehen des Vogels mit der beschriebenen Lebensweise in Beziehung! 2

3 Die grünen Blätter der Pflanzen können durch Differenzierung und Spezialisierung verschiedene Aufgaben übernehmen.

3.1 Fertigen Sie eine beschriftete Skizze des Assimilationsgewebes eines Laubblatts an und nennen Sie die wichtigsten Aufgaben dieses Gewebes! 4

3.2 Besonders markante Strukturmerkmale der Blattunterseite sind die Spaltöffnungen.
Die folgende Tabelle enthält Messwerte, die im Rahmen einer Untersuchung zur Funktion der Spaltöffnungen gewonnen worden sind:

Bestrahlungsstärke mW/cm^2	CO_2-Assimilation mg CO_2/dm^{2}h	relative Weite der Spaltöffnungen
40	18,4	1,00
32	16,8	0,91
26	15,8	0,86
16	13,1	0,72

3.2.1 Stellen Sie einen funktionellen Zusammenhang zwischen den drei Größen her und begründen Sie ihn! 6

3.2.2 Geben Sie eine Erklärung dafür an, warum z. B. bei einer Bestrahlungsstärke von 16mW/cm^2 die relative Weite der Spaltöffnungen nicht 1,00 beträgt! 4

3.3 Die Blätter der Mimose sind dafür bekannt, dass sie bei Berührung rasch zusammenklappen. Ausgelöst wird diese Reaktion über Aktionspotentiale, die, ähnlich wie bei tierischen Neuronen, auch an manchen Pflanzenzellen auftreten. Die folgende Graphik zeigt den Verlauf eines pflanzlichen Aktionspotentials:

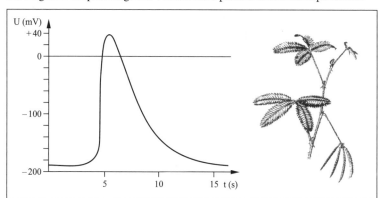

3.3.1 Stellen Sie unter Angabe konkreter Daten einen Vergleich zu einem neuronalen Aktionspotential an! 5

3.3.2 Entscheidend für die Auslösung eines Aktionspotentials bei Pflanzenzellen sind Chloridionen und Kaliumionen. Diese beiden Ionensorten liegen im Zellinneren der Pflanzenzelle in höheren Konzentrationen als außen vor. Die Permeabilität der Chloridionen ist vergleichbar mit der Durchlässigkeit für die Natriumionen in tierischen Zellen.
Entwickeln Sie eine Hypothese für die Ionenwanderungen durch die Membran der Pflanzenzelle von der Auslösung des Aktionspotentials bis zur Wiedererreichung des Ruhepotentials! 6

3.4 Das Dickblattgewächs „Brutblatt" trägt seinen Namen aufgrund seiner Fähigkeit, an den Blatträndern zahlreiche winzige, schon bewurzelte Tochterpflanzen zu bilden, die schließlich abfallen und sich am Boden festsetzen – ein Beispiel vegetativer Vermehrung.
Geben Sie je einen Vor- und Nachteil der vegetativen gegenüber der sexuellen Vermehrung bei Pflanzen an! Begründen Sie Ihre Aussagen! $\quad\frac{4}{50}$

===

(erweiterter) Erwartungshorizont

1.1 a) Da einheimische Kuckucke unabhängig von ihren Wirtseltern, die verschiedenen Arten angehören können, stets in das gleiche Winterquartier ihrer Art ziehen, muss die **Zugrichtung genetisch festgelegt** sein und von den Elterntieren vererbt worden sein.

b) Das Kreuzungsexperiment mit Mönchsgrasmücken mit Standvogelverhalten (kapverdische Population) und Zugverhalten (süddeutsche Population) zeigt, dass Mönchsgrasmücken sowohl Allele für Zug- als auch für Standvogelverhalten besitzen. Im Beispiel wird das **Zugverhalten dominant vererbt** und auch die **Zugrichtung ist genetisch vorgegeben**.

c) Das Kreuzungsexperiment mit Mönchsgrasmücken, die beim Zug unterschiedliche Richtungen wählen, kommt wiederum zu dem Ergebnis, dass das **Zugverhalten genetisch bedingt** ist.
Hinsichtlich der Zugrichtung wählen die von Menschen aufgezogenen Jungvögel eine Richtung, die zwischen denen der Elterntiere liegt (Süden). Dem Merkmal „Zugrichtung" liegt somit ein **intermediärer Erbgang** zu Grunde.

Bei Züchtungsversuchen mit Mönchsgrasmücken konnte zudem nachgewiesen werden, dass auch für die Flugdistanz ein genetisches Programm vorliegt.

1.2 Schwalbeneier werden von den Elterntieren isoliert und in Brutschränken ausgebrütet. Nach dem Schlüpfen werden sie vom Menschen Hand aufgezogen (**Kaspar-Hauser-Tiere**), um jegliche Möglichkeiten des Lernens auszuschließen.

Informationen über die Flugrouten und den Überwinterungsort erhält man, wenn man den Zug der isoliert aufgezogenen Schwalben beobachtet. Um sie unterscheiden zu können, müssen sie beringt sein. Moderne Methoden zur Beobachtung sind bei kleineren Vögeln die Verfolgung mit Radar, bei größeren Vögeln (Störche, Kraniche) die Satelliten-Telemetrie.

2.1 Während des Beobachtungszeitraumes ist ein deutlicher **Rückgang** des Braunkehlchenbestandes von 19 auf ein oder zwei Brutpaare zu verzeichnen. Dabei erfolgte der Rückgang nicht kontinuierlich, sondern er verlief bis ins Jahr 1985 **mit Schwankungen**. 1983 konnten sogar 22 Brutpaare gezählt werden, allerdings gab es im folgenden Jahr einen drastischen Einbruch auf 8 Brutpaare, von dem sich die Population nur noch einmal, im Jahr darauf, geringfügig erholte.

2.2 a) Der Rückgang an Büschen und Sträuchern im Zuge der Flurbereinigung bedeutete eine **Reduzierung** des Lebensraumes von Insekten und Spinnen, **der Hauptnahrungsquelle** der Braunkehlchen. Zudem wurde den Vögeln durch die Entfernung von Sträuchern und Weidezaunpfosten (Vergrößerung von Parzellen zu großen Flächen) die Möglichkeit genommen, von einem **Ansitz** aus ihre Beute in der Luft zu fangen.

b) Der Pestizideinsatz in benachbarten Feldbereichen hatte zum einen ein **verringertes Nahrungsangebot** für die Braunkehlchen zur Folge. Zum anderen führte der Pestizideinsatz zu einer **Akkumulation der Gifte im Nahrungsnetz**: Alttiere fütterten dadurch die Jungvögel mit vergifteten Insekten, bei denen bereits geringe Mengen an Gift ausreichten, um sie zu töten.

c) Durch die intensive Beweidung der Grasflächen war **keine Möglichkeit mehr zum Nestbau** gegeben. Konnte dennoch das Brutgeschäft aufgenommen werden, wurden die Altvögel durch das Weidevieh dabei gestört. Das Weidevieh zerstörte zudem Gelege und zertrampelte die Jungvögel.

2.3 Entsprechend ihres Nahrungsspektrums besitzen Braunkehlchen einen langen, schlanken, spitz zulaufenden Schnabel zum Ergreifen kleiner Insekten (**Insektenfresserschnabel**).
Beim Brüten ist das Weibchen durch das erdfarbene an der Oberseite gestreifte Federkleid mit weißen Flecken auf den Flügeldecken (**Tarnkleid**, das die Körperumrisse auflöst) gut geschützt.

3.1

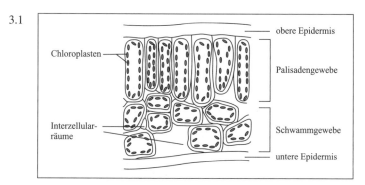

Palisadengewebe: regelmäßig angeordnete, längliche Zellen mit vielen Chloroplasten; Ort der Fotosynthese
Schwammgewebe: unregelmäßige Zellen in lockerer Anordnung (unterbrochen durch Zwischenzellräume) mit weniger Chloroplasten, „Durchlüftungsgewebe": Transport von O_2 und Wasserdampf zu den Spaltöffnungen und von CO_2 von den Spaltöffnungen zum Palisadengewebe

3.2.1 Alle drei Größen der Tabelle beeinflussen die Photosyntheserate. Zwischen ihnen besteht folgender funktioneller Zusammenhang: Je größer die Bestrahlungsstärke (Lichtintensität), desto höher ist der Wert der CO_2-Assimilation und desto weiter sind die Spaltöffnungen geöffnet.
Steigende Lichtintensität beschleunigt den Ablauf der Lichtreaktion mit der Folge einer vermehrten Bereitstellung von $NADPH/H^+$ und ATP. Stehen diese Produkte der Lichtreaktion zur Verfügung, kann wiederum die Dunkelreaktion verstärkt ablaufen, was

sich im erhöhten CO_2-Verbrauch widerspiegelt. Da die CO_2-Aufnahme ausschließlich über die Spaltöffnungen erfolgt, korreliert deren Öffnungsweite mit einem erhöhten CO_2-Verbrauch.

3.2.2 Die relative Weite der Spaltöffnungen von 0,72 genügt, um bei der Bestrahlungsstärke von 16 mW/cm^2 die für eine maximal mögliche Assimilation erforderliche CO_2 Menge aufnehmen zu können.
Da die Pflanze über die Spaltöffnungen auch Wasserdampf abgibt (Transpiration, die zum Aufstieg von Wasser und Mineralsalzen aus den Wurzeln in die Blätter genutzt wird), wäre eine größere relativen Weite der Spaltöffnungen (z. B. 1,00) uneffektiv. Durch die erhöhte Transpiration wäre ein zu hoher, überflüssiger Wasserverlust gegeben.

3.3.1

	Aktionspotential	
	Pflanze	Neuron
Verlauf der Spannungsänderung (Depolarisation / Repolarisation)	vergleichbar	
Ruhepotential	ca. – 190 mV	ca. – 80 mV
Spitzenpotential (Ladungsumkehr)	+ 40 mV	+ 40 mV
Amplitude	ca. 230 mV	ca. 120 mV
Dauer des Aktionspotentials	ca. 10 sec	ca. 1 msec
Dauer Depolarisation	ca. 1 sec	ca. 0,1 msec
Dauer Repolarisation (Refräktärphase)	ca. 10 sec	ca. 2 msec

3.3.2 *Auch bei Pflanzen entsteht das messbare Membranpotential (Ruhepotential) aufgrund selektiver Permeabilität der Membran. Dadurch sind die Konzentrationen an Ionen inner- und außerhalb der Zellmembran verschieden: Kaliumionen diffundieren entlang ihres Konzentrationsgefälles von innen nach außen und führen somit eine Ladungstrennung über der Membran herbei. Ihre Gegenionen (Chloridionen) können die Membran gar nicht oder nur in geringem Ausmaß passieren (Innenseite negativ ca. – 120 mV).*

Werden bei einer Mimose Zellen des Bewegungsgewebes einem überschwelligen Reiz ausgesetzt, dann tritt nach dem Alles-oder-Nichts-Prinzip kurzzeitig eine reversible Änderung des Membranpotentials ein. Während dieses **Aktionspotentials** erhöht sich durch Öffnen spannungsgesteuerter Ionenkanäle wie angegeben die Permeabilität der Membran für Chloridionen, die dann entsprechend ihres Konzentrationsgradienten ausströmen und die Membran somit depolarisieren.
Die auf die Depolarisation folgende **Repolarisation** der Membran muss auf den Ausstrom von Kaliumionen zurückzuführen sein, der phasenverschoben etwas später einsetzt.

3.4 Der **Vorteil** der vegetativen (asexuellen, ungeschlechtlichen) Fortpflanzung ist die **Unabhängigkeit** von einem zweiten Individuum. So kann dadurch z. B. die **schnelle Besiedelung** neuer Lebensräume möglich werden.

Aus evolutionsbiologischer Sicht ist dieser Weg der Fortpflanzung jedoch wenig erfolgreich, da eine Art nur dann Überlebenschancen hat, wenn ihre Individuen aufgrund

einer **genetischen Variabilität** auf veränderte Umweltbedingungen flexibel reagieren können. Die Selektion als richtender Evolutionsfaktor bevorzugt diese Varianten. Folgende Mechanismen bei der sexuellen Fortpflanzung führen zur genetischen Variabilität:
- Interchromosomale Rekombination: Zufällige Anordnung der homologen Chromosomen in der Äquatorialebene während der Metaphase I der Meiose und anschließend zufällige Verteilung der homologen Chromosomen.
- Intrachromosomale Rekombination: Crossing-over während der Paarung der homologen Chromosomen in der Prophase I der Meiose. Dabei werden Gene homologer Abschnitte mütterlicher und väterlicher Chromatiden ausgetauscht, wodurch Gene mütterlichen und väterlichen Ursprungs neu kombiniert werden.
- Zufall bei der Befruchtung: Die während der Meiose gebildeten genetisch unterschiedlichen Keimzellen werden bei der Befruchtung frei kombiniert, was zu Neukombinationen führt.

Grundkurs Biologie (Bayern): Abiturprüfung 2005 – Aufgabe I

BE

1 Die toxische Wirkung vieler Skorpiongifte beruht unter anderem auf dem darin enthaltenen Enzym Acetylcholinesterase. Die Acetylcholinesterase wirkt nach einem Skorpionstich als Neurotoxin.

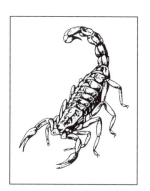

1.1 Erläutern Sie die Wirkungsweise einer erhöhten Acetylcholinesterase-Konzentration im Organismus!

6

1.2 Bei Kämpfen zwischen artgleichen Skorpionen konnte man bei den unterlegenen Tieren keinerlei Vergiftungserscheinungen beobachten. Stellen Sie kurz eine Hypothese dar, die diese Beobachtung erklären könnte!

2

2 Mendel gilt als Pionier der Genetik. Seine 1866 veröffentlichte Vererbungstheorie basierte auf dem Vergleich der äußeren Merkmale von Pflanzenhybriden. Weitere Erkenntnisse lieferten zytologische Untersuchungen des späten 19. Jahrhunderts. Entscheidende Beiträge zum Verständnis der Vererbung brachten schließlich die Biochemie und die Molekulargenetik. Die im Folgenden abgebildete frühe Modellvorstellung zur Struktur eines DNA-Moleküls entwickelte Steudel 1912:

2.1 Beschreiben Sie den Ablauf der mitotischen Teilung einer Eukaryontenzelle ($2n = 4$) unter Zuhilfenahme beschrifteter Skizzen!

7

2.2 Ordnen Sie die im Modell von Steudel verwendeten Buchstaben den einzelnen molekularen Bausteinen der DNA zu!

3

2.3 Im Jahre 1944 konnte Avery eindeutig nachweisen, dass DNA die Erbsubstanz ist. Legen Sie dar, weshalb die Steudel'sche Vorstellung vom Aufbau der DNA dazu führte, dass viele Wissenschaftler Averys Erkenntnisse zunächst ablehnten!

3

2.4 Viren können als Erbsubstanz verschiedenartige Nukleinsäuren enthalten. Die Analyse zweier Virentypen (Phage φX 174 und ein Reovirus) ergab folgende Prozentanteile der bereits zur damaligen Zeit nachgewiesenen molekularen Bestandteile der Erbsubstanz.

	G (%)	C (%)	A (%)	T (%)
Phage φX 174	24,1	18,5	24,7	32,7
Reovirus	22,0	22,0	28,0	0,0

Formulieren Sie Hypothesen, wie die Erbsubstanz der beiden Viren jeweils aufgebaut sein könnte und begründen Sie diese anhand der experimentell ermittelten Mengenanteile! 6

2.5 In der Gentechnik verwendet man oft DNA-Moleküle, die als Hybridplasmide bezeichnet werden.
Fertigen Sie eine beschriftete Skizze eines solchen Hybridplasmids an und erläutern Sie die Bedeutung seiner Bestandteile für die Gentechnik! 6

3 Der südamerikanische Ameisenbär (Ordnung Nebengelenktiere) ernährt sich ebenso wie das afrikanische Erdferkel (Ordnung Röhrenzähner) und das asiatische Schuppentier (Ordnung Schuppentiere) von Ameisen und Termiten.

Abb. 1: Ameisenbär (A), Erdferkel (B) und Schuppentier (C)

3.1 Erklären Sie die Ähnlichkeit der drei dargestellten Tierarten unter ökologischen und evolutionsbiologischen Gesichtspunkten! 6

3.2 Trotz Namensähnlichkeit ist der Ameisenbär mit dem Braunbär (Ordnung Raubtiere) weniger verwandt als mit den Gürteltieren (Ordnung Nebengelenktiere). Beschreiben Sie eine serologische Methode, mit der sich dieser Sachverhalt bestätigen lässt und erläutern Sie das zu erwartende Ergebnis! 6

3.3 Ein kleinerer Verwandter des südamerikanischen Ameisenbärs ist der solitär lebende Tamandua. Begegnet er einem Artgenossen, so kann man häufig beobachten, dass er sich aufrichtet und das in Abbildung 2 dargestellte Verhalten zeigt. Dabei stößt er ein fauchendes Zischen aus und verströmt einen äußerst unangenehmen Geruch, weshalb ihn die Einheimischen „Caguaré" („Stänker des Waldes") nennen.
Interpretieren Sie dieses Verhalten unter Einbeziehung des Textes und der Abbildung!

Abb. 2: Tamandua

5
50

(erweiterter) Erwartungshorizont

1.1 *Neurotoxine sind Gifte, die die Übertragung der Impulse im Nervensystem beeinträchtigen. Das Enzym Acetylcholinesterase, das in vielen Skorpionengiften enthalten ist, spielt im normalen Geschehen der Erregungsübertragung an Synapsen bei der Zerlegung des chemischen Überträgermoleküls (Neurotransmitter) Acetylcholin eine entscheidende Rolle:*
Acetylcholin-Moleküle, die ständig in den Endknöpfchen eines Axons in synaptischen Bläschen gebildet werden, diffundieren als Folge eines Aktionspotentials sehr rasch durch den synaptischen Spalt und besetzen an der subsynaptische Muskelfasermembran reversibel hochspezialisierte Rezeptormoleküle. Deren Raumstruktur wird dadurch so verändert, dass sich von ihnen bisher blockierte Ionenkanäle (chemisch gesteuerte Ionenkanäle) öffnen und ein Na^+-Ionen-Einstrom zur Membraninnenseite der Muskelfaser möglich wird. An der Muskelfaser entsteht in der Folge ein Muskelaktionspotential. Dadurch werden weitere Vorgänge ausgelöst, die zur Kontraktion des Muskels führen. Damit eine dauerhafte Besetzung dieser Rezeptoren unterbleibt und der nächste Impuls weitergeleitet werden kann, spaltet das Enzym Acetylcholinesterase den Neurotransmitter in ein Acetat(Essigsäure)- und Cholinmolekül. Diese werden zur Resynthese von Acetylcholoin wieder den synaptischen Bläschen zugeführt. Die Rezeptoren stehen für neue Acetylcholin-Moleküle bereit, wodurch die Erregungsübertrag gewährleistet bleibt.

Die im Skorpiongift enthaltene Menge an Acetylcholinesterase führt zu einer beschleunigten Spaltung des aus dem synaptischen Endknöpfchen einer neuromuskulären Synapse freigesetzten Transmitters Acetylcholin. Dadurch steht den Rezeptoren der subsynaptischen Membran weniger Transmitter zur Verfügung, was eine verringerte Wirkung auf die Natriumionenkanäle der subsynaptischen Membran zur Folge hat. Sie öffnen sich nicht im erforderlichen Umfang. Damit ist eine Erregungsübertragung auf die Muskulatur beeinträchtigt bzw. nicht mehr möglich. Muskelaktionspotentiale werden unregelmäßig bzw. gar nicht mehr ausgelöst. Krämpfe, Lähmung der Atemmuskulatur und Herzstillstand sind die tödlichen Folgen.

1.2 *Triebfeder für die Kämpfe zwischen artgleichen Lebewesen (intraspezifische Aggression) ist die innerartliche Konkurrenz um Ressourcen (Lebensraum, Nahrung), um den Geschlechtspartner und die Herstellung einer Rangordnung (Letzteres gilt nicht in diesem Beispiel der ausgesprochen solitär lebenden Skorpione).*
Der biologische Sinn dieser Intoleranz gegenüber Artgenossen dient letztlich der Arterhaltung, indem
– sich die Tiere gegenseitig abstoßen und dadurch besser in einem Lebensraum verteilen,
– Rivalenkämpfe für kräftige, gesunde Elternindividuen sorgen,
– durch Rangordnungskämpfe die Gesellschaft stabilisiert wird.

Rivalenkämpfe lassen in der Tierwelt in der Regel folgende Charakteristika erkennen:
– Sie verlaufen nach festen Regeln (Phasen des Drohens verlängert, ritualisierte Abläufe, Bewegungen mimisch übertrieben und rhythmisch wiederholt).
– Der Gegner wird nicht getötet, sondern der Kampf hat nur seine Unterwerfung zum Ziel (so genannter Kommentkampf)
– Sie werden daher mit speziellen Waffen geführt, die im Gegensatz zu Beschädigungskämpfen nicht die gefährlichsten der Tiere sind.

Dass nach Kämpfen zwischen artgleichen Skorpionen die unterlegenen Tiere keinerlei Vergiftungserscheinungen aufweisen, hat seine Ursache darin, dass die Auseinandersetzungen **Kommentkämpfe** waren und nicht Beschädigungskämpfe und daher der Giftstachel nicht eingesetzt wurde.

2.1 Die Mitose (Kernteilung) ist Teil des Zellzyklus' wachsender Gewebe oder Einzeller, bei dem es zur Bildung völlig identischer Tochterzellen kommt. Obwohl es sich um einen dynamischen Vorgang handelt, lassen sich 4 typische Phasen unterscheiden:

1. Prophase:
- Chromosomen liegen in der 2-Chromatidform vor.
- Es erfolgt eine zunehmende Verdichtung und Verkürzung der Chromosomen.
- Kernmembran und Nucleoli lösen sich auf.
- Ausgehend von den beiden Zentrosomen (= Centriolen) (in tierische Zellen) kommt es an den Polen zur Ausbildung des Spindelfaserapparates.

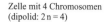

Zelle mit 4 Chromosomen (dipolid: 2 n = 4)

2. Metaphase:
- Die Chromosomen liegen in ihrer extremsten Verkürzung vor.
- Die Spindelfasern verbinden sich mit den Zentromeren der Chromosomen.
- Alle Chromosomen werden von den Spindelfasern nebeneinander in der Äquatorialebene zwischen den beiden Polen angeordnet.

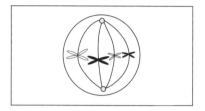

3. Anaphase:
- Jeweils eine Chromatide eines Zwei-Chromatid-Chromosoms wird mit ihrem Zentromer voran zu einem der entgegen gesetzten Zellpole gezogen.
- Die Chromosomen liegen jetzt in der Ein-Chromatidform vor.

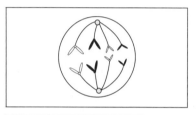

4. Telophase:
- Es erfolgt die Entspiralisierung der Chromosomen.
- Die Spindelfasern werden abgebaut.
- Kernmembran und Nucleoli werden in den beiden Tochterzellen wieder aufgebaut.
- Die Zellorganellen werden gleichmäßig auf die Tochterzellen verteilt.
- Die Cytokinese (Zellteilung) wird vollzogen (Ausbildung einer Teilungsfurche bei tierischen Zellen, einer Zellplatte bei pflanzlichen Zellen).

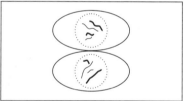

2.2 Z: Desoxyribose
P: Phosphat
A: Adenin
T: Thymin
C: Cytosin
G: Guanin

2.3 Steudels Vorstellung geht davon aus, dass alle DNA-Moleküle in ihrer Struktur dem abgebildeten Molekül entsprechen, also im Aufbau identisch sind.
Ein derartiges Molekül kann aber die genetische Information nicht speichern, was eine der Aufgaben der Erbsubstanz ist. Nur durch eine variable Aufeinanderfolge der organischen Basen ist eine Informationsspeicherung möglich.

2.4 – Phage φX 174: Die aufgeführten organischen Basen sprechen für ein DNA-Molekül. Es sind aber keine äquivalenten Mengen an G und C bzw. A und T vorhanden. Dies deutet darauf hin, dass keine komplementäre Basenpaarung vorliegt. Demnach muss es sich bei der Erbsubstanz des Phagen um einen DNA-Einzelstrang handeln.
– Reovirus: Das Mengenverhältniss der Basen G und C von 1:1 weist auf eine komplementäre Basenpaarung hin; daher liegt beim Reovirus Doppelsträngigkeit vor.
Da die Base Thymin nicht vorkommt, muss die komplementäre Base zu Adenin das Uracil sein, wie dies in der RNA der Fall ist. Es handelt sich also bei der Erbsubstanz des Reovirus um eine doppelsträngige RNA.

2.5 Ein Hybridplasmid ist ein kurzkettiger konstruierter DNA-Ring, der dazu dient, ein Fremdgen (Passagier-DNA) in eine Wirtszelle, z. B. ein Bakterium, einzuschleusen, die dadurch zur Synthese eines vom Menschen gewünschten Proteins umprogrammiert werden kann.
Ein derartiges Hybridplasmid muss folgende Bestandteile enthalten:
a Bakterien-DNA-Abschnitt des Plasmids, der die Einschleusung in eine Bakterienzelle ermöglicht
b Fremd-Gen, das in die Bakterienzelle eingeschleust werden soll
c Marker (z. B. Antibiotikaresistenz-Gene), mit deren Hilfe man aus der Vielzahl von Bakterien jene herausfinden kann, die bei dieser gentechnischen Maßnahme tatsächlich das Hybridplasmid mit dem Fremdgen eingebaut haben
d Kontrollregion (Regulatorregion), bestehend aus einer Reihe von Genen, die die Transkription und Translation eukaryontischer Information in Prokaryontenzellen erst möglich macht

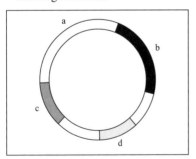

3.1 Die drei Arten besetzen in ihren jeweiligen Lebensräumen vergleichbare Nahrungsnischen. Die auffälligen morphologischen Strukturen sind hervorragend zur Ernährung von Termiten und Ameisen, ihrer Hauptnahrung, geeignet: kräftige, scharfe Krallen an den Vorderfüßen und längliche Schädelform mit Röhrenschnauze zum Durchwühlen von Termiten- und Ameisenbauten, lange *(vorschnellende, klebrige)* Zunge zum Auflecken von Termiten und Ameisen.
Evolutionsbiologisch betrachtet sind diese drei Tierarten das Ergebnis von Parallelentwicklungen. Wie aus dem Text hervorgeht, gehören sie systematisch betrachtet ver-

schiedenen Ordnungen an. Daher sind die ähnlichen morphologischen Strukturen die Folge einer Anpassung ihrer Vorfahren an vergleichbare Lebensbedingungen, also **analoge Bildungen**. Die in ihren jeweiligen Lebensräumen ähnlichen Selektionsfaktoren führten zur Ausbildung dieses übereinstimmenden Lebensformtyps. Es liegt eine so genannte **konvergente Entwicklung** vor.

3.2 Bei der serologischen Methode handelt es sich um den **Serum-Präzipitin-Test**: Mit ihm lassen sich mittels einer **Antigen-Antikörper-Reaktion** abgestufte Ähnlichkeiten im Eiweiß des Blutserums von untersuchten Tieren (hier: Ameisenbär – Braunbär bzw. Ameisenbär – Gürteltiere) feststellen, die Aussagen über die Verwandtschaft ermöglichen.

Die Testdurchführung gliedert sich in drei Schritte:
1. **Gewinnung eines Antiserums** zur Anwendung dieser Methode:
Blutserum jenes Tieres (hier: Ameisenbär), dessen Grad der Verwandtschaft zu anderen Tierarten geklärt werden soll, wird einem beliebigen Labortier (z.B. Kaninchen) gespritzt. Das Kaninchen bildet Antikörper gegen das fremde Serumeiweiß (hier: gegen die Ameisenbär-Antigene). Man entnimmt dann dem Kaninchen Blut und gewinnt daraus Serum mit diesen Antikörpern. In diesem Fall ist es das Kaninchen-Anti-Ameisenbär-Serum.

2. Festlegung einer **Bezugsgröße** für die eigentliche Testreihe:
Man mischt nun in einem Reaktionsgefäß das Serum des Ameisenbärs mit dem vom Kaninchen gebildeten Anti-Ameisenbär-Serum: Die in Schritt 1 gebildeten Antikörper reagieren mit den Ameisenbär-Antigenen und ergeben einen Niederschlag (Präzipitat). Diesen Ausfällungsgrad setzt man gleich 100 %.

3. Eigentliche **Testreihe**:
Mischt man das gewonnene Kaninchen-Anti-Ameisenbär-Serum in getrennten Ansätzen jeweils mit den Blutseren mutmaßlicher Verwandter (hier: Braunbär, Gürteltier), erhält man unterschiedlich starke Niederschläge, da Antikörper wegen ihrer hohen Spezifität am deutlichsten nur mit jenen Antigenen reagieren, die ihre Bildung verursacht haben (siehe Schritt 2). Die Werte der Ausfällung gelten daher als Maß für den Grad der Eiweißähnlichkeit zwischen dem Testtier (hier: Ameisenbär) und den Vergleichstieren und damit auch für den Grad der Verwandtschaft:

Der Ausfällungsgrad des Serumproteins der Gürteltiere wird größer sein als der vom Serumprotein des Braunbärs.

Dem Verfahren liegt folgende Überlegung zugrunde: Der genetische Code ist universell, die Proteinbiosynthese ist bei allen Lebewesen identisch und Proteine sind die primären Genprodukte. Sind nun beim Vergleich verschiedener Arten Ähnlichkeiten im Aufbau von Proteinen erkennbar, dann müssen diese letztlich auf einer gemeinsamen genetischen Information beruhen, d. h. die verglichenen Arten müssen von einem gemeinsamen Ahn abstammen.

3.3 Die Abbildung zeigt das Drohverhalten des solitär lebenden Tamandua. Er zeigt es intraspezifisch z. B. bei der Revierverteidigung.
Charakteristische Merkmale des Drohverhaltens sind
– die Konturvergrößerung durch Aufrichten des Körpers und Abspreizen der Vorderextremitäten,
– die Präsentation der gefährlichen, scharfen Krallen an den Vorderfüßen (v. a. am Mittelfinger),
– das fauchende Zischen zur akustischen Abschreckung eines Rivalen und
– das Verströmen des äußerst unangenehmen Duftes als olfaktorisches Abwehrmittel.

Wird der Tamandua in die Enge getrieben, dann setzt er sich, wie alle Ameisenbären auf die Hinterbeine und schlägt mit den Vorderklauen kräftig zu.

Grundkurs Biologie (Bayern): Abiturprüfung 2005 – Aufgabe II

BE

1   Bei vielen Vogelarten beseitigen die Eltern die Schalenreste eines Eis, aus dem ein Küken geschlüpft ist, indem sie diese vom Nest wegtransportieren. Lachmöwen, die in Kolonien am Boden brüten, beginnen etwa eine Stunde nachdem ein Küken geschlüpft ist, die außen bräunlich gefleckten, innen weißen Schalenreste zu entfernen.

1.1 Beschreiben Sie eine experimentelle Möglichkeit, mit der Sie überprüfen können, ob diese Verhaltensweise angeboren oder erlernt ist!   3

1.2 Tinbergen und seine Mitarbeiter führten folgendes Experiment durch:
Zunächst legten sie nur Eierschalenreste in regelmäßigen Abständen über die Möwenkolonie verteilt aus. Diese wurden von Krähen nicht beachtet. Dann wurden Möweneier neben die Eierschalenreste gelegt. Einige Eier wurden daraufhin von Krähen gefressen. Nach einiger Zeit legte man nun in gleicher Weise ausschließlich Eierschalenreste aus. Diese erregten sofort die Aufmerksamkeit der Krähen.
Interpretieren Sie das Verhalten dieser Krähen!   4

1.3 Um herauszufinden, wie Lachmöwen Eierschalen von ganzen Eiern unterschieden, wurden den Tieren folgende Attrappen angeboten:

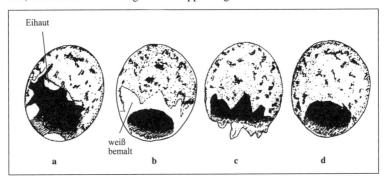

Abb. 1: Verschiedene Eierschalen-Attrappen

Die Attrappen a, b und c wurden von den Möwen aus dem Nest entfernt, d nicht. Leiten Sie aus den Versuchsbeobachtungen ab, welches Merkmal der Eierschalen das Wegtragen auslösen könnte!   2

1.4 Das Futterbetteln ist bei Küken vieler Möwenarten ein angeborenes Verhalten. Dabei picken die Küken gegen den Schnabel der Möweneltern, welche sie daraufhin füttern. Eine naturgetreue Schnabelattrappe eines Elterntieres, die am Ende einen roten Schnabelfleck aufweist (siehe Abb. 2 oben), löst bei Möwenküken eine bestimmte Anzahl an Pickreaktionen aus. Ein roter Stab, der am Ende drei weiße Ringe aufweist (siehe Abb. 2 unten), ruft deutlich mehr Pickreaktionen hervor.
Interpretieren Sie dieses Versuchsergebnis aus ethologischer und evolutionsbiologischer Sicht! 4

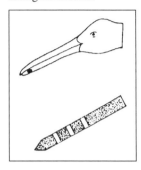

Abb. 2: Schnabelattrappen

2 Die Erstellung eines Karyogramms beim Menschen dient der Überprüfung des Chromosomenbestands und lässt eventuell vorhandene Genommutationen erkennen.

2.1 Beschreiben Sie den Ablauf der ersten Reifeteilung der Meiose und erläutern Sie deren biologische Bedeutungen! 8

2.2 Das Klinefelter-Syndrom ist die häufigste Form der Intersexualität. Bei den betroffenen Personen liegt der Karyotyp 47, XXY vor.
Leiten Sie jeweils unter Mitverwendung beschrifteter Skizzen ab, ob eine fehlerhafte erste bzw. zweite Reifeteilung bei der Spermatogenese des Vaters mit normalem Karyotyp zu dem oben genannten Syndrom führt! 5

3 Der Bräuhaussee gehört zu den Osterseen, einer Gruppe kleinerer Seen im Voralpenland südlich von München. Bei einer Wasseruntersuchung ergaben sich folgende Messwerte:

Tiefe [m]	0	1	2	3	4	5	6	7	8	9	10	11	12	13
Temperatur [°C]	16,4	16,3	16,2	15,7	13,7	10,5	8,4	7,1	6,2	5,4	5,2	4,9	4,8	4,8
O_2-Sättigung [%]	118	118	118	121	–	100	66	26	9	0	0	0	0	0
Phosphat [µg/l]	5,5	–	–	–	–	–	–	–	–	–	34,6	–	–	–

Tab. 1: Messwerte einer Wasseruntersuchung im Bräuhaussee

3.1 Zeichnen Sie aus den gegebenen Daten das Temperaturprofil und begründen Sie dessen Verlauf ausführlich. Geben Sie auch an, zu welcher Jahreszeit die Messwerte erhoben worden sind!   8

3.2 Erklären Sie den Verlauf der Sauerstoffsättigung in Abhängigkeit von der Wassertiefe!   5

3.3 Formulieren Sie für den Vorgang, bei dem in den oberen Wasserschichten des Bräuhaussees Sauerstoff entsteht, die dazugehörige Bruttogleichung!   3

3.4 Stellen Sie eine begründete Hypothese auf, wie man die unterschiedlichen Phosphatkonzentrationen im Bräuhaussee erklären kann!   4

3.5 Vergleichen Sie Art und Effizienz der Energiegewinnung heterotropher Organismen knapp über dem Seeboden und an der Wasseroberfläche!   4
                                                                                                                 50

(erweiterter) Erwartungshorizont

1.1 Künstlich erbrütete männliche und weibliche Lachmöwenküken werden so aufgezogen, dass sichergestellt ist, dass sie sich die beschriebene Verhaltensweise nicht durch Lernvorgänge aneignen können. Sie dürfen während des Heranwachsens keinen Kontakt mit Eierschalen haben, damit spielerisches Lernen ausgeschlossen werden kann. Um Lernen durch Nachahmung von Artgenossen zu verhindern, müssen sie isoliert von älteren Artgenossen bis zur Fortpflanzungsreife heranwachsen (**Kaspar-Hauser-Tiere**).
Sind die Tiere herangewachsen und haben sie sich fortgepflanzt, überprüft man, ob sie nach dem Schlüpfen ihrer Küken die beschriebene Verhaltensweise zeigen.

1.2 Das im Experiment nach einiger Zeit beobachtete Verhalten der Krähen ist ein auf der Basis der reizbedingten Konditionierung (= **bedingte Appetenz**) erlerntes Verhalten.
Die Krähen im Experiment zeigten als Folge der inneren Bereitschaft zur Nahrungsaufnahme ein ungerichtetes Suchverhalten (Appetenzverhalten), um ein Antriebsziel für die Endhandlung Fressen zu finden.
Die im Experiment über die Möwenkolonie ausgelegten Eierschalenreste hatten zunächst keine Reizwirkung für die Krähen. Sie waren ein neutraler Reiz.
Fanden die Krähen daneben jedoch Möweneier, die sie fressen konnten, kam es bei ihnen zur Befriedigung des Nahrungstriebes, sie machten eine gute Erfahrung. Gleichzeitig nahmen sie vor der Antriebsbefriedigung auch den für sie neutralen Reiz der Eierschalenreste wahr. Kamen die Krähen wiederholt in derartige (Lern-)Situationen, in denen die gute Erfahrung „Futter" unmittelbar auf das Reizmuster „Eierschalenreste" folgte (Kontiguität) und antriebssenkend wirkte, dann wurde dieses Reizmuster gespeichert (erlernt). Die ursprünglich neutralen Schalenreste wurden zum (erfahrungs-)bedingten Reiz und erregten künftig die Aufmerksamkeit der Krähen.

1.3 Der entscheidende reaktionsauslösende Reiz, der das Wegtragen eines leeren Eies auslöst ist der **gezackte Rand**, wie er bei den Attrappen a und c vorliegt bzw. bei b durch Bemalen vorgetäuscht wird.

1.4 Der Stab stellt einen reaktionsauslösenden Reiz (Schlüsselreiz) dar, der stärker wirkt als der natürliche Reiz (**übernormale Attrappe**).
Da der natürliche Schnabel neben der Auslösewirkung für die Pickreaktionen der Vogeljungen noch anderen Anforderungen gerecht werden muss (Gefiederpflege; Nahrungsaufnahme u. a.), stellt er aus evolutionsbiologischer Sicht eine Kompromisslösung dar, um auch diese Aufgaben erfüllen zu können.

2.1 *Die Meiose ist jener Zellvorgang bei dem es ausgehend von diploiden Urkeimzellen zur Bildung der haploiden Keimzellen kommt. Bei der Spermatogenese entstehen aus einer Urspermienzelle vier gleichwertige Spermien, bei der Oogenese eine große Eizelle, der das gesamte Plasma zugeordnet wird und drei so genannte Richtungskörperchen (Polkörperchen), die im Verlauf der Meiose abgebaut werden. Der Gesamtablauf der Meiose gliedert sich in 2 Reifeteilungen, in deren Verlauf jeweils typische Zellbilder feststellbar sind, die sich aus der unterschiedlichen Bedeutung dieser beiden Teilschritte für das Gesamtgeschehen ergeben.*
Die wesentliche Bedeutung der ersten Reifeteilung der Meiose liegt in der **Reduktion des diploiden Chromosomensatzes** (2 n) zum haploiden (1 n).
Die zweite Bedeutung wird unter dem Begriff „**Neukombination (Rekombination) des genetischen Materials**" zusammengefasst: Während der Prophase I der Meiose kann es durch Crossing-over zu einem Stückaustausch zwischen den väterlichen und

mütterlichen (homologen) Chromosomen kommen (= intrachromosomale Rekombination).
Bei der interchromosomalen Rekombination werden die in der Zwei-Chromatid-Form vorliegenden homologen Chromosomen als Chromatidentetraden rein zufällig in der Äquatorialebene angeordnet und anschließend zufällig auf zwei entstehende Tochterzellen verteilt. Dadurch sind zwei genetisch unterschiedliche haploide Zellen entstanden.

Die wesentlichen Phasen der ersten Reifeteilung in Kurzform:

Prophase I
– Chromsomensatz diploid (Mensch: 2n = 46)
– Chromosomen in Zwei-Chromatidform
– Verdichtung der Chromosomen
– Kernmembran und Nucleoli lösen sich auf
– Ausbildung der Spindelfasern an den Polen, ausgehend von den beiden Centriolen

Metaphase I
– Chromatidentetrade in der Äquatorialebene *(homologe Chromosomen „übereinander")*

Anaphase I
– Homologe Chromosomen werden jeweils durch die Spindelfasern zu den entgegen gesetzte Zellpolen gezogen (Reduktionsteilung)

Telophase I
– zwei Zellen haben sich gebildet
– Chromosmensatz haploid (n = 23)
– alle Chromsomen liegen noch in der 2-Chromatidform vor

Nach der ersten Reifeteilung liegen zwar haploide, genetisch unterschiedliche Zellen vor, die Chromosomen selbst aber in der Zwei-Chromatidform, sodass alle Zellen die genetische Information doppelt enthalten. Die zweite Reifeteilung (Äquationsteilung) sorgt durch Trennung der Chromatiden in einem der Mitose ähnlichen Ablauf wieder für die Genbalance.

2.2 Abweichungen in der Chromosomenzahl eines Individuums gehen auf Verteilungsfehler im Verlauf der Reifeteilungen der Meiose zurück. Sie beruhen auf **Nondisjunction** eines homologen Chromosomenpaares in der Reduktionsteilung oder auf dem **Nichtauseinanderweichen** der Chromatiden eines Chromosoms in der Äquationsteilung.

Als Ursache für den Karyotyp 47; XXY kommt lediglich ein **Nondisjunction-Ereignis in der 1. Reifeteilung** in Frage (vgl. Abb. auf der folgenden Seite).

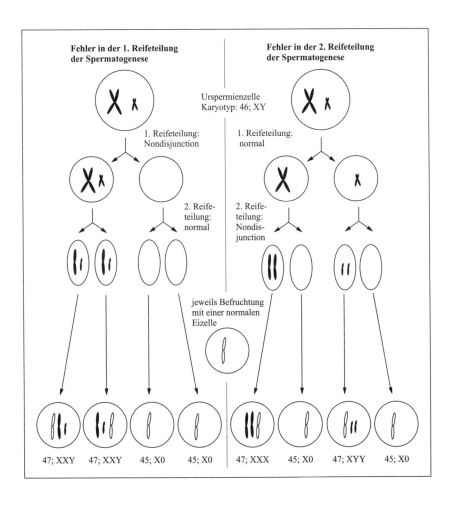

3.1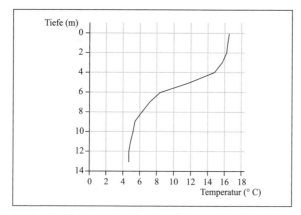

Die in der Tabelle angegebenen Messwerte ergeben ein Temperaturprofil, wie es für einen mitteleuropäischen See während der Sommermonate typisch ist. Es herrscht die so genannte **Sommerstagnation**. Physikalische Eigenschaften des Wassers, die aus der chemischen Struktur der Wassermoleküle resultieren, sind für diese Temperaturschichtung verantwortlich:
Die warmen Wassertemperaturen beschränken sich auf das durch die Sonneneinstrahlung erwärmte Oberflächenwasser des Epilimnions. Da Wasser eine äußerst geringe Wärmeleitfähigkeit besitzt, findet ein Wärmetransport in die tieferen Wasserschichten nur als Folge von Windeinwirkung statt. Wind treibt das Oberflächenwasser ans Ufer, wo es in tiefere Schichten absinkt und dort in die Gegenrichtung zurückströmt. Nachts abkühlendes Wasser sinkt bis in Schichten gleicher Dichte. Diese auf das Epilimnion beschränkte Teilzirkulation sorgt dort für relativ ausgeglichene Temperaturverhältnisse. Der Bereich zwischen 3 und 7 m ist gekennzeichnet durch einen raschen Temperaturabfall. Dieser als Sprungschicht bezeichnete Bereich stellt für die Wärmemengen, gelösten Gase und Stoffe eine Barriere dar. Durch ihn ist das Hypolimnion vom Epilimnion isoliert.
Kühleres Wasser sinkt wegen der größeren Dichte in das Hypolimnion ab. Da Wasser bei $+4°C$ seine größte Dichte aufweist (Dichteanomalie des Wassers) hat das Tiefenwasser des Hypolimnions eines Sees nie weniger als $+4°C$.

3.2 Im **Oberflächenwasser** von 0 bis 3 Meter (kein Messwert bei 4 m) ist eine **gleich bleibend hohe Sauerstoffsättigung** zu verzeichnen. Sie resultiert zum einen aus der Fotosyntheseaktivität der Produzenten (Wasserpflanzen und Phytoplankton), denen in diesen Wassertiefen eine ausreichend hohe Lichtintensität und Lichtqualität zur Verfügung steht, zum anderen aus der in Aufgabe 3.1 beschriebenen Teilzirkulation in der Deckschicht.
Ab 5 Meter ist analog zum Temperaturprofil ein **Absinken der Sauerstoffsättigung** feststellbar. Die Ursache liegt in der Abnahme der Fotosyntheserate, da die für die Fotosynthese verwertbaren Wellenlängen des Lichts nicht mehr bis in diese Tiefen vordringen. Zudem verbrauchen Konsumenten und Destruenten in den Wasserschichten des Hypolminions Sauerstoff durch Zellatmung. Auch verhindert die isolierende Wirkung der Sprungschicht eine Zirkulation mit dem sauerstoffreichen Oberflächenwasser, sodass im Verlaufe der Sommermonate eine zunehmende **Verarmung des Tiefenwassers an Sauerstoff** erfolgt.

3.3 **Bruttogleichung der Fotosynthese:**

$$6\,CO_2 + 12\,H_2O \longrightarrow C_6H_{12}O_6 + 6\,O_2 + 6\,H_2O$$

3.4 Die Phosphatkonzentration stellt für das Pflanzenwachstum und damit über die Nahrungskette für das Wachstum aller Organismen in einem See einen **Minimumfaktor** dar. Wie viele andere abiotische Faktoren ändert sie sich mit der Tiefe eines Sees:
An der Wasseroberfläche ergibt die Messung eine niedrige Phosphationenkonzentration. Die beim Planktonabbau in den oberen Wasserschichten frei werdenden Phosphationen werden sofort wieder vom assimilierenden Phytoplankton aufgenommen und so dem Oberflächenwasser entzogen.
Die tieferen Wasserschichten hingegen verzeichnen eine hohe Phosphatkonzentration. Dort setzen Mineralisierer beim Abbau von aus der Nährschicht abgesunkenem Phytoplankton (Phosphatlift) nach dessen Absterben Phosphat frei. Dieses Phosphat kann wegen der isolierenden Sprungschicht während der Sommerstagnation nicht mehr dem Stoffkreislauf des Epilimnions zugeführt werden.

Tritt während der Sommermonate im Tiefenwasser eines Sees völliger Sauerstoffschwund ein (z. B. in einem eutrophen See), dann kann unter diesen anaeroben Bedingungen das während der Vollzirkulationsphase im Frühjahr im Seeboden als $FePO_4$ ausgefällte Phosphat (bei aeroben Verhältnissen besteht eine so genannte Phosphatfalle) wieder remobilisiert werden und ebenfalls zu den hohen Phosphatwerten im Tiefenwasser beitragen.

3.5 *Energiegewinnung erfolgt bei heterotrophen Organismen durch den Abbau energiereicher organischer Moleküle zu energieärmeren Verbindungen (Dissimilation). Die Effizienz der Energiegewinnung wird durch das Vorhandensein oder Nichtvorhandensein von Sauerstoff bestimmt: Bei der aeroben Dissimilation erfolgt eine vollständige Zerlegung der Glucose zum energiearmen CO_2 mit einem sehr hohen Energiegewinn von 38 ATP pro Mol Glucose. Bei der anaeroben Dissimilation (Gärung) fällt nur ein Energiegewinn von 2 ATP pro Mol Glucose an und es stehen energetisch noch hochwertige Verbindungen am Ende des Abbauweges.*

Da knapp über dem Seeboden während der Sommerstagnation ein Sauerstoffdefizit zu verzeichnen ist, herrschen dort anaerobe Abbauvorgänge (Gärungen) mit geringer Energieausbeute vor.
An der Wasseroberfläche hingegen ist ausreichend Sauerstoff vorhanden, sodass aerobe Abbauvorgänge (Zellatmung) zu einer hohen Energieausbeute für die Organismen führen.

Grundkurs Biologie (Bayern): Abiturprüfung 2005 – Aufgabe III

BE

1 Der Reiskäfer *(Calandra oryzae)* ist ein gefürchteter Reisschädling. Das Weibchen legt die Eier in das Innere von Getreidekörnern, die dann von den geschlüpften Larven gefressen werden. Eine bestimmte Schlupfwespenart injiziert ihre Eier in den Körper der Käferlarven. Die Schlupfwespenlarven ernähren sich ihrerseits von den inneren Organen der Reiskäfer-Larven, wobei diese zugrunde gehen.

1.1 Unter Laborbedingungen wurden die Populationsdichten von Schlupfwespen und Reiskäfern erfasst:

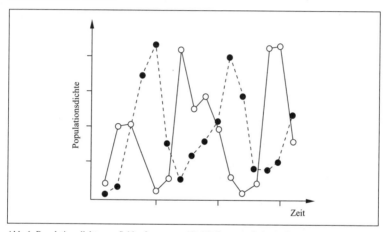

Abb. 1: Populationsdichte von Schlupfwespen und Reiskäfern unter Laborbedingungen

Ordnen Sie den beiden Graphen die oben genannten Tierarten zu und vergleichen Sie diese Populationsentwicklungen mit denen bei einer typischen Räuber-Beute-Beziehung! 5

1.2 Die im Labor gewonnenen Erkenntnisse über die Populationsentwicklung von Reiskäfern und Schlupfwespen sind nur bedingt auf Freilandverhältnisse übertragbar, da dort noch zahlreiche andere Faktoren auf die beiden Populationen einwirken.
Erläutern Sie die Abhängigkeit der Populationsdichte von je drei dichteabhängigen und dichteunabhängigen Einflussfaktoren! 6

2 Lange Zeit wurde in der Viehzucht nicht beachtet, dass Hornbildung bzw. Hornlosigkeit bei Rindern erblich bedingt sind. Im Hinblick auf die Verletzungsgefahr erkannte man die Vorteile von hornlosen Tieren und begann, diese gezielt zu züchten.

2.1 Eine Kuh bringt in drei aufeinanderfolgenden Jahren jeweils ein Kalb zur Welt, wobei in den ersten beiden Jahren Bulle 1 der Vater ist, im dritten Jahr Bulle 2. Ermitteln Sie aus den untenstehenden Abbildungen den Erbgangstyp der Hornlosigkeit, indem Sie den einzelnen Individuen entsprechende Genotypen zuordnen. Schließen Sie dabei nicht zutreffende Erbgangstypen begründet aus! 10

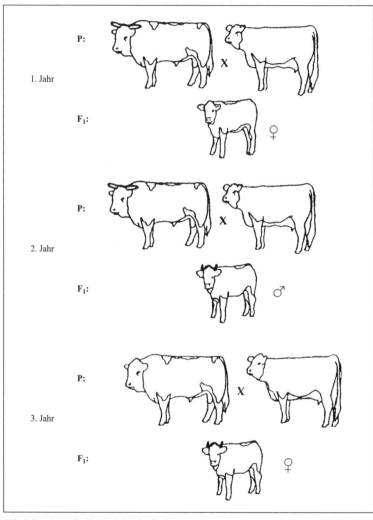

Abb. 2: Vererbung der Hornlosigkeit bei Rindern

2.2 Heute wird auch in der Tierzucht verstärkt mit gentechnischen Methoden gearbeitet. Erläutern Sie zwei Vor- und Nachteile des Einsatzes der Gentechnik an konkreten Beispielen! 4

3 Südamerika ist die Heimat der auffällig bunt gefärbten Pfeilgiftfrösche. Moderne Untersuchungen haben ergeben, dass Hautdrüsen dieser Frösche Nervengifte absondern, wie z. B. Batrachotoxin, welches die spannungsgesteuerten Natriumionenkanäle dauerhaft öffnet. Wird ein Pfeilgiftfrosch von einer Schlange gepackt, sondern seine Hautdrüsen Gift ab und die Schlange spuckt den Frosch wieder aus.

3.1 Erstellen Sie ein beschriftetes Schema, welches das Zustandekommen der Giftabsonderung infolge des Angriffs der Schlange darstellt! 4

3.2 Treffen Sie eine Voraussage für das Verhalten der Schlange bei einem erneuten Zusammentreffen mit einem Pfeilgiftfrosch! Erklären Sie unter Textbezug den zugrunde liegenden Lernvorgang! 5

3.3 Fertigen Sie eine beschriftete Skizze eines markhaltigen Neurons an und markieren Sie in der Zeichnung die Teilabschnitte, an denen Batrachotoxin seine Wirkung entfaltet! 6

3.4 Erläutern Sie die Funktion spannungsabhängiger Natriumionenkanäle bei der Erregungsleitung und leiten Sie die zu erwartenden Auswirkungen einer Batrachotoxin-Vergiftung ab! 7

3.5 Neben den spannungsabhängigen Natriumionenkanälen existieren in Neuronen auch Natrium-Kalium-Ionenpumpen. Legen Sie die grundsätzlichen Unterschiede in der Funktion dieser Strukturen dar! $\underline{3}$
50

(erweiterter) Erwartungshorizont

1.1 Die beiden Kurvenverläufe zeigen periodische Schwankungen der Bevölkerungsdichten von Schlupfwespen und Reiskäfern, wobei die Populationszyklen gegeneinander phasenverschoben sind: Die Kurve mit den durchgezogenen Linien (Messergebnis-Punkte weiß) erreicht ihre höchsten Werte jeweils vor der Kurve mit den gestrichelten Linien (Messergebnis-Punkte schwarz). Die Graphen dokumentieren die **Dichteregulation** zwischen einem Fressfeind und einem Beutetier, ein typisches **Räuber-Beute-Verhältnis**. Folgende Wechselbeziehungen führen zu den dargestellten Änderungen der Individuenzahlen:
- Ein Anwachsen der Beutepopulation bedingt auch eine Zunahme der Räuberpopulation.
- Die Zunahme der Räuberpopulation führt nach einiger Zeit zu einer Abnahme der Beutepopulation.
- Als Folge der Abnahme der Beutepopulation verringert sich wieder die Räuberpopulation.
- Die Reduzierung der Räuber ermöglicht schließlich der Beute erneut ein Anwachsen ihrer Population.

Aufgrund dieser Zusammenhänge muss die durchgezogene Kurve der Beutepopulation, den Reiskäfern, die gestrichelte Kurve der Räuberpopulation, den Schlupfwespen, zugeordnet werden.

Auffällig ist, dass die Maxima der Wachstumskurven bei beiden Populationen annähernd gleich sind, was üblicherweise nicht der Fall ist. In der Regel liegt die Individuendichte der Fressfeinde deutlich unter der der Beutetiere.

1.2 Die Gesamtheit aller Faktoren eines Ökosystems, die auf die maximal erreichbare Populationsgröße Einfluss nehmen, lassen sich in zwei Gruppen unterteilen:
- **Dichteunabhängige** Faktoren wie Naturkatastrophen (Vulkanausbruch, Kälteeinbruch, Überschwemmungen, Dürreperioden), sich verschlechternde Nahrungsqualität oder nicht ansteckende Krankheiten wirken sich völlig unabhängig vom aktuellen Bestand der Population in einem Gebiet negativ auf deren Entwicklung aus.

    weitere Beispiele für dichteunabhängige Faktoren, die die Zahl der Individuen in einem Gebiet unabhängig von der Größe der Population reduzieren: Klimaänderungen wie Temperaturanstieg, Eiszeiten, Zunahme der Niederschlagsmengen

- **Dichteabhängige Faktoren** hingegen regulieren den Bestand einer Population in Abhängigkeit von der aktuellen Anzahl ihrer Mitglieder (Dichte). Faktoren wie die intraspezifische Konkurrenz um eine begrenzte Nahrungsmenge oder die raschere Übertragung ansteckender Krankheiten sind als biotische Ökofaktoren die eigentlichen Regulatoren der Dichte von Populationen. Je mehr Individuen in einem Gebiet leben, desto stärker kontrollieren die dichteabhängigen Faktoren das Populationswachstum in diesem Gebiet. So führen z. B. übermäßig häufige Begegnungen von Mitgliedern einer Population zu sozialem Stress (Gedrängefaktor) mit einer Reihe von Verhaltensänderungen *(Aggression, Kannibalismus, ...)* und negativen physiologischen Begleiterscheinungen *(Blutdruckanstieg, Mobilisierung von Energiereserven, Unfruchtbarkeit, ...)*. Dem Einfluss solcher dichteabhängigen Faktoren liegt ein Feedback-Geschehen zugrunde. Dies führt langfristig zu Schwankungen der Population um einen gleich bleibenden Mittelwert (Populationsdynamik) und bewirkt die Selbstregulation der Populationsgröße. Diese Zusammenhänge lassen sich in einem Kausalkreisschema mit negativer Rückwirkung darstellen.

weitere Beispiele: Konkurrenz um eine begrenzte Anzahl von Revieren in einem Territorium; interspezifische Beziehungen (vermehrte Begegnungen zwischen Räubern und Beutetieren, Parasiten und potentiellen Wirten)

2.1 *Zur Ermittlung, welcher Erbgang einem Merkmal (hier: Hornlosigkeit) zugrunde liegt, müssen grundsätzlich zwei Fragen gestellt werden:*
 1. Wird die Information für das Merkmal dominant oder rezessiv vererbt?
 2. Wird die Information für das Merkmal autosomal oder gonosomal vererbt?

Dominante oder rezessive Vererbung: Bei der Kreuzung im dritten Jahr weisen sowohl der Bulle als auch die Kuh Hornlosigkeit auf, das Kalb jedoch ist Hornträger. Daraus kann man schließen, dass die Hornausprägung rezessiv und die Hornlosigkeit demnach dominant vererbt werden. Die Kuh und der Bulle im 3. Jahr sind heterozygote Merkmalsträger bezüglich der Hornlosigkeit.

Autosomale oder gonosomale (X-Chromosomal) Vererbung: Bei den Kreuzungen des 1. und 3. Jahres kommen sowohl ein weibliches Kalb ohne Hörner als auch ein weibliches Kalb mit Hörnern zu Welt. Läge das dominante Alle für Hornlosigkeit auf dem X-Chromosom, dann könnte das weibliche Kalb des 3. Jahres nicht Hornträger sein, da es in diesem Fall mit dem X-Chromosom vom Bullen nur das dominante Alle für Hornlosigkeit erhalten haben könnte.

Somit handelt es sich im vorliegenden Fall um einen **autosomalen** Erbgang, bei dem das Allel für Hornlosigkeit **dominant** gegenüber dem Alle für Hornausprägung vererbt wird.

Zuordnung der Genotypen:

H: Allel für Hornlosigkeit;
h: Allel für Hornausprägung

		♂		♀
1. Jahr	P:	hh	X	Hh
	F_1:			Hh
2. Jahr	P:	hh	X	Hh
	F_1:			hh
3. Jahr	P:	Hh	X	Hh
	F_1:			hh

2.2 *Der Einsatz der Gentechnik bei der Züchtung von Nutztieren in der Landwirtschaft hat rein wirtschaftliche Gründe. Die Zielsetzungen sind gesteigerte Leistung sowie bessere und billigere Produkte.*
Mögliche Vor- und Nachteile des Einsatzes der Gentechnik, die jeweils anhand eines der u. a. Beispiele erläutert werden könnten, sind:

Vorteile:
Grundsätzlich werden die in der Tierzucht gewünschten Veränderungen an Nutztieren mithilfe der Gentechnologie („gene-farming") durch gezieltes Einbauen der genetischen Information in der Regel schneller erreicht, sofern das Verfahren ausgereift ist, als mit der klassischen Züchtung. Ein Vorteil ist auch, dass durch den Einbau artfremder Gene mitunter eine bessere Wirkung erreicht wird als mit arteigenen Genen.

Beispiele:
– Durch den Einsatz von artfremden Genen für Wachstumshormone erreicht man vielfach ein höheres Schlachtgewicht: menschliches Wachstumshormon führte in Schweinen zu einer schnelleren Gewichtszunahme; ähnliche Ergebnisse erzielte man bei Fischen, Geflügel und Rindern.

- Anti-Freeze-Gene ermöglichen bei Forellen und Lachsen die Aufzucht in Gewässern mit niedriger Temperatur.
- Anstrengungen werden unternommen, um auf diesem Weg eine verbesserte Qualität der Kuhmilch zu erreichen oder aber die Wollqualität und das Wollwachstum von Schafen zu verändern.
- Angestrebt werden Resistenzen gegen Stress und Krankheiten.

Nachteile:
Die gentechnischen Eingriffe an Nutztieren für die Landwirtschaft führen meist zu negativen Folgen für die Tiere. Vielfach wird beobachtet, dass bei transgenen Tieren weitere Steigerungen der Züchtungsziele nur noch auf Kosten der Gesundheit der Tiere möglich sind (anatomische Dysfunktionen), verringerte Fruchtbarkeit die Folge sein kann und genetische Fehlregulierungen auftreten. Befürchtet wird, dass es zu einer Verbreitung von Allergenen kommen kann.

Beispiele:
- Die schnellere Gewichtszunahme bei Schweinen führte zu einer Überlastung der Gelenke.
- Ökologische Probleme entstanden durch unkontrolliert in die Natur entkommene schnellwüchsige norwegische Lachse, die sich rasch ausbreiteten und zunehmend ihre Wildformen verdrängten, was zu einer unerwünschten Veränderung des Genpools bei den Lachsen führt.

3.1 Die Giftsekretion beim Pfeilgiftfrosch, als Reaktion auf einen Schlangenbiss, beruht auf einem genetisch bedingten Verhaltensprogramm, einem **unbedingten Reflex**. Dieser verläuft nach einem starren Reiz-Reaktions-Schema, dem sog. **Reflexbogen**:

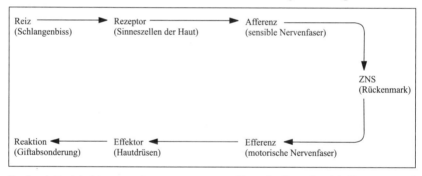

Es handelt sich hier um einen so genannten **Fremdreflex**, da sich Rezeptor und Effektor nicht im gleichen Organ befinden.

Der Kniesehnenreflex wäre ein Beispiel für einen Eigenreflex: Die Rezeptoren (Muskelspindeln) im Unterschenkelstrecker (Quadrizeps) registrieren den Reiz und eben dieser Muskel antwortet als Effektor.

3.2 Wenn eine Schlange, die bereits einmal eine unangenehme Begegnung mit einem Pfeilgiftfrosch hatte, erneut mit einem solchen zusammentrifft, wird sie ihn meiden und als Beute verschmähen. Dem **Meideverhalten** der Schlange liegt ein Lernprozess aufgrund der einmal gemachten negativen Erfahrung zugrunde. Dieser Lernprozesses wird als **bedingte Aversion** (Lernen aus schlechter Erfahrung) bezeichnet und entsteht folgendermaßen:

Nimmt eine Schlange erstmalig einen Pfeilgiftfrosch als sich bewegendes Beutetier war, stellt die auffällig bunte Färbung für sie zunächst eine neutrale Reizsituation dar. Packt die Schlange als unerfahrener Fressfeind diesen Pfeilgiftfrosch, folgt für sie die Reizsituation *Gift der Hautdrüsen*, was für sie eine äußerst unangenehme Erfahrung bedeutete. Wegen des engen zeitlichen Zusammenhangs (**Kontiguität**) zwischen der eigentlich neutralen Reizsituation (*Färbung*) und der schädigenden Reizsituation (*Giftwirkung*), wird die ausgelöste Verhaltenstendenz des Vermeidens („*...spuckt den Frosch wieder aus...*") an die neutrale Reizsituation gekoppelt. Die ursprünglich neutrale Reizsituation (*bunte Färbung*) wird dadurch zum (erfahrungs)bedingten Reiz, sie wird gelernt. Künftig wird die Schlange auffällig bunt gefärbte Pfeilgiftfrösche meiden. Ihr gesamtes Vermeideverhalten, ein Repertoire aus Hemmung der Annäherung bzw. Abwendung wird an den abstoßenden Reiz geknüpft bleiben, also auch Verhaltensweisen, die in dieser Lernsituation nicht vorkamen.

3.3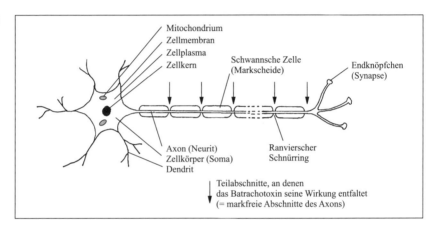

3.4 Die Erregungsleitung erfolgt in Nervenfasern durch fortlaufend erzeugte Aktionspotentiale. Diese werden durch die Depolarisation markloser Membranabschnitte ausgelöst, bei der saltatorischen Erregungsleitung also an den Ranvierschen Schnürringen. Verantwortlich für die Entstehung eines Aktionspotentials ist eine plötzliche selektive Permeabilitätsänderung der Membran für Na^+-Ionen. Diese strömen durch spannungsabhängige Natrium-Ionen-Kanäle vom extrazellulären Milieu ins Zellinnere und führen zu einer Ladungsumkehr an der Membran. Das vorher ca. 80 mV negative Faserinnere wird ca. 40 mV positiv gegenüber der Außenseite. Die Amplitude eines Aktionspotentials beträgt demnach ca. 120 mV. Die Depolarisationsphase dauert bei den meisten Nervenfasern weniger als 0,1 msec.
In der sich anschließenden Repolarisationsphase werden wieder die Verhältnisse des Ruhepotentials hergestellt, damit die Nervenzelle weiterhin erregbar bleibt. Die Natrium-Ionen-Kanäle werden rasch geschlossen und inaktiv, wodurch die Na^+-Permeabilität der Membran sehr schnell wieder abnimmt.

Das Öffnen ebenfalls vorhandener Kalium-Ionen-Kanäle unterstützt zudem diesen dem Aktionspotential entgegenwirkenden Effekt solange, bis das Ruhepotential wieder erreicht ist.

Das Nervengift Batrachotoxin öffnet die spannungsgesteuerten Natrium-Ionen-Kanäle dauerhaft. Dadurch kann die Membran nicht mehr in die Repolarisationsphase zurückkehren und daher auch **keine weiteren Aktionspotentiale** auslösen. Die Erregungsleitung zur Muskulatur wird unterbrochen. Krämpfe, Lähmung der Atemmuskulatur und Herzstillstand sind die tödlichen Folgen.

3.5 Spannungsgesteuerte Ionenkanäle in Neuronen werden durch Erregungen aktiviert. Sie ermöglichen dann an der Neuronenmembran einen selektiven, **passiven Ionenfluss entlang eines Konzentrationsgradienten** und führen kurzzeitig zur Änderung des Membranpotentials (= Depolarisation). Dieser Ionentransport erfolgt **ohne ATP-Verbrauch**.

Natrium-Kalium-Ionenpumpen dienen zur Aufrechterhaltung eines Ionengradienten zwischen der intrazellulären und der extrazellulären Seite der Membran bei Nerven- und Muskelzellen. Dadurch werden Ionen-Leckströme durch die Axonmembran ausgeglichen und somit das Ruhepotential und damit die Erregbarkeit gewährleistet. Dazu transportieren diese Pumpen **aktiv unter Energieverbrauch** (ATP) K^+-Ionen **entgegen ihres Konzentrationsgradienten** in die Zelle bzw. Na^+-Ionen aus der Zelle heraus.

Grundkurs Biologie (Bayern): Abiturprüfung 2005 – Aufgabe IV

BE

1   In einer Höhle auf der indonesischen Insel Flores haben Forscher im Herbst 2003 ein Frauenskelett gefunden. Einige Experten ordnen den Fund der Art *Homo erectus*, andere eher der Art *Homo sapiens* zu. Treffen Sie ebenfalls eine Zuordnung und diskutieren Sie anhand von vier Schädelmerkmalen das Für und Wider Ihrer Entscheidung!

5

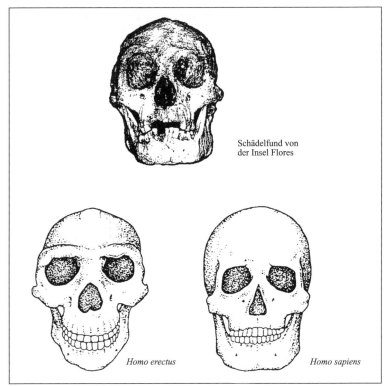

Abb. 1: Schädelfund von der Insel Flores, verglichen mit typischen Schädelformen von *Homo erectus* und *Homo sapiens*

2   Unter einer Muskeldystrophie Typ Duchenne (DMD) versteht man eine X-chromosomal rezessiv vererbte Muskelerkrankung, bei der das Protein Dystrophin aufgrund eines Gendefekts fehlerhaft gebildet wird, was zu einem fortschreitenden Schwund des Muskelgewebes führt. Bei männlichen Neugeborenen tritt sie mit einer Häufigkeit von 1 : 3 000 auf; eine an DMD erkrankte Patientin ist äußerst selten. Die Betroffenen zeigen ab dem 3. bis 5. Lebensjahr eine leichte Muskelschwäche der Beine, sind zwischen dem 7. bis 12. Lebensjahr auf den

Rollstuhl angewiesen und häufig ab dem 18. Lebensjahr vollständig pflegebedürftig. Der Tod tritt meist vor dem 20. Lebensjahr durch Herzversagen oder Atemlähmung ein.

2.1 Entscheiden Sie, ob dem folgenden Stammbaum die Vererbung der Muskeldystrophie Typ Duchenne (DMD) zugeordnet werden könnte! Geben Sie die Genotypen der Personen an, die Sie für Ihre Entscheidung benötigen! 5

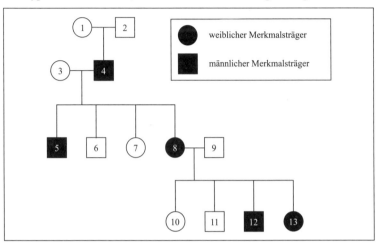

Abb. 1: Familienstammbaum

2.2 Frauen erkranken an DMD weit weniger häufig als es ohnehin für einen X-chromosomal rezessiven Erbgang zu erwarten ist.
Deuten Sie diese Beobachtung! 3

2.3 Das fehlerhafte Dystrophin hat eine Konzentrationserhöhung des Enzyms Creatinkinase (CK) im Blutserum zur Folge. Somit kann DMD frühzeitig diagnostiziert werden. Im folgenden Diagramm (Abb. 2) sind die CK-Werte von drei Geschwistern dargestellt. Die beiden Mädchen sind gesund, der Junge ist an DMD erkrankt.
Ordnen Sie den CK-Werten die Genotypen der Kinder zu und erklären Sie den jeweiligen Zusammenhang zwischen CK-Wert und Genotyp! 4

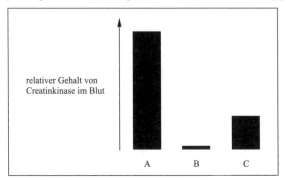

Abb. 2: Relativer Creatinkinasegehalt im Blut dreier Personen A, B und C

2.4 Die mRNA des Dystrophin-Gens wird an den Ribosomen in eine Aminosäuresequenz übersetzt.
Beschreiben Sie die wesentlichen Schritte dieses Vorgangs mithilfe erläuternder Skizzen! 8

2.5 Die Basensequenz der mRNA des Dystrophin-Gens wird in 79 Abschnitte eingeteilt. Dargestellt ist ein Teil der Basensequenz vom Ende des Abschnitts 44 bis zum Anfang des Abschnitts 46. Die gestrichelten Linien weisen auf weitere Basentripletts hin.

```
       Ende Abschnitt 44         Abschnitt 45              Anfang Abschnitt 46

5'--- UGG UAU CUU AAG|GAA CUC CAG --- AGA AAA AAG AG|G CUA GAA GAA AAU GAA UUU---3'
      Trp Tyr Leu Lys|Glu Leu Gln     Arg Lys Lys Ar|g Leu Glu Glu Asn Glu Phe
```

Die Krankheit DMD wird meist durch das Fehlen des Abschnitts 45 verursacht, d. h. auf Abschnitt 44 folgt direkt der Abschnitt 46.
Erklären Sie unter Verwendung von Fachbegriffen und der Code-Sonne die Auswirkungen auf das Genprodukt Dystrophin! 5

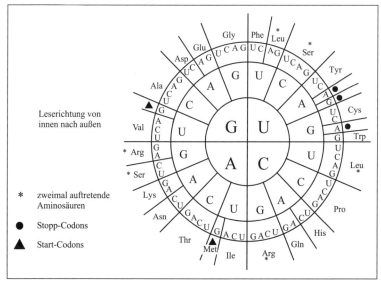

Abb. 3: Code-Sonne

3 Die Aprikose *(Prunus armeniaca)* wird als Kulturpflanze in Gebieten angebaut, die sich durch ein sehr warmes und trockenes Klima auszeichnen. An den Blättern einer Aprikosenpflanze wurden im Tagesverlauf die Lichtintensität, die relative Kohlenstoffdioxidaufnahme sowie die Lufttemperatur und die relative Luftfeuchtigkeit bestimmt. Die Ergebnisse sind in den folgenden Diagrammen dargestellt.

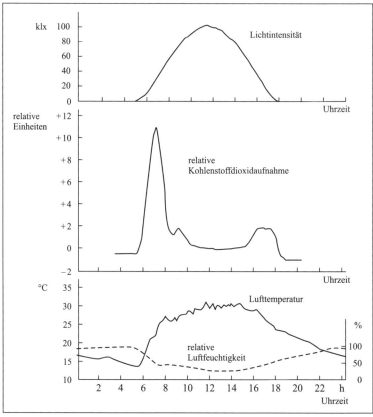

Abb. 4: Lichtintensität, relative Kohlenstoffdioxidaufnahme, Lufttemperatur und relative Luftfeuchtigkeit an den Blättern einer Aprikosenpflanze im Tagesverlauf

3.1 Beschreiben und deuten Sie unter Bezug auf die anderen gemessenen Größen die wesentlichen Tendenzen des Kurvenverlaufs der relativen Kohlenstoffdioxidaufnahme! 8

3.2 Erläutern Sie unter Verwendung eines beschrifteten Schemas die wichtigsten Schritte der Dunkelreaktionen der Fotosynthese! 6

3.3 Begründen Sie anhand dreier wesentlicher Aspekte die Notwendigkeit der Wasseraufnahme durch die Pflanze! 6

50

(erweiterter) Erwartungshorizont

1   Der Schädel von Flores kann – je nachdem, welches Merkmal man betrachtet und für wichtiger erachtet – sowohl der Art H. erectus als auch dem H. sapiens zugeordnet werden. Folgende Merkmale können zur Begründung der jeweiligen Einordnung herangezogen werden:
   - Schädelmerkmale, die dafür sprechen, dass der Fund von der Insel Flores der Art *Homo erectus* zugeordnet werden könnte: Scheitelkamm andeutungsweise erkennbar; Überaugenwülste noch vorhanden; Jochbein kräftiger als bei *H. sapiens;* flache Stirn.
   - Schädelmerkmale, die dafür sprechen, dass der Fund der Art *Homo sapiens* zugeordnet werden könnte: deutlich ähnliche Unterkieferform; Prognathie (Nach-vorne-Stehen der Frontzähne im Oberkiefer und Unterkiefer) wie bei *H. erectus* ist nicht mehr gegeben; Verhältnis Hirnschädel zu Gesichtsschädel ausgeglichener als bei *H. erectus*

2.1 Dem vorliegenden Familienstammbaum kann die Vererbung der Muskeldystrophie Typ Duchenne **nicht** zugeordnet werden. Die Entscheidung beruht auf den Phänotypen der Personen der Ehe 8 und 9 bzw. den diesen Phänotypen zugrunde liegenden Genotypen: Da die Muskelerkrankung X-chromosomal rezessiv vererbt wird, müsste der Vater 9 ebenfalls Merkmalsträger sein, damit die Erkrankung bei der Tochter 13 auftreten kann, was aber nicht der Fall ist.

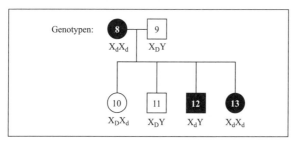

2.2 Eine DMD-Patientin $(X_d X_d)$ müsste neben einer ebenfalls betroffenen Mutter $(X_d X_d)$ oder einer Mutter, die Konduktorin $(X_D X_d)$ ist, auf jeden Fall einen Vater $(X_d Y)$ haben, der an DMD erkrankt ist. Da aber bei allen Betroffenen dieser Krankheit bereits sehr früh („...zwischen dem 7. bis 12. Lebensjahr...") die schwerwiegenden Folgen dieser Erkrankung auftreten und ihre Lebenserwartung sehr gering ist („Der Tod tritt meist vor dem 20. Lebensjahr ... ein."), besteht bei DMD-Patienten im Vergleich zu anderen X-chromosomal-rezessiven Erbkrankheiten grundsätzlich eine geringere Wahrscheinlichkeit, sich fortpflanzen zu können. Daraus resultiert die verminderte Anzahl an DMD-kranken Frauen.

2.3 – **Person A:** Der hohe CK-Wert kann nur dem erkrankten Jungen zugeordnet werden. Der Gendefekt liegt auf dem einzigen X-Chromosom und kann nicht kompensiert werden (Genotyp: $\mathbf{X_d Y}$).
   – **Person B:** Der niedrige CK-Wert muss einem der gesunden Mädchen zugeordnet werden und zwar jenem mit dem Genotyp $\mathbf{X_D X_D}$.
   – **Person C:** Der etwas erhöhte CK-Wert muss dem anderen gesunden Mädchen zugeordnet werden. Der erhöhte Creatinkinasegehalt im Blut dieses Mädchens weist darauf hin, dass es Konduktorin, d. h. heterozygote Trägerin des krankhaften Allels

ist. Es liegt deshalb der Genotyp $X_D X_d$ vor. Der Gendefekt liegt nur auf einem der beiden X-Chromosomen und kann durch das zweite, gesunde, kompensiert werden, so dass sich die Konzentrationserhöhung des Enzyms Creatinkinase phänotypisch nicht auswirkt.

2.4 *Die Bildung des Proteins Dystrophin erfolgt entsprechend einer genetischen Information der DNA beim Vorgang der Proteinbiosynthese. Diese gliedert sich in zwei Abschnitte:*
  – *Bei der **Transkription** wird die auf der DNA codierte Basensequenz des Dystrophin-Gens in die Basensequenz der mRNA umgeschrieben.*
  – *Bei der **Translation** wird diese Basensequenz der mRNA in die Aminosäure-Sequenz des Proteins Dystrophin übersetzt. Dies geschieht an den Ribosomen mit Hilfe der tRNA.*
  Die Fragestellung verlangt die Beschreibung des zweiten Schrittes:

Translation:
– Ribosomen wandern in 5'→3'-Richtung über die mRNA des Dystrophin-Gens hinweg und ermöglichen dadurch, dass die Basentripletts (Codone) dieser mRNA von tRNA-Molekülen abgelesen werden können.
– Das Ablesen erfolgt durch den Anticodon-Abschnitt der tRNA-Moleküle. Passend zu seinem Anticodon-Abschnitt hat jedes tRNA-Molekül am entgegen gesetzten Ende seiner Raumstruktur eine spezielle Aminosäure gebunden, die für den Aufbau der Primärstruktur von Proteinen verwendet werden kann.
– Haben zwei zu den Codonen passende tRNA-Moleküle ihre zugehörigen Aminosäuren innerhalb des Ribosoms nebeneinander in Position gebracht, werden diese durch eine Peptidbindung miteinander verknüpft. Dabei wird die zuerst angelagerte Aminosäure an die danach im Ribosom angelagerte Aminosäure angefügt.

Ausführliche Skizze anhand einer Beispielsequenz (Darstellung ist auch mit jeder anderen Basensequenz oder ganz ohne Angabe von konkreten Basen möglich):

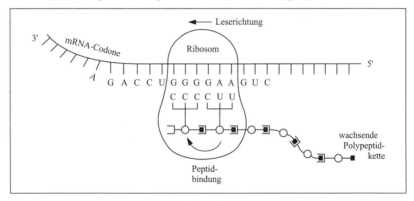

– Die tRNA, die die Aminosäure abgegeben hat, wird freigesetzt. Das Ribosom rückt dann in 5'→3'-Richtung um ein Basentriplett weiter. An dieses neue, freie Triplett bindet sich erneut eine passende tRNA mit ihrer zugehörigen Aminosäure.

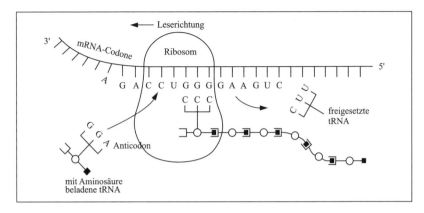

- An diese neue Aminosäure wird dann die an der anderen tRNA hängende wachsende Peptidkette gebunden. Danach rückt das Ribosom wieder weiter und der Vorgang wiederholt sich ständig.
- Bei Erreichen eines Codons, das das Kettenende anzeigt, wird das fertige Protein freigesetzt. Die Ribosomen und die mRNA zerfallen.

2.5 Wenn der Abschnitt 45 der mRNA fehlt, stehen die durch dessen Basentripletts (Codone) codierten Aminosäuren für den Aufbau des Proteins nicht zur Verfügung; ein deutlich verkürztes Protein ist die Folge.
Außerdem kommt es am Anfang des ursprünglichen Abschnitts 46 zu einer **Verschiebung des Leserasters**, wodurch vier neue Aminosäuren codiert werden und danach durch das Stopp-Codon UGA das Ende der Proteinsynthese veranlasst wird.
Insgesamt entsteht also ein **deutlich verkürztes Protein mit fehlerhafter Funktion**.

neues Leseraster	... – GCU – AGA – AGA – AAA – UGA
zugeordnete „neue" Aminosäure	Ala Arg Arg Lys Stopp-Codon

3.1 Die Kohlenstoffdioxidaufnahme an den Blättern der Aprikose steigt in den Morgenstunden (ab ca. 5.00 Uhr) mit Beginn der Belichtung der Blätter steil an und erreicht gegen 7.00 Uhr ihr Maximum, um anschließend wieder steil abzufallen. Der Rückgang beginnt, wenn die ansteigende Lufttemperatur einen Wert über 20° C erreicht hat und gleichzeitig die relative Luftfeuchtigkeit auf unter 50 % gesunken ist. Im weiteren Tagesverlauf erfolgt nur noch eine geringfügige Aufnahme von CO_2 zwischen 8.00 und 10.00 Uhr, dann kommt sie bei Erreichen der Tageshöchsttemperatur, trotz optimaler Lichtmenge für die Fotosynthese, vollständig zum Erliegen. Erst nach 15.00 Uhr ist noch einmal ein Anstieg zu verzeichnen, mit einem mäßig hohen Plateau zwischen 16.00 und 18.00 Uhr. Parallel dazu sinkt wieder die Lufttemperatur und die relative Luftfeuchtigkeit steigt wieder über 50 %. Steht der Aprikose kein Licht mehr zur Verfügung, kommt auch die Kohlenstoffdioxidaufnahme zum Stillstand.
Mit diesen Kurvenverläufen wird ein Problem der Pflanzen aufgezeigt, das sich daraus ergibt, dass sowohl die Aufnahme von CO_2 als auch die Abgabe von Wasserdampf, zwei für die Pflanze wichtige Vorgänge, über die **Spaltöffnungen** erfolgt. Sind die Spaltöffnungen geöffnet, wird **Kohlenstoffdioxid** aufgenommen, gleichzeitig aber auch durch **Transpiration** Wasserdampf abgegeben. Die Transpiration ist um so stärker, je

heißer und trockener die umgebende Luft ist. Für Pflanzen an trockenen, sonnigen, warmen Standorten kommt es dadurch vor allem während der Mittagsstunden, wenn Licht für die Fotosynthese in optimaler Menge vorhanden wäre, zu einem Dilemma: Werden die Spaltöffnungen lange offen gehalten, verdunstet die Pflanze viel Wasser und trocknet aus. Bleiben die Spaltöffnungen geschlossen, kann keine Stoffproduktion stattfinden, weil ihr Kohlenstoffdioxid fehlt. Die Pflanze befindet sich also unter diesen Bedingungen auf einer Gratwanderung zwischen „Verdursten und Verhungern". Die meisten Pflanzen schließen ihre Spaltöffnungen, um die Wasserabgabe einzuschränken, wodurch die Fotosyntheseleistung vermindert wird.

3.2 *In der Dunkelreaktion, dem lichtunabhängigen Geschehen der Fotosynthese, erfolgt die Bildung der energiereichen Glucose. Dazu werden neben dem Kohlenstoffdioxid aus der Luft die beiden Produkte der Lichtreaktion benötigt: NADPH/H+ zur Reduktion des CO_2 und ATP für die energieabhängige reduzierende und regenerierende Phase.*

Das Gesamtgeschehen der Dunkelreaktion (**Calvin-Zyklus**) findet im **Stroma der Chloroplasten** statt. Es lässt sich in folgende charakteristische Hauptschritte gliedern:

1. **Kohlenstoffdioxidfixierung** (= carboxylierende Phase): CO_2-Fixierung an das Akzeptormolekül Ribulosebiphosphat (RuBP), einen C_5-Körper. Der entstandene C_6-Körper ist instabil und zerfällt sofort in zwei C_3-Körper Phosphoglycerinsäure (PGS).
2. **Reduzierende Phase:** Reduktion des C_3-Moleküls Phosphoglycerinsäure zum C_3-Körper Glycerinaldehydphosphat (GAP) unter NADPH/H+- und ATP-Verbrauch; Bildung des C_6-Körpers Glucose: Zwei C_3-Körper GAP werden im weiteren Ablauf zu einem C_6-Körper (Fructose-1,6-diphosphat) zusammengebaut und anschließend zu Glucose umgebaut.
3. **Regenerierende Phase**: Damit die Dunkelreaktion weiterlaufen kann, müssen ständig unter ATP-Verbrauch C_5-Körper als Akzeptormoleküle für die Fixierungsphase rückgebildet werden: Aus zehn C_3-Körpern werden 6 C_5-Körper Ribulosebiphosphat.

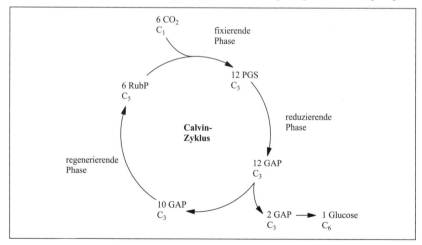

3.3
- Wasser dient der Pflanze zum Aufbau des Zell-Innendrucks (= Turgor) in der Zellsaftvakuole, wodurch ihre krautigen Anteile Stabilität erhalten.
- Es ist für die Pflanzen als Lösungsmittel von Bedeutung, da alle Stoffwechselprozesse in wässriger Lösung stattfinden.
- Während der Lichtreaktion liefert es durch die Fotolyse die Protonen und Elektronen für die Bereitstellung des Reduktionsäquivalents $NADPH/H^+$.
- Zusammen mit der Wasseraufnahme und dem Wassertransport in die Blätter ist auch die Mineralstoffversorgung der Pflanze gewährleistet.

Grundkurs Biologie (Bayern): Abiturprüfung 2006 – Aufgabe I

BE

1 In einer Familie, deren Stammbaum unten dargestellt ist, tritt eine gonosomal vererbte Augenkrankheit auf. Der Ehemann (Person Nr. 5) hat Zweifel an seiner Vaterschaft zu einer seiner Töchter (Person Nr. 8)

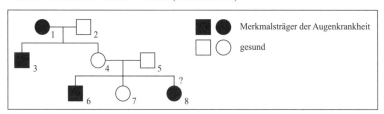

Abb. 1: Familienstammbaum

1.1 Begründen Sie anhand des Stammbaums unter Angabe aller Genotypen, ob die Zweifel des Ehemanns berechtigt sind! 5

1.2 Im Laufe einer gerichtlichen Untersuchung wurde für die betreffende Tochter (Nr. 8) das folgende Karyogramm erstellt.
Erläutern Sie die Bedeutung des Karyogramms für die oben getroffene Aussage zur Vaterschaft! 4

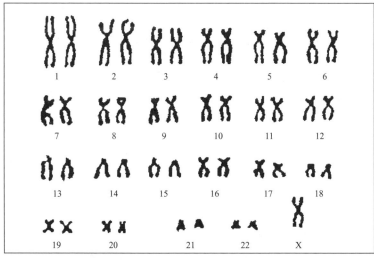

Abb. 2: Karyogramm der Tochter (Nr. 8)

1.3 Fertigen Sie beispielhaft für die Chromosomen 1 und 5 eine beschriftete schematische Skizze derjenigen Mitosephase an, in der die Chromosomen in der für ein Karyogramm notwendigen Struktur vorliegen! 4

2   In einem Erlenmeyer-Kolben wird Hefe in einer Glucoselösung aufgeschwemmt, der Kolben anschließend mit Kohlenstoffdioxid gespült und mit einem Aufsatz verschlossen, der das Gefäß wie ein Ventil gegen Luftzutritt von außen abschließt. Bei einer konstanten Temperatur von 20 °C wird nun die Anzahl der Gasblasen ermittelt, die in einem bestimmten Zeitintervall durch die Sperrflüssigkeit nach außen entweichen.

2.1 Beschreiben Sie die biochemischen Vorgängen, die im Inneren des Erlenmeyer-Kolbens ablaufen! 5

2.2 Der Versuch wird über einen Zeitraum von mehreren Wochen beobachtet. Stellen Sie die Änderung der Anzahl an Gasblasen je Zeitintervall in Abhängigkeit von der Zeit graphisch dar und begründen Sie den Kurvenverlauf! 6

2.3 In einem zweitem Versuch wird die Hefe durch Hefe-Presssaft ersetzt. Diesen erhält man, wenn man Hefezellen zerkleinert und auspresst. Auch hier tritt eine Gasentwicklung auf.
Erläutern Sie diese Beobachtung! 3

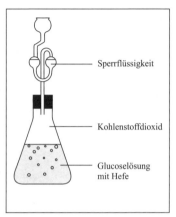

Abb. 3: Versuchsansatz

3   Damit der Mensch auf Reize reagieren kann, müssen diese in Form von Aktionspotenzialen über sensorische Nervenbahnen an das ZNS geleitet werden.

3.1 Erstellen Sie ein Diagramm, das den charakteristischen Verlauf eines Aktionspotenzials an einem Axon darstellt und benennen Sie die einzelnen Phasen! 4

3.2 Auch an Muskelzellen lassen sich Aktionspotenziale ableiten. Die folgende Abbildung zeigt ein Herzmuskel-Aktionspotenzial.

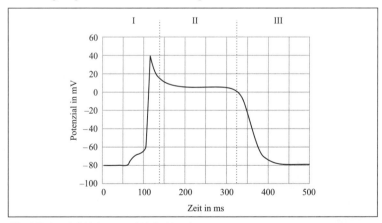

Abb. 4: Herzmuskel-Aktionspotenzial beim Menschen

Vergleichen Sie das Herzmuskel-Aktionspotenzial mit einen typischen Nervenzellen-Aktionspotenzial! 4

3.3 Das Herzmuskel-Aktionspotenzial lässt sich in drei Phasen untergliedern (vgl. Abb. 4). Die Ursachen für die Potenzialänderungen während der Phasen I und III entsprechen den Vorgängen an der Nervenzellmembran. In Phase II ist jedoch zusätzlich eine Veränderung der Permeabilität für Calcium-Ionen festzustellen.

3.3.1 Erläutern Sie die während der Phasen I und III ablaufenden Vorgänge an der Herzmuskelzellmembran! 6

3.3.2 Typisch für das Aktionspotenzial einer Herzmuskel-Zelle ist eine zusätzliche Permeabilitätsänderung für Calcium-Ionen. Stellen Sie, ausgehend von dieser Information, eine begründete Hypothese zur Erklärung des Zustandekommens der Phase II auf! 4

3.4 Erläutern Sie das Grundprinzip der Beeinflussung der Herzfrequenz durch das vegetative Nervensystem! 5

50

(erweiterter) Erwartungshorizont

1.1 *Die Aufgabenstellung gibt vor, dass die Augenkrankheit gonosomal vererbt wird. Es gilt also zu klären, ob die gonosomale Information für das Merkmal auf dem X- oder dem Y-Chromosom liegt, außerdem, ob sie dominant oder rezessiv weitergegeben wird.*

- Der Fall eines (sehr seltenen) Y-chromosomalen Erbganges trifft hier nicht zu, da dann nur Männer betroffen wären.
- Da die Personen 4 und 5 keine Merkmalsträger sind, deren Sohn (Person 6) aber erkrankt ist und er diese Information nur von der Mutter erhalten haben kann (X-Chromosom!), muss ein rezessiver Erbgang vorliegen

Demnach wird die Augenkrankheit X-chromosomal-rezessiv vererbt: Besonderheiten ergeben sich bei diesem Erbgang aus der Tatsache, dass der Mann hemizygot ist, es also für Gene auf dem X-Chromosom im Y-Chromosom keine Allele gibt.

Daher sind die Zweifel des Ehemanns (Person 5) an seiner Vaterschaft zu dem Mädchen (Person 8) aufgrund der Stammbaumanalyse berechtigt, da dieses Mädchen nur dann Merkmalsträgerin sein kann, wenn beide Elternteile jeweils ein rezessives Allel aufweisen, was bei Person 5 (vermuteter Vater) aufgrund ihres Phänotyps aber nicht der Fall sein kann.

Genotypen:
A   dominantes gesundes Allel
a   die Augenkrankheit codierendes rezessives Allel

Person 1: $X_a X_a$ Person 5: $X_A Y$
Person 2: $X_A Y$ Person 6: $X_a Y$
Person 3: $X_a Y$ Person 7: $X_A X_a$ oder $X_A X_A$
Person 4: $X_A X_a$ Person 8: $X_a X_a$

1.2 *Ein Karyogramm gibt die nach Größe und Form geordnete Darstellung der Chromosomen aus der Körperzelle eines Individuums wieder. Alle Chromosomen sind paarweise in der Zwei-Chromatid-Form abgebildet. Unter diesem Aspekt ist das Karyogramm zu untersuchen.*

Beim Karyogramm der Tochter (Nr. 8) fällt auf, dass zwar die Autosomen vollständig vorhanden sind, nicht jedoch die Gonosomen. Es fehlt der homologe Partner des X-Chromosoms, sodass hier das Phänomen einer X-Monosomie, ein sog. Turner-Syndrom vorliegt. Person 8 muss somit der Genotyp $X_a 0$ zugeordnet werden. In diesem Fall genügt die Mutter (Person 4) als Konduktorin ($X_A X_a$), damit bei der Tochter (Person Nr. 8) die Augenkrankheit auftritt. Die Vaterschaft von Person Nr. 5 ist somit durchaus denkbar.

1.3 *Ein Karyogramm. zeigt die Chromosomen im Metaphasestadium der Mitose, also maximal kondensiert und in der Zwei-Chromatid-Form. In diesem Zustand sind sie am besten zu erkennen. Alle Chromosomen werden von den Spindelfasern nebeneinander in der Äquatorialebene angeordnet. Die in der Skizze dargestellten Chromosomen sollten in Größe und Form (Lage des Zentromers, Länge der Arme) etwa der Vorlage des Angabetextes entsprechen.*

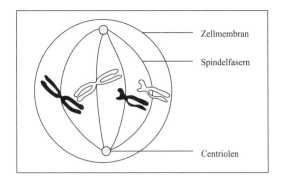

2.1 *Bei Hefe handelt es sich um einzellige Pilze, die als fakultative Anaerobier unter Luftabschluss, wie er im Experiment gegeben ist, ihre Energie durch den Stoffwechselvorgang der alkoholischen Gärung gewinnen und dabei die Glucoselösung in Alkohol und Kohlenstoffdioxid umsetzen. Erläutern Sie den Ablauf der Alkoholbildung mit den entscheidenden Schritten. Es sind keine Formeln verlangt.*

Zunächst erfolgt über mehrere Reaktionsschritte die sog. Glykolyse, die Zerlegung des C_6-Körpers Glucose in zwei C_3-Körper Brenztraubensäure (= Pyruvat). Die Bedeutung dieses Stoffwechselschrittes liegt für die Hefen im Energiegewinn. Allerdings werden pro eingebrachtes Glucosemolekül nur 2 Moleküle ATP freigesetzt. (*Dies sind lediglich 5 % der beim aeroben Abbau von Glucose freiwerdenden Energiemenge.*) Gleichzeitig fallen aber auch 2 Moleküle NADH + H$^+$ an.

Damit die Glykolyse und somit die Energiebereitstellung nicht zum Erliegen kommt, muss weiterhin freies NAD$^+$ zur Verfügung stehen. Bei der aeroben Dissimilation wird dazu der Luftsauerstoff reduziert, bei der anaeroben Dissimilation kommen nur organische Verbindungen als Elektronen- und Protonenakzeptoren infrage.

In dem sich anschließenden zweiten Abschnitt erfolgt die Weiterverarbeitung der Brenztraubensäure: Die Brenztraubensäure ($C_3H_4O_3$) wird unter enzymatischer Abspaltung von CO_2 zu Ethanal (C_2H_3OH) decarboxyliert. Ethanal, ein Zellgift, nimmt dann die Elektronen und Protonen vom in der Glykolyse angefallenen NADH + H$^+$ auf und wird dadurch zum (noch energiereichen) Ethanol (C_2H_5OH) reduziert.

2.2 *Parallel zum immer stärker werdenden Gärvorgang wird bei voller Stoffwechselaktivität auch ein Wachstum der Hefezellpopulation durch Sprossung im Erlenmeyer-Kolben einsetzen, sodass in Abhängigkeit von diesen beiden Geschehnissen die Anzahl der aufsteigenden Gasblasen der sog. logistischen Wachstumskurve folgt. Skizzieren Sie deren Verlauf und begründen Sie die typischen Phasen.*

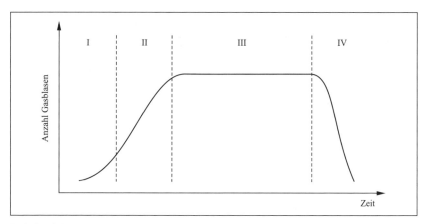

I: Anlaufphase:
Die Hefezellen beginnen mit der anaeroben Dissimlation. Da die Ankurbelung des Stoffwechsels eine gewisse Zeit dauert, ist zunächst nur ein leichtes Ansteigen der Gasblasenentwicklung zu beobachten und somit ein flacher Kurvenverlauf gegeben.

II: Vermehrungsphase:
Wenn bei allen Hefezellen die Stoffwechselprozesse in vollem Umfang ablaufen und die Hefezellenpopulation durch Wachstum (Sprossung) immer mehr zunimmt, ist eine exponentielle Zunahme der Gasbläschenzahl pro Zeiteinheit zu verzeichnen (Wachstum um einen gleich bleibenden Prozentsatz).

III: Stationäre Phase:
Aufgrund der begrenzten Menge an Glucoselösung und der Anreicherung von für die Hefezellen schädlichen Stoffwechselendprodukten werden sich bei der Hefepopulation das Wachstum und damit auch die Gasbläschenentwicklung asymptotisch einem Grenzwert nähern. Die Kurve wird in einen flachen Verlauf übergehen.

IV: Abfallende Kurve (Absterbephase):
Mit dem Aufbrauchen der Glucoselösung wird für die Hefepopulation Nahrungsmangel eintreten und sie müssen ihren Stoffwechsel einstellen. Zudem ist mit Ansteigen des Alkoholgehalts auf 15–16 % die Grenze für das Hefewachstum erreicht. Die Hefen sterben an ihrem eigenen Produkt, dem Zellgift Alkohol (Absterbephase der Hefezellen). Dadurch sinkt schließlich auch die Gasbläschenentwicklung gegen Null.

2.3 *Bei der Zerkleinerung von Zellen werden deren Strukturen (Membranen, Zellorganellen) zerstört. Im Presssaft sind dann nur noch die im Cytoplasma gelösten Bestandteile enthalten.*

Der Vorgang der alkoholischen Gärung ist nicht an Zellorganellen gebunden. Dieser Stoffwechselschritt läuft unter Beteiligung von Enzymen im Cytoplasma ab. Daher sind die für die Decarboxylierung des Ethanals (und somit für die Kohlenstoffdioxidentwicklung) benötigten Enzyme im Presssaft enthalten.

3.1

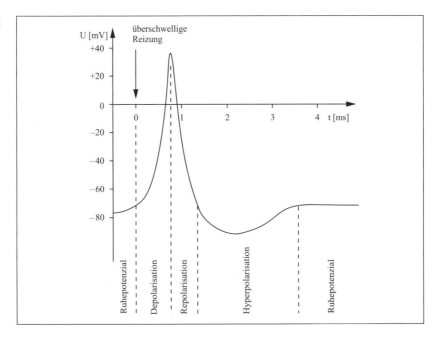

3.2 *Bei einem Vergleich sollen immer Gemeinsamkeiten und Unterschiede herausgearbeitet werden.*

Gemeinsamkeiten:
– Depolarisationsphase: ähnlich rascher Verlauf und auch vergleichbare Höhe der Amplitude
– Zeitlich nur kurze Spitze des Aktionspotenzials, danach Beginn der Repolarisationsphase mit raschem Abfall des Potenzials

Unterschiede beim Herzmuskel-Aktionspotenzial:
– Gesamtdauer des Herzmuskel-Aktionspotenzials ca. 400 ms, gegenüber 1 ms beim typischen Nervenzell-Aktionspotenzial
– Repolarisationsphase des Herzmuskel-Aktionspotenzials verzögert. Sie geht nach ca. 80 ms bei etwa 5 mV in eine Plateauphase über. Diese dauert etwa 200 ms. Danach erst weitere Repolarisierung bis zum Wert des Ruhepotenzials von –80 mV.
– Dauer der gesamten Repolarisationsphase deutlich verlängert gegenüber dem typischen Nervenzell-Aktionspotenzial
– Keine erkennbare Hyperpolarisation beim Herzmuskel-Aktionspotenzial

3.3.1 *Die in den Phasen I und III ablaufenden Vorgänge haben ihre Ursachen in einer Änderung der Leitfähigkeit der Membran für die innerhalb und außerhalb vorhandenen Ionensorten, wie sie Ihnen vom Aktionspotenzial an einem Axon her bekannt sein sollten.*

Phase I: Depolarisation
Diese Phase ist gekennzeichnet durch einen raschen Potenzialanstieg, die auf einer plötzlichen selektive Permeabilitätsänderung der Membran für Natrium-Ionen beruht. Diese strömen vom extrazellulären Milieu ins Innere der Nervenfaser und bewirken

eine Ladungsumkehr an der Membran. Das vorher etwa 80 mV negative Faserinnere wird ca. 40 mV positiv gegenüber der Außenseite. Die Amplitude eines Aktionspotenzials beträgt demnach etwa 120 mV. Der rasche Umschlag des Ruhepotenzials ins Positive ist die Folge eines Lawinen-Effekts: Der Abbau der negativen Aufladung auf der Membraninnenseite erhöht wiederum die Natrium-Ionen-Permeabilität. Das Aktionspotenzial ist somit ein Na^+-Diffusionspotenzial von außen nach innen.

Phase III: Zweite Phase der Repolarisation

Der schnelle Rückgang der Potenzialänderung, der bereits nach dem Spitzenwert der Depolarisation für kurze Zeit begonnen hat, wird nach 350 ms fortgesetzt. Er ist auf das Abstoppen des Natrium-Ionen-Einstroms zurückzuführen, da die Na^+-Permeabilität der Membran bereits vor Erreichen der theoretischen Spitze des Aktionspotenzials (entsprechend des Na^+-Gleichgewichtspotenzials) sehr schnell wieder abgenommen hat. Der sich daran anschließende langsame Rückgang des Potenzials auf den Ruhewert des Membranpotenzials hat seine Ursache in der etwas später einsetzenden Zunahme der Kalium-Ionen-Permeabilität der Membran (Kalium-Ausstrom), was einen dem Aktionspotenzial entgegengesetzten Effekt zur Folge hat. Diese Permeabilitätszunahme für K^+ trat ebenfalls als Folge der überschwelligen Reizung ein.

3.3.2 *Da der Verlauf eines Aktionspotenzials, wie mehrfach erwähnt, seine Ursachen in einer Änderung der Leitfähigkeit der Membran für die innerhalb und außerhalb vorhandenen Ionensorten hat und eine derartige Änderung für Calcium-Ionen im Aufgabentext angegeben ist, gilt es zu überlegen, in welcher Richtung dieser Ionenstrom erfolgen muss, damit die Plateauphase zustande kommt. Da zu Beginn der Repolarisationsphase zunächst ein schneller Rückgang der Potenzialänderung zu verzeichnen ist und erst mit einer gewissen zeitlichen Verzögerung die Plateauphase auftritt, kann die Ursache nur in einem Einwirken der Calcium-Ionen auf die zweite Phase der Repolarisation (mit der Kalium-Ionen-Permeabilität von innen nach außen) liegen.*

Eine extrazellulär höhere Calcium-Ionen-Konzentration bedingt einen Calcium-Ionen-Einstrom in die Herzmuskelzelle, der dem Kalium-Ionen-Ausstrom entgegenwirkt, sodass für die Dauer dieser gegenläufigen Ionenströme die Plateauphase mit dem konstanten Potenzial auftritt.

3.4 *Das vegetative Nervensystem arbeitet autonom, d. h. es ist vom Willen nicht beeinflussbar. Es regelt alle lebenswichtigen Funktionen und hält die Körperfunktionen im Gleichgewicht (Homöostase). Die dazugehörigen Schaltzentren liegen im Zwischenhirn (Hypothalamus), Mittelhirn und Nachhirn. Es innerviert die glatte Muskulatur aller Organe.*

Der peripherer Teil des vegetativen Nervensystems gliedert sich in Sympathikus und Parasympathikus, die sich anatomisch, physiologisch (funktionell) und chemisch (Art der Transmitter) unterscheiden. Beide Systeme wirken auf die inneren Organe antagonistisch und ergänzen sich in ihrer Wirkung. Beide Systeme üben sowohl fördernde als auch hemmende Einflüsse aus.

	Sympathikus	**Parasympathikus**
Wirkung *(prinzipielle Wirkung)*	– Steigerung der Herzfrequenz *(Leistungssteigerung, Fight-or-Flight-Reaktion, Steigerung des Energieverbrauchs)*	– Herabsetzung der Herzfrequenz *(Entspannung, Schlaf, Drosselung der Leistungsfähigkeit, Hemmung der Aktivität der Organe, Drosselung des Energieverbrauchs)*
Neurotransmitter	*Acetylcholin, Noradrenalin*	*nur Acetylcholin*

Grundkurs Biologie (Bayern): Abiturprüfung 2006 – Aufgabe II

BE

1 Das folgende Diagramm stellt in stark vereinfachter Weise den jahreszeitlichen Verlauf von verschiedenen abiotischen Umweltfaktoren und dem Phyto- und Zooplankton an der Oberfläche eines Meeres der gemäßigten Breiten dar.

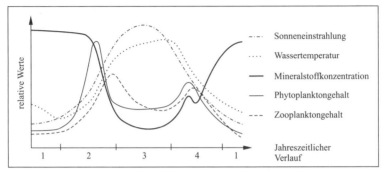

Abb. 1: Jahreszeitlicher Verlauf unterschiedlicher Parameter an der Oberfläche eines Meeres der gemäßigten Breiten

1.1 Erklären Sie den jahreszeitlichen Verlauf der in Abbildung 1 dargestellten abiotischen Faktoren und ordnen Sie den Abschnitten 1–4 die entsprechenden Jahreszeiten zu! 8

1.2 Kennzeichnen Sie die Art der Wechselbeziehungen zwischen Phytoplankton und Zooplankton und begründen Sie die unterschiedlichen Maxima bei den Jahreszeiten 2 und 4! 5

1.3 Stellen Sie anhand einer Skizze, ausgehend vom Phytoplankton, den Aufbau einer Nahrungspyramide dar und begründen Sie die Pyramidenform! 4

2 Schmetterlinge gehören wegen ihrer meist auffälligen Flügelfarben zu den bekanntesten Insektengruppen. Bei vielen Schmetterlingen ist – im Gegensatz zum Menschen – das weibliche Geschlecht heterogametisch und entspricht dem XY-Typ, das männliche Geschlecht homogametisch und entspricht dem XX-Typ. Die Bildung von Spermien und Eizellen ist mit den entsprechenden Vorgängen beim Menschen vergleichbar.

2.1 Beschreiben Sie mit Hilfe der Geschlechtschromosomen den Ablauf der Eizellenbildung bei einem Schmetterlingsweibchen anhand beschrifteter Skizzen! 5

2.2 Ein Schmetterlingszüchter erhält von einem Kollegen ein männliches Exemplar eines weißflügeligen Schmetterlings der Rasse A und ein blauflügeliges Weibchen der Rasse B. Die Ergebnisse seiner Züchtungsversuche mit diesem Pärchen und dessen Nachkommen sind in der folgenden Tabelle dargestellt:

Phänotypen und Geschlecht	Weiße Männchen	Hellblaue Männchen	Blaue Männchen	Weiße Weibchen	Hellblaue Weibchen	Blaue Weibchen
Individuenanzahl F1	0	25	0	25	0	0
Individuenanzahl F2	290	320	0	310	0	280

Tab. 1: Kreuzungsversuche mit zwei Schmetterlingsrassen. Parentalgeneration bestehend aus einem weißen Männchen und einem blauen Weibchen.

Leiten Sie aus diesen Angaben den Erbgangstyp für die Flügelfarbe ab und erklären Sie mit Hilfe von Kreuzungsschemata das Auftreten und die Anzahl der Individuen der F1 und der F2-Generation! 7

2.3 Ein weit verbreiteter Tagfalter mit blauer Flügelfarbe ist der einheimische Hauhechel-Bläuling. Die Weibchen dieser Art lagern in ihren Flügeln Flavonoide ein, Pflanzenfarbstoffe, die sie bereits als Raupen mit der Futterpflanze aufgenommen haben. Da der Flavonoidgehalt der Futterpflanzen stark variieren kann, findet man in der Natur Weibchen mit unterschiedlich stark gefärbten Flügeln. Ein hoher Flavonoidgehalt fördert zudem Wachstum und Größe der Raupe. In der Fortpflanzungszeit kann man beobachten, dass sich die Männchen
a) den Weibchen auf 15 bis 20 cm annähern und dann
b) langanhaltend und intensiv vor dem Weibchen flattern.

Die folgende Abbildung zeigt die Anzahl der Reaktionen von Männchen auf verschiedene Weibchen.

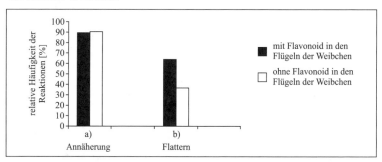

Abb. 2: Relative Häufigkeit der Reaktionen von Männchen auf Weibchen mit unterschiedlichem Flavonoidgehalt in den Flügeln

2.3.1 Beschreiben Sie das in Abbildung 2 dargestellte Versuchsergebnis und erstellen Sie eine begründete Hypothese zum unterschiedlichen Wahlverhalten der Bläulingsmännchen aus verhaltens- und evolutionsbiologischer Sicht! 6

2.3.2 Bei der Eiablage bevorzugen die Weibchen des Hauhechel-Bläulings den Hauhechel als Futterpflanze für die dort perfekt getarnten grünen Raupen. Oft findet man die Raupen von zahlreichen Ameisen umringt. Die Raupe bietet über eine Drüse am Körper ein zuckerhaltiges Sekret an. Schlupfwespen, die ihre Eier in Raupen ablegen, werden von den Ameisen sofort vertrieben. Der seltene Ameisen-Bläuling wird sogar in die Nester der Ameisen getragen und dort bis zur Verpuppung versorgt.

Charakterisieren Sie die Wechselbeziehungen zwischen allen Tierarten anhand der geschilderten Beobachtungen! 5

3 Der teilweise mehr als 1 000 m tiefe Tanganyika-See ist ein Süßwasser-See in Ostafrika, der viel Tierarten beherbergt, die ausschließlich dort vorkommen.

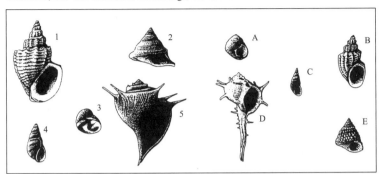

Abb. 3: 1–5: Gehäuse von Kronenschnecken (Thiaridae) aus dem Tanganyika-See.
A–E: Gehäuse von Meeresschnecken verschiedener systematischer Gruppen

3.1 Erklären Sie das Auftreten unterschiedlicher Gehäuseformen der im Tanganyika-See heimischen Kronenschnecken aus Sicht der erweiterten Evolutionstheorie! 6

3.2 Vergleichen Sie die Gehäuseformen der Kronenschnecken mit denen der nicht näher mit ihnen verwandten, im Meer vorkommenden Arten und interpretieren Sie das Ergebnis dieses Vergleichs aus evolutionsbiologischer Sicht! 4

50

(erweiterter) Erwartungshorizont

1.1 *Die im Diagramm wiedergegebenen Kurvenverläufe verschiedener abiotischer Faktoren (Sonneneinstrahlung, Wassertemperatur und Mineralstoffkonzentration) aus der <u>Oberfläche</u> eines Meeres der gemäßigten Breiten zeigen deutliche Parallelen zum jahreszeitlichen Verlauf dieser Faktoren in einem mitteleuropäischen See, der im Unterricht besprochen worden sein dürfte. Wenden Sie daher die dort erläuterten Sachverhalte auf dieses Diagramm an! Das Profil der Wassertemperatur und der Sonneneinstrahlung ermöglichen es, den Abschnitten 1–4 die entsprechenden Jahreszeiten zuzuordnen.*

Phase 1: Winter
Wenig Sonneneinstrahlung, da die Sonne im Winter sehr flach über dem Horizont steht. Die kurze Sonnenscheindauer bedingt die niedrige Wassertemperatur. Die hohe Mineralstoffkonzentration ist eine Folge der vorausgegangenen Herbstzirkulation: Das Abkühlen der Wassertemperatur und die Stürme führten im Spätherbst zu einer horizontalen und vertikalen Verteilung von Temperatur und Mineralstoffen.

Phase 2: Frühjahr
Mit zunehmender Dauer der Sonneneinstrahlung steigt mit zeitlicher Verzögerung auch die Wassertemperatur an. Beides begünstigt die Vermehrung des assimilierenden Phytoplanktons, das die Mineralstoffe aufnimmt. Der Mineralstoffgehalt verringert sich daher mit zunehmendem Phytoplanktongehalt.

Phase 3: Sommer
Die Dauer der Sonneneinstrahlung und die Wassertemperatur (wieder zeitverzögert) erreichen ihre Maximalwerte. Der äußerst geringe Mineralstoffgehalt resultiert aus dem Verbrauch durch das Phytoplankton und der Sommerstagnation, die mit ihrer stabilen Temperaturschichtung und einer oberflächennahen Dichtesprungschicht einen Stoffaustausch mit den tieferen Schichten verhindert.

Phase 4: Herbst
Die Sonneneinstrahlung wird wieder geringer und in der Folge ist ein Absinken der Wassertemperatur zu verzeichnen. Die Stürme und die Auflösung der Temperaturschichtung durch das Abkühlen der Wassertemperatur führen zur Herbstzirkulation, wodurch der Mineralstoffgehalt wieder steigt.

1.2 Die Wechselbeziehung zwischen Phytoplankton und Zooplankton entspricht der einer phasenverschobenen Räuber-Beute-Beziehung. Der Phytoplanktongehalt wird zunächst durch die abiotischen Faktoren Temperatur, Licht und Mineralstoffgehalt bestimmt, die die Fotosynthese beeinflussen, in der Folge dann durch die Räuberanzahl des Zooplanktons.

Im Frühjahr (Phase 2) ermöglicht der hohe Mineralstoffgehalt trotz relativ niedriger Wassertemperatur ein Maximum an Phytoplankton-Biomasse. Phasenverschoben dazu vermehrt sich die Biomasse an Zooplankton.

Der Phytoplanktongehalt weist im Herbst (Phase 4) ein zweites, allerdings deutlich geringeres Maximum auf. Trotz höherer Wassertemperatur als im Frühjahr und annähernd gleicher Beleuchtungsstärke (Sonneneinstrahlung) stellt jetzt nach der Sommerstagnation der niedrige Mineralstoffgehalt den limitierenden Faktor dar. Auch die im Vergleich zum Frühjahr größere Räuberpopulation begrenzt das Wachstum des Phytoplanktons.

1.3 *In Nahrungspyramiden sind quantitative Aussagen über den Stoff- und Energiefluss von einer Trophieebene zur nächsten graphisch dargestellt. Dabei können jeweils andere Messgrößen zueinander in Beziehung gesetzt werden: bei Zahlenpyramiden die Individuenzahl der Organismen pro Flächeneinheit in den einzelnen Nahrungsstufen, bei der Biomassepyramide das Gesamtgewicht aller Organismen pro Flächeneinheit, bei der Produktionspyramide die Produktionsraten der verschiedenen trophischen Bereiche und bei der Energiepyramide die energetischen Verhältnisse in einer Nahrungskette. Die bei allen Pyramiden nach oben schmaler werdende Form gilt es mit der ineffizienten Energieübertragung zu begründen.*

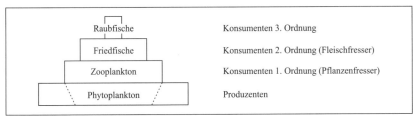

Alle Lebewesen eines Ökosystems lassen sich verschiedenen Ernährungsstufen (Trophieebenen) zuordnen: Produzenten, Konsumenten oder Destruenten. In Nahrungsketten fließen Stoffe und Energie von einer Trophieebene in die nächsthöhere. Bei diesem Durchlauf kommt es immer zu Energieverlusten: Ein Teil der Energie wird vom Konsumenten der nächsten Trophiestufe erst gar nicht aufgenommen (er gelangt in die Nahrungskette der Destruenten, die die organischen Abfälle jeder Trophieebene remineralisieren), ein Teil der aufgenommenen Biomasse wird vom Konsumenten als Abfallprodukt seines Stoffwechsels ausgeschieden und mehr als die Hälfte wird von ihm selbst veratmet. Somit steht der nächsten Trophieebene lediglich 10 % der ursprünglichen Energiemenge zur Verfügung. Wegen dieser ineffizienten Energieumwandlung und Energieweitergabe nehmen die Zahl der Individuen und ihre Biomasse von Trophieebene zu Trophieebene ab.

Mitunter wird bei Gewässer-Systemen die Ebene des Phytoplanktons schmäler dargestellt (gestrichelte Linien) als die darüber liegende, da aktuell relativ wenige Individuen an Produzenten mit dadurch auch geringer Biomasse dank ihrer schnellen und starken Vermehrung viel größere Mengen an Zooplankton zu ernähren vermögen.

2.1 *Der Vorgang, der zur Bildung der haploiden Spermien und Eizellen führt, ist die Meiose. Voraussetzung für den erfolgreichen Ablauf dieser speziellen Form der Zellteilung ist die Paarung der homologen Chromosomen und in der Folge ihre gleichmäßige Verteilung. Sie sollen am Beispiel der Geschlechtschromosomen (beim Schmetterlingsweibchen X und Y-Chromosom) den Ablauf der Eizellbildung (Oogenese) in beschrifteten Skizzen beschreiben.*
Die beiden während der Meiose ablaufenden Zellteilungen einer Ureizelle erfolgen asymmetrisch. Es entsteht eine große, plasmareiche, unbewegliche Eizelle entweder mit einem X-Chromosom oder einem Y-Chromosom und drei so genannten Pol- bzw. Richtungskörperchen, die bald degenerieren.
Berücksichtigen Sie bei der Erstellung der Skizze den Größenunterschied zwischen X- und Y-Chromosom und geben Sie nur für diese die typischen Phasen der Meiose mit den charakteristischen Chromosomenbildern wieder.

Ureizelle des Schmetterlingsweibchens

– diploide Autosomen + XY (= Gonososmen)
– Chromosomen in der Zwei-Chromatidform
– Chromosomen entspiralisiert

1. Reifeteilung (Reduktionssteilung)

Metaphase I:
– Chromsomen maximal kondensiert
– homologe Chromsomen liegen gepaart „übereinander" in der Äquatorialebene (Chromatidentetrade)

– Gonosomen werden durch die Spindelfasern zu den entgegengesetzten Zellpolen gezogen
– Asymmetrische Teilung der Ureizelle

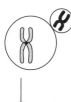

Telophase I:
– 1 große Zelle (im Beispiel mit X-Chromosom)
– 1 kleines Polkörperchen (hier mit Y-Chromosom)
– Chromosomensatz haploid
– alle Chromosomen aber in der Zwei-Chromatidform

2. Reifeteilung (Äquationsteilung)

Metaphase II:
– Chromosomen liegen nebeneinander in der Äquatorialebene
– Chromosomen noch in der Zwei-Chromatidform

– Trennung der Chromatiden
– Asymmetrische Teilung der großen Zelle

Eizelle mit einem X-Chromosom

Telophase II:
– alle Chromosomen in der Ein-Chromatidform
– 1 Polkörperchen mit einem X-Chromosom
– 2 Polkörperchen jeweils mit einem Y-Chromosom

2.2 *Für die Auswertung der Tabelle gehen Sie davon aus, dass es sich bei den beiden dem Züchter überlassenen Parentalgenerationen um reinerbige Rassen handelt. Klären Sie zunächst, welches Merkmal bzw. welche Merkmale der P-Generation in der F1-Generation auftreten und ob die Merkmale der F1-Generation bei beiden Geschlechtern mit gleicher Häufigkeit auftreten.*

Da in der F1-Generation ein Merkmal auftritt, das zwischen der Ausprägung der Merkmale der P-Generation liegt (hellblau), muss ein **intermediärer** Erbgang vorliegen.
Die Tatsache, dass die Merkmalsausbildung in der F_1-Generation nicht uniform ist und somit vom einfachen Mendelschema abweicht und zudem die Merkmale nicht in allen Geschlechtern mit gleicher Häufigkeit auftreten, spricht dafür, dass ein an das **X-Chromosom gekoppelter Erbgang** vorliegt. In Bezug auf das X-Chromosom ist das weibliche Geschlecht bei den Schmetterlingen hemizygot, d. h. das Allel auf dem einen X-Chromosom bestimmt die Merkmalsausbildung allein. Damit lässt sich auch erklären, warum keine Weibchen mit intermediärer Merkmalsausbildung (hellblau) bei dieser Züchtung auftreten.

a weiße Flügelfarbe
b blaue Flügelfarbe
ab hellblaue Flügelfarbe

Kreuzung der Parental-Generation:

Blaues Weibchen: $X_b\,Y$
Weißes Männchen: $X_a X_a$

Keimzellen	X_b	Y
X_a	$X_a X_b$	$X_a Y$
X_a	$X_a X_b$	$X_a Y$

Phänotypen F1: hellblaue Männchen   weiße Weibchen

Bei diesem monohybriden intermediären gonosomalen Erbgang, ausgehend von einer homozygoten (reinrassigen) Eltern-(Parental-)Generation entspricht das zu erwartende Ergebnis für das Auftreten der Farben (weiß und hellblau) und deren Verhältnis zueinander (1 : 1) dem tatsächlichen Züchtungsergebnis. Dass das tatsächliche Züchtungsergebnis exakt dem theoretisch zu erwartenden Zahlenverhältnis entspricht, ist bei der geringen Anzahl von Nachkommen in der F1-Generation allerdings reiner Zufall.

Kreuzung der F1-Generation untereinander:

Weiße Weibchen: $X_a\,Y$
hellblaue Männchen: $X_a X_b$

Keimzellen	X_a	Y
X_a	$X_a X_a$	$X_a Y$
X_b	$X_a X_b$	$X_b Y$

Phänotypen F2: weiße Männchen   weiße Weibchen
                hellblaue Männchen   blaue Weibchen

Auch bei der Kreuzung der F_1-Generation untereinander entspricht hinsichtlich der Farbverteilung das tatsächliche Ergebnis dem zu erwartenden Ergebnis von 1 : 1 : 1 : 1.
Das theoretisch zu erwartende Zahlenverhältnis wird bei der statistisch noch zu geringen Nachkommenzahl, wie zu erwarten, nur annähernd erreicht.

2.3.1 *Die beiden Abbildungen zeigen, wie Schmetterlingsmännchen des Hauhechel-Bläulings auf Weibchen ihrer Art reagieren, wenn diese in ihren Flügeln einen unterschiedlichen Flavonoidgehalt haben und zwar zum einen, wenn sich die Männchen noch in einiger Entfernung vor den Weibchen befinden (Annäherung) und zum anderen, wenn sie in die unmittelbare Nähe der Weibchen gelangt sind (Flattern).*
Beschreiben Sie zunächst die verschiedenen Versuchsergebnisse. Formulieren Sie dann kurz (!) Gründe für das unterschiedliche Wahlverhalten der Männchen in der Situation b einmal aus verhaltens- sowie aus evolutionsbiologischer Sicht.

Abbildung a zeigt, dass für die Bläulingsmännchen der Flavonoidgehalt in den Flügeln der Weibchen bedeutungslos ist, solange sie sich in größerer Entfernung befinden, da in der Häufigkeit der Annäherung der Männchen an die Weibchen kein signifikanter Unterschied besteht.

Befinden sich jedoch die Männchen in unmittelbarer Nähe der Weibchen, zeigen Sie vor den Weibchen mit Flavonoid in den Flügeln mehr Flatterreaktionen (Abbildung b).

Aus verhaltensbiologischer Sicht stellt der höhere Flavonoidgehalt und damit die stärker gefärbten Flügel für die Männchen in der Nähe einen starken reaktionsauslösenden Reiz dar, was sich in einer deutlichen Bevorzugung derartiger Weibchen widerspiegelt. Evolutionsbiologisch betrachtet haben Weibchen mit einem höheren Flavonoidgehalt in den Flügeln einen Selektionsvorteil. Der höhere Flavonoidgehalt förderte bereits das Wachstum und die Größe der Jugendformen dieser Individuen, wodurch sie als adulte Tiere größer und kräftiger wurden. Diese Weibchen werden außerdem bei der Balz bevorzugt. Der Flavonoidgehalt wirkt somit in doppelter Hinsicht als Selektionsfaktor.

2.3.2 *Interspezifische Beziehungen bestimmen als biotische Umweltfaktoren das Leben jeder Art innerhalb einer Biozönose. Besonders deutlich zeigt sich diese Abhängigkeit bei der Nahrungsbeschaffung in der typischen Räuber-Beute-Beziehung. Im Text der Aufgabenstellung sind jedoch andere Möglichkeiten der Nahrungsbeziehungen zwischen Tierarten beschrieben. Neben dem Zusammenleben zweier Arten mit Vorteilen für beide Partner, wird das parasitäre Leben der Schlupfwespen angedeutet. Beide Formen sollen Sie charakterisieren und jeweils die Vor- bzw. Nachteile für die beteiligten Arten aufzuzeigen.*

Die Wechselbeziehung zwischen den Schlupfwespen und den Raupen wird als **Parasitismus** eingestuft. Die Schlupfwespen legen ihre Eier in die Schmetterlingsraupen. Nach dem Schlüpfen der Schlupfwespenlarven entwickeln sich diese in den Raupen weiter und fressen sie von innen her leer. Die Schmetterlingsraupen gehen zugrunde, wenn sich die Schlupfwespenlarve verpuppt.

Schlupfwespen(-larven) werden wegen der Tötung ihres Wirtes genauer als untypische Parasiten oder Raubparasiten bezeichnet. Typische Parasiten lassen ihren Wirt am Leben und schädigen seinen Organismus nur so weit, dass ihre eigene Entwicklung und Fortpflanzung gesichert ist.

Symbiose liegt vor bei der Beziehung zwischen Hauhechel-Bläulingsraupe und den Ameisen und ebenfalls zwischen der Ameisen-Bläulingsraupe und den Ameisen. Die beiden Partner leben jeweils eng zusammen, was für beide von Vorteil ist: Die Raupen beider Schmetterlingsarten werden von den Ameisen vor ihren Feinden, den Schlupfwespen, geschützt, was im Fall des Ameisenbläulings so weit geht, dass sie in den Nestern der Ameisen versorgt werden. Die Ameisen ihrerseits erhalten mit dem von den Raupen ausgeschiedenen Zuckersaft die für sie unentbehrliche Nahrung.

3.1 *Die erweiterte Evolutionstheorie basiert auf der Evolutionstheorie Darwins, bezieht aber die Erkenntnisse der modernen Genetik und Ökologie in ihre Erklärung mit ein. Bei den Schnecken mit den unterschiedlichen Gehäuseformen handelt es sich um Arten, die im gleichen Lebensraum vorkommen. Aufgrund des Aufgabentextes wird man argumentieren, dass die Varianten der Schnecken Inmitten dieses einen geographischen Verbreitungsgebietes aus einer Ausgangsart hervorgegangen sind, es sich also um sympatrische Artbildung handelt (s. Hinweis am Ende der Aufgabe).*

Die große Vielfalt an Gehäuseformen bei den Kronenschnecken ist das Ergebnis einer **adaptiven Radiation** (Auffächerung einer Stammart in eine Fülle spezialisierter Arten, in dem sich diese Schwesterarten unterschiedlich einnischten):
Die Stammart der Kronenschnecke fand nach der Entstehung des Tanganyika-Sees einen unbesetzten Lebensraum mit optimalen Lebensbedingungen vor, wodurch es zu einer starken Vermehrung dieser Ausgangspopulation kommen konnte.
Innerhalb dieser großen Schneckenpopulation bestand aber aufgrund von Mutationen, Rekombination und freier Kombinierbarkeit der Keimzellen eine starke genetische Variabilität. Dies hatte Individuen zur Folge, die durch genetisch bedingte Änderungen des Schneckengehäuses innerhalb dieses gemeinsamen geographischen Verbreitungsgebietes im Kampf ums Dasein begünstigt waren.
Schnecken mit verdickten, berippten oder spitzen Fortsätzen der Schalen wurden möglicherweise von Fressfeinden seltener erbeutet *(z. B. für schalenknackenden Krabben nachgewiesen)*. Die flache Schalenform der Schnecken 3 könnte eine Anpassung an physikalische Faktoren in diesem Binnensee sein *(diese Form wird tatsächlich als Anpassung an den im Tanganyika-See kräftigen Wellenschlag interpretiert)*.
Somit wirkten Fressfeinde und die abiotische Umwelt als Selektionsfaktoren. Es kam zur Selektion von Individuen mit derartigen Tendenzen zur Anpassung. Sie konnten freie ökologische Nischen besetzen. Diese ökologische Isolation hatte schließlich eine reproduktive und letztlich auch eine genetische Separation zur Folge.

Fachleute sind sich heute darüber einig, dass diese adaptive Radiation der Kronenschnecken auch unter lokal wechselnden ökologischen Bedingungen stattgefunden hat. Innerhalb des heute einheitlichen Seebeckens kam es im Laufe der Erdgeschichte durch tektonische und hydrologische Veränderungen zu erheblichen Schwankungen im Seespiegel und dadurch wiederholt zur räumlichen Trennung von Teilpopulationen. Bei diesen allopatrischen Populationen veränderte sich, wenn sie lange genug voneinander isoliert waren, die Erbsubstanz unabhängig voneinander. Bei späterem Kontakt vermischten sie sich infolge ethologischer und genetischer Barrieren nicht mehr. Zudem konnten sie während der Isolation unabhängige ökologische Spezialisierungen erworben, sich also unterschiedlich eingenischt haben.

3.2 Auffällig sind die in den Abbildungen erkennbaren Ähnlichkeiten der Gehäuse von Kronenschnecken und Meeresschnecken (1 zu B; 2 zu E; 3 zu A; 1 zu C und 5 zu D). Sie lassen sich nur als Ergebnis einer stammesgeschichtlichen Anpassung nicht-verwandter Arten an gleiche Umweltbedingungen (**konvergente Entwicklung**) erklären. Während der Besiedelung ihrer jeweiligen Lebensräume (Süßwasser-See *mit quasimarinem Charakter* bzw. Meer) waren ihre Vorfahren vergleichbaren Umweltfaktoren ausgesetzt, sodass ähnliche Gehäuse ausgebildet wurden (**morphologische Analogien**).

Grundkurs Biologie (Bayern): Abiturprüfung 2006 – Aufgabe III

BE

1 Viele Schwebfliegenarten wählen bevorzugt Blüten mit einem bestimmten Farbton aus. Lässt man Schwebfliegen der Art *Eristalis pertinax* zwischen verschiedenen Blütenattrappen wählen, zeigt sich, dass sie ausschließlich auf Blüten einer einzigen Farbe landen.

1.1 Beschreiben Sie ein Experiment, mit dem man feststellen kann, ob dieses Verhalten angeboren oder erlernt ist!

3

1.2 Füttert man Schwebfliegen ausschließlich auf blauen Attrappen mit Zuckerwasser und bietet ihnen anschließend in zwei getrennten Versuchen gelbe und blaue Attrappen zur Wahl an, wobei nur auf jeweils einer der beiden Attrappen Zuckerwasser gefüttert wird, ergibt sich das in der folgenden Grafik dargestellte Ergebnis.

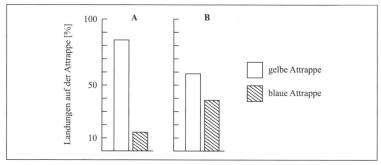

Abb. 1: Wahlverhalten von Schwebfliegen:
A: bei Belohnung mit Zuckerwasser auf gelben Attrappen
B: bei Belohnung mit Zuckerwasser auf blauen Attrappen

Interpretieren Sie die Versuchsergebnisse aus verhaltensbiologischer Sicht!

5

1.3 Während sich die Imagines einiger Schwebfliegenarten von Pollen ernähren, leben deren Larven in Jauche und ernähren sich von den darin enthaltenen Stoffen und Mikroorganismen.
Formulieren Sie eine begründete Hypothese für das unterschiedliche Ernährungsverhalten der beiden Entwicklungsstadien aus ökologischer Sicht!

3

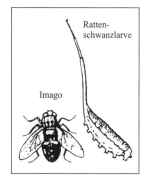

Abb. 2: Entwicklungsstadien einer Schwebfliege

2 Um Bewegungen durchführen zu können sind neuronale Regulationsmechanismen notwendig.

2.1 Erläutern Sie das Zustandekommen des in der folgenden Abbildung dargestellten Bewegungsablaufs! 6

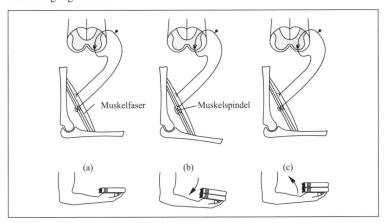

Abb. 3: Schematische Darstellung der neuronalen Steuerung eines Bewegungsablaufs

2.2 In der Medizin ist es häufig notwendig, Muskelkontraktionen gezielt zu beeinflussen. Dies geschieht zum Beispiel durch das auf neuromuskuläre Synapsen wirkende Medikament (+)-Tubocurarin (TC). Das erste Schema zeigt normale Muskelkontraktionen bei Reizung des motorischen Nervs durch elektrische Einzelimpulse im Abstand von 20 Sekunden, das zweite Schema entsprechende Muskelkontraktionen nach Injektion von (+)-Tubocurarin.

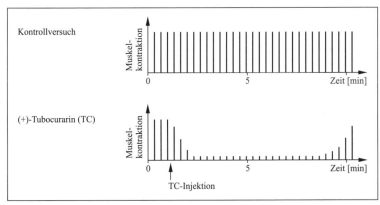

Abb. 4: Auswirkung von (+)-Tubocurarin (TC) auf die Muskelkontraktion bei Reizung des motorischen Neurons

2.2.1 Erstellen Sie zwei begründete Hypothesen zur Erklärung der beobachteten Reaktion des Muskels auf (+)-Tubocurarin! 5

2.2.2 Neostigmin blockiert das aktive Zentrum des Enzyms Acetylcholinesterase. Erklären Sie, ausgehend von Ihren Hypothesen zur Wirkung des (+)-Tubocurarins, inwieweit ein Einsatz von Neostigmin als Gegenmittel bei einer Überdosierung von (+)-Tubocurarin sinnvoll ist! 4

3 Buchenwälder bilden den für Mitteleuropa charakteristischen Waldtyp.

3.1 Die nachfolgenden Abbildungen sind Ausschnitte aus mikroskopischen Querschnitten von Buchenblättern, die verschiedenen Kronenbereichen eines Baumes zugeordnet werden können.

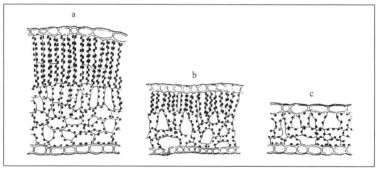

Abb. 5: Querschnitte durch Blätter der Buche

3.1.1 Benennen Sie die in der Abbildung 5a erkennbaren Gewebeschichten und beschreiben Sie den unterschiedlichen Aufbau der drei Blätter! 4

3.1.2 Blatt b zeigt an der Unterseite ein wichtiges anatomisches Detail des Buchenlaubblattes.
Beschreiben Sie dessen Bedeutung für die Pflanze! 3

3.2.3 Bei der Messung der Kohlenstoffdioxidabgabe bzw. -aufnahme zweier Buchenblätter in Abhängigkeit von der Beleuchtungsstärke erhält man zwei verschiedene Messreihen, die in folgendem Diagramm dargestellt sind.
Ordnen Sie jeder Kurve einen Blatttyp aus Abbildung 5 (siehe Aufgabe 3.1) zu und begründen Sie Ihre Zuordnung! 4

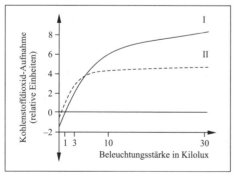

Abb. 6: Abhängigkeit des Kohlenstoffdioxid-Gaswechsels von der Beleuchtungsstärke bei verschiedenen Buchenblättern

3.3 Aufgenommenes Kohlenstoffdioxid wird in den Blättern zu Glucose verarbeitet.
Stellen Sie die biochemischen Vorgänge schematisch dar! 6

3.4 Glucose tritt in den Laubblättern grüner Pflanzen nur in sehr geringen Konzentrationen auf.
Nennen Sie drei unterschiedliche Verwendungszwecke der Glucose in der Pflanze! 3

3.5 Die am Boden des Buchenwaldes lebenden krautigen Pflanzen weisen vielerlei Anpassungen an die dort herrschenden Lebensbedingungen auf.
Erläutern Sie die in der folgenden Grafik dargestellten Vegetations- und Blütezeiten einiger ausgewählter Blütenpflanzen hinsichtlich der dort vorherrschenden Lichtverhältnisse!

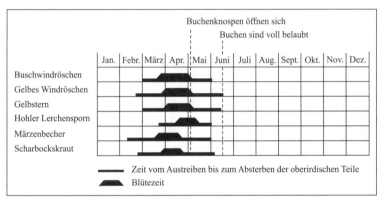

Abb. 7: Vegetations- und Blütezeiten einiger Pflanzen aus der Krautschicht des Buchenwaldes

4
50

(erweiterter) Erwartungshorizont

1.1 *Das klassische Experiment, mit dem überprüft werden kann, ob eine Verhaltensweise angeboren ist, sind Kaspar-Hauser-Versuche. Tiere werden dabei so aufgezogen, dass sie keinerlei Erfahrungen machen können.*

Während der Entwicklung von Individuen der aufgeführten Schwebfliegenart von der Eizelle über das Raupen- bis zum Imagostadium muss sichergestellt sein, dass diese sich die beschriebene Verhaltensweise nicht durch Lernvorgänge aneignen können. Die Larven werden daher der Jauche (vgl. 1.3) entnommen und im Labor aufgezogen. Sie dürfen während des Heranwachsens keinen Kontakt mit Blüten bzw. Farben haben, damit spielerisches Lernen ausgeschlossen werden kann. Um Lernen durch Nachahmung von Artgenossen zu verhindern, müssen sie bis zum Erwachsenenstadium isoliert von jeglichen Artgenossen gehalten werden (**Kaspar-Hauser-Tiere**). Sind die Tiere herangewachsen, überprüft man, auf welchen Blütenattrappen sie bevorzugt landen.

1.2 *Die Versuchsbeschreibung und die beiden Grafiken der Abbildung 1 zum Wahlverhalten von Schwebfliegen sind ein Hinweis darauf, dass Dressurversuche durchgeführt wurden. Sie sollen erkennen, um welche Form der Konditionierung es sich hierbei handelt und dann den Verlauf dieser Form des Lernens unter Verwendung der zutreffenden Fachbegriffe auf das Beispiel der Frage anwenden. Anschließend interpretieren Sie das Dressurergebnis.*

Da die Farbe Blau für die Schwebfliegen einen Reiz darstellt, dessen Wahrnehmung zudem mit Zuckerwasser belohnt wird, liegt eine Konditionierung in Bezug auf eine Reizsituation vor. Die deutlichere Bevorzugung der blauen Attrappe im Wahlversuch B gegenüber dem Experiment A zeigt, dass eine Dressur auf die Farbe Blau möglich ist. Während des Lernvorganges wurde durch die ausschließliche Zuckerwasser-Fütterung der Schwebfliegen auf blauen Attrappen der zunächst neutrale Reiz Blau zum (erfahrungs-)bedingten reaktionsauslösenden Reiz. Bei dem im Experiment B zu beobachtenden veränderten Wahlverhalten handelt es sich demnach um ein erlerntes Verhalten auf der Basis der bedingten Appetenz.

Beide Grafiken zeigen aber auch, dass von den Schwebfliegen die gelben Attrappen grundsätzlich bevorzugt angeflogen werden. Da dies selbst dann der Fall ist, wenn sie auf der blauen Attrappe Zuckerwasser als Belohnung vorfinden (Experiment B), muss die Farbe Gelb der für das Landen auf einer Blüte unbedingte reaktionsauslösende Reiz (Schlüsselreiz) sein, der eine überzeugende Dressur auf Blau verhindert.

Untersuchungen ergaben bei Eristalis *für die Blüten-Landereaktion eine angeborene Gelbpräferenz. Ohne vorausgehende Dressur würde diese Schwebfliegenart nur gelbe Blütenattrappen anfliegen*

1.3 *Arten bestimmter Tierklassen (z. B. Amphibien, Insekten) weisen im Laufe der Individualentwicklung eine Änderung ihrer ökologischen Potenz (des Toleranzbereichs) bezüglich bestimmter von der Art genutzter Umweltfaktoren auf. Dies ist dann der Fall, wenn sie eine Metamorphose durchmachen und sich die verschiedenen Altersstadien in mehreren Aspekten deutlich voneinander unterscheiden. Sie sollen die ökologischen Vorteile der Metamorphose bei den Schwebfliegen in Hinblick auf die Nahrungswahl formulieren.*

Bei den angesprochenen Schwebfliegenarten weisen das Jugendstadium und das Erwachsenenstadium unterschiedliche Formen der Mobilität auf: Imagines können fliegen, während ihre Jugendstadien, die Rattenschwanzlarven, wenig mobil sind. Beide besetzen daher unterschiedliche Nahrungsnischen. Dies trägt zur innerartlichen Konkurrenzvermeidung bei. Entwicklungsstadien von Individuen einer Art beanspruchen dadurch nicht dieselbe Nahrung, dieselbe Art der Nahrungsaufnahme und auch nicht denselben Ort der Nahrungsaufnahme.

2.1 *Die obere Abbildungsreihe sollte Ihnen in ähnlicher Weise vom Kniesehnereflex her bekannt sein. Sie zeigt zwei durch Muskeln gelenkig miteinander verbundene Knochen. Von dieser Anordnung verlaufen neuronale Verbindungen zu einem schematisch dargestellten Querschnitt eines Rückenmarkssegments. Der darunter abgebildete Bewegungsverlauf (zwei zusätzlich aufgelegte Bücher führen zunächst zu einer Bewegung des Unterarmes nach unten, danach zu einer kompensatorischen Gegenbewegung nach oben in die Ausgangshaltung) beruht demnach auf einem so genannten Dehnungsreflex, der nach einem starren Reiz-Reaktions-Schema, dem sog. Reflexbogen abläuft. Ein Reflexbogen findet ohne Einflussnahme des Gehirns statt, das lediglich den Reiz und die Reizbeantwortung wahrnimmt. Beim Dehnungsreflex handelt es sich um einen Eigenreflex, da Rezeptor und Effektor im selben Organ liegen, um einen monosynap-*

tischen Reflex, da die Umschaltung der Afferenz auf die Efferenz nur über eine einzige Synapse erfolgt. Die neuronale Steuerung dieses Bewegungsablaufs soll von Ihnen erläutert werden.

Das Gewicht des Buches, das in Abbildung (b) zusätzlich auf die Hand gelegt wird, drückt den Arm nach unten. Dadurch kommt es zu einer Dehnung des Armbeugemuskels (Bizeps). Diese Dehnung wird von den im Bizeps liegenden Muskelspindeln (Rezeptoren) registriert, in elektrische Erregungen (Rezeptorpotenziale) umgewandelt und in Form von Aktionspotenzialen über afferente (sensible) Nervenbahnen zum Reflexzentrum im Rückenmark geleitet. Dort werden die einlaufenden Erregungen verarbeitet und monosynaptisch auf motorische (efferente) Nervenfasern umgeschaltet. Diese senden die Befehle zum Bizeps (Effektor), der sich kompensatorisch kontrahiert und den Unterarm wieder in die horizontale Position zurückbringt.

2.2.1 Abbildung 4 zeigt, dass eine Minute nach TC-Injektion über einen Zeitraum von 6 Minuten keine Muskelkontraktionen mehr stattfinden. Eine Erschlaffung (Lähmung) der Muskulatur erfolgt dann, wenn die Weiterleitung der efferenten Impulse unterbrochen wird. Dies ist möglich, da die komplexen Vorgänge der Informationsweiterleitung über die neuromuskuläre Synapse an mehreren Stellen durch bestimmte chemische Substanzen beeinflusst werden können.
Sie sollen zwei Möglichkeiten darstellen, wo und wie (+)-Tubocurarin wirken könnte.

1 Denkbar wäre eine Besetzung der Acetylcholin-Rezeptoren durch (+)-Tubocurarin. Das Medikament wirkt dann als Gegenspieler (Antagonist) des Acetylcholins (ACh). Es blockiert aufgrund einer ähnlichen Struktur in Konkurrenz (kompetitiv) zum Acetylcholin reversibel (die Wirkung ist zeitlich begrenzt!) die spezifischen Acetylcholin-Rezeptoren, ohne jedoch ein Aktionspotenzial auszulösen (kompetitiver Antagonist des Acetylcholins). Zudem wird es von der Acetylcholinesterase nicht abgebaut. Es stabilisiert auf diese Weise die postsynaptische Membran in ihrem Ruhepotenzial. *(Dies ist der tatsächliche Wirkungsmechanismus von Curare).*
2 Vom pharmakologischen Ergebnis her käme auch eine Verhinderung der Acetylcholin-Ausschüttung in den synaptischen Spalt infrage. Dadurch gelangen keine Aktionspotenziale an die Muskelfasern, was ebenfalls eine Erschlaffung des Muskels zur Folge hat.

3 Es gibt in neuromuskulären Synpasen noch einen weiteren Angriffspunkt für chemische Substanzen: Eine Muskellähmung kann auch dadurch eintreten, dass chemische Substanzen die Natriumkanäle der postsynaptischen Membran blockieren, ein Natrium-Ionen-Einstrom zur Membraninnenseite der Muskelfaser nicht möglich ist und dadurch kein lokales Endplattenpotenzial und in der Folge auch kein Muskelaktionspotenzial ausgelöst wird.

2.2.2 Das Enzym Acetylcholinesterase spaltet den Neurotransmitter Acetylcholin, damit der von ihm über den synaptischen Spalt vermittelte Nervenimpuls auf die anschließende Muskelzelle nur sehr kurzfristig einwirkt. Nur so ist gewährleistet, dass auch der nachfolgende Nervenimpuls seine Wirkung entfalten kann. Sie müssen diskutieren, bei welcher Ihrer Hypothesen von 2.2.1 eine Blockierung dieses Enzyms von Bedeutung sein könnte. Nur dann kann Neostigmin als Gegenmittel bei einer Überdosierung von (+)-Tubocurarin sinnvoll verabreicht werden.

Neostigmin hemmt die Aktivität der ACh-Esterase. Somit wird der aus den synaptischen Bläschen freigesetzte Transmitter Acetylcholin nicht in seine Spaltprodukte (Cholin und Essigsäure) zerlegt und durch weitere efferente Aktionspotenziale erhöht sich seine Konzentration im synaptischen Spalt. Auf die in 2.2.1 aufgeführten Mechanismen, die die Informationsweiterleitung grundsätzlich hemmen können, hätte dies folgenden Einfluss:

1 Der durch die Gabe von Neostigmin erhöhte Acetylcholinspiegel verdrängt schließlich das (+)-Tubocurarin von den Rezeptoren. In der Folge geht die Erschlaffung der Muskulatur wieder zurück. Daher ist Neostigmin als Gegenmittel geeignet.

2 Da im Fall der Hemmung der ACh-Ausschüttung aus den synaptischen Bläschen Acetylcholin erst gar nicht in den synaptischen Spalt gelangt, bringt die Blockade der ACh-Esterase keinen Vorteil.

3 Auch bei einer Blockierung der Natrium-Kanäle der postsynaptischen Membran hätte Neostigmin als Gegenmittel keine Bedeutung.

3.1.1 Vergegenwärtigen Sie sich für die Beantwortung dieser Frage den Aufbau des „Prototyps" eines mitteleuropäischen Laubblatts und stellen Sie die Abweichungen/Besonderheiten bei den abgebildeten Buchenblättern fest!

Gewebeschichten der Abbildung a von oben nach unten:
- Obere Epidermis mit oben aufliegender Kutikula
- Zweischichtiges Palisadengewebe
- Schwammgewebe (locker angeordnete Zellen mit Interzellularen)
- Untere Epidermis (in der Abbildung a ohne Spaltöffnungen)

Unterschiedlicher Aufbau der drei Blätter:
- Blatt a: zweischichtiges Palisadengewebe; dickeres Schwammgewebe als bei b und c *(Sonnenblatt (Lichtblatt) der Buche in der äußeren Kronenschicht: kleinere und dickere Blätter; oft mit Wachsüberzügen, um die Verdunstung zu verringern)*
- Blatt b: einschichtiges Palisadengewebe; schmaleres Schwammgewebe als bei a *(Blatt der mittleren Kronenschichten, „Prototyp" eines Laubblattes)*
- Blatt c: kein Palisadengewebe vorhanden; Schwammgewebe vergleichbar mit Blatt b *(Schattenblatt der Buche im Inneren der Krone: dünne und zarte Blätter, damit genügend Licht die unteren Zellschichten erreichen kann; großflächige Blätter, damit sie möglichst viel des spärlichen Lichts einfangen können)*

3.1.2 Das angesprochene wichtige anatomische Detail an der Unterseite des Buchenblattes sind die Spaltöffnungen. Beschreiben Sie deren Bedeutung für die Pflanze.

Die Spaltöffnungen stellen über die sog. Atemhöhle, einem besonders großen Interzellularraum des Schwammgewebes, die Verbindung zwischen dem Blattinneren (Assimilationsgewebe) und der Außenluft her. Sie ermöglichen den für die Fotosynthese (CO_2) und die Dissimilationsvorgänge (O_2) notwendigen **Gasaustausch**.

Über die Spaltöffnungen steuert die Pflanze ihren **Wasserhaushalt**. Die Wasserdampfabgabe gewährleistet einen Transpirationssog, mit dem in den Gefäßen (Xylem) der Leitbündel ein **Wasser- und Mineralsalzstrom** von den Wurzeln in die Blätter aufrechterhalten wird. Durch Veränderung der Porenweite kann die Transpiration den Temperaturverhältnissen der Umgebung angepasst werden.

Die kühlende Wirkung der Verdunstung senkt zudem die Temperatur in den Blättern und **verhindert eine Überhitzung** v. a. von stark sonnenbestrahlten Blattflächen.

3.2 *Wenn einer der Faktoren, die auf die Fotosyntheseaktivität Einfluss nehmen (in der Grafik durch den Kohlenstoffdioxidwechsel wiedergegeben) variiert wird (hier die Beleuchtungsstärke), gilt es zu überlegen, welche Strukturen bzw. Vorgänge bei der Fotosynthese davon betroffen sind. Im Aufgabenbeispiel kann für die unterschiedlichen Messergebnisse bei den beiden Buchenblättern nur das Assimilationsgewebe ausschlaggebend sein.*

- Kurve I zeigt, dass bei dem zugehörigen Blatttyp eine Steigerung der Beleuchtungsstärke mit einer höheren Fotosyntheserate korreliert. Möglich wird dies durch ein dickes Assimilationsgewebe. Im **Sonnenblatt** a ist dies durch das zweischichtige Palisadengewebe, in dem die Zellen zudem dicht mit Chloroplasten besetzt sind, gegeben. *(Auch der Blatttyp b käme für diesen Kurvenverlauf noch infrage.)*
- Auffällig ist bei der Kurve II, dass bei diesem Blatt bereits bei sehr geringer Lichtintensität eine positive Fotosyntheserate erreicht wird. Dies geschieht ab dem Punkt in der Messkurve, an dem die Kurve II die Null-Linie nach oben überschreitet. Er wird als Kompensationspunkt bezeichnet. An ihm ist die Kohlenstoffdioxidaufnahme aus der Luft gleich der Kohlenstoffdioxidproduktion durch die Zellatmung. Des Weiteren wird bei äußerst geringer Beleuchtungsstärke der Sättigungswert der Fotosyntheseaktivität auf niedrigem Niveau erreicht und eine weitere Steigerung ist nicht mehr möglich. Dieser Kurvenverlauf ist typisch für den Typ **Schattenblatt** mit fehlendem Palisadengewebe und geringer Chloroplastendichte, also der Querschnitt c. *(Denkbar wäre auch ein Blatttyp, der vom Aufbau zwischen b und c liegt, also mit dünnem Querschnitt und wenig Assimilationsgewebe.)*

3.3 *Über die Spaltöffnungen gelangt das Kohlenstoffdioxid in das Assimilationsgewebe und dort in die Chloroplasten, die Orte der Fotosynthese. An den Thylakoid-Membranen der Chloroplasten wird in der Lichtreaktion Lichtenergie durch Pigmente aufgenommen und in die Primärprodukte der Fotosynthese, NADPH/H⁺ und ATP, überführt. Im Stroma der Chloroplasten wird bei den lichtunabhängigen biochemischen Vorgängen der **Dunkelreaktion (Calvin-Zyklus)** unter Beteiligung der Produkte der Lichtreaktion energiereiche Glucose aufgebaut.*
Die Fragestellung erwartet von Ihnen eine schematische Darstellung der Dunkelreaktion mit ihren charakteristischen 3 Phasen:
1 *Kohlenstoffdioxidfixierung (= carboxylierende Phase): CO_2-Fixierung an das Akzeptormolekül Ribulosebiphosphat (RuBP) einen C_5-Körper. Der entstandene C_6-Körper ist instabil und zerfällt sofort in zwei C_3-Körper Phosphoglycerinsäure (PGS).*
2 *Reduzierende Phase: Reduktion des C_3-Moleküls Phosphoglycerinsäure zum C_3-Körper Glycerinaldehydphosphat (GAP) unter NADPH/H⁺- und ATP-Verbrauch. Bildung des C_6-Körpers Glucose: Zwei C_3-Körper GAP werden im weiteren Ablauf zu einem C_6-Körper (Fructose-1,6-diphosphat) zusammengebaut und anschließend zu Glucose umgebaut.*
3 *Regenerierende Phase: Damit die Dunkelreaktion weiterlaufen kann, müssen ständig unter ATP-Verbrauch C_5-Körper als Akzeptormoleküle für die Fixierungsphase rückgebildet werden: Aus zehn C_3-Körpern werden 6 C_5-Körper Ribulosebiphosphat.*

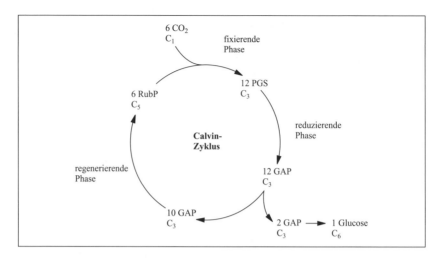

3.4 *Drei der folgenden Verwendungszwecke verlangt die Fragestellung.*

- Glucose wird von der Pflanze bei der Zellatmung (Dissimilation) zur Bereitstellung von für die Pflanze direkt verwertbarer Energie in Form von ATP verwendet.
- Über die Umwandlung in Stärke steht diese energiereiche organische Verbindung als Speicherstoff zur Verfügung (in Früchten, Samen, Wurzeln, Überwinterungsorganen (Knollen) usw.).
- In Form der Cellulose trägt die Glucose als Gerüstsubstanz der Zellwände zur Stabilisierung der Pflanze bei.
- Die Glucose dient als Ausgangsmaterial für den Aufbau andere Kohlenhydrate wie Fruchtzucker (Fructose) und Saccharose und aller weiteren organischen Molekülen der Pflanze wie Eiweiße, Fett, Nukleinsäuren und sekundäre Pflanzenstoffe (z. B. Duftstoffe, Fraßschutz-Stoffe, Blütenpigmente).

3.5 *Das Licht ist einer von mehreren abiotischen Faktoren, um den Pflanzen konkurrieren. Um zwischenartliche Konkurrenz bei vergesellschafteten Pflanzen zu vermeiden, sind unterschiedliche Vegetations- und Blühzeiten eine Form der Einnischung. Die jahreszeitliche Abhängigkeit der Krautschicht des Buchenwaldes von der Belaubung der Buchen soll von Ihnen formuliert werden.*

Wachstum von Pflanzen, also der Bildung von Biomasse, erfolgt nur, wenn die Fotosynthese mit positiver Stoffbilanz ablaufen kann, also mehr Glucose produziert wird, als für die Energiebereitstellung wieder veratmet wird. Für die Blütenpflanzen der Krautschicht des Buchenwaldes ist das Vorhandensein von Licht der limitierende abiotische Faktor. Optimale Lichtverhältnisse sind aber nur vor dem Blattaustrieb der Buchen gegeben. Die Vegetations- und Blütezeit der in der Übersicht aufgeführten Blütenpflanzen endet daher bevor die Buchen voll belaubt sind mit dem Absterben ihrer oberirdischen Teile. Die Nährstoffe für ein rasches Austreiben im Februar des nächsten Jahres vor der erneuten Buchenbelaubung werden dafür in dieser kurzen Vegetationszeit in unterirdischen Speicherorganen eingelagert.

Grundkurs Biologie (Bayern): Abiturprüfung 2006 – Aufgabe IV

BE

1   Das Nervensystem besteht hauptsächlich aus zwei Zelltypen, den Neuronen und den Gliazellen. Besondere Gliazellen, die Schwannschen Zellen, umhüllen im peripheren Nervensystem der Wirbeltiere die Axone und bilden mit ihnen markhaltige Nervenfasern.

1.1 Fertigen Sie eine beschriftete schematische Skizze eines derartigen Neurons an!   3

1.2 Eine Computersimulation ergab für die Leitungsgeschwindigkeit einer solchen Nervenfaser folgende Abhängigkeit vom Abstand der Ranvierschen Schnürringe.

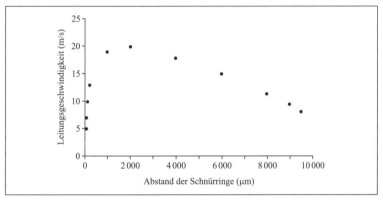

Abb. 1: Computersimulation der Leitungsgeschwindigkeit in Abhängigkeit vom Abstand der Schnürringe

Erläutern Sie das Prinzip der Weiterleitung von Aktionspotenzialen an markhaltigen Axonen und begründen Sie auf dieser Grundlage den Kurvenverlauf!   7

1.3 Für die normale Entwicklung der Schwannschen Zellen ist u. a. das Protein Periaxin notwendig. Aus Untersuchungen an Periaxin-Null-Mäusen weiß man, dass ein Fehlen dieses Proteins zu einer deutlichen Verkürzung der im Regelfall 1–2 mm langen Schwannschen Zellen und somit zu einer größeren Anzahl von Ranvierschen Schnürringen pro Zentimeter führt.
Erläutern Sie aus evolutionsbiologischer Sicht die Folgen für eine Periaxin-Null-Maus!   3

2   Die Sarkoidose ist eine entzündliche Erkrankung der Lunge und der benachbarten Lymphknoten mit unbekannter Ursache. Obwohl sich bis heute kein Erreger nachweisen lässt, zeigt entzündetes Gewebe eine Abwehrreaktion wie bei der Lungenkrankheit Tuberkulose. Durch genetische Untersuchungen konnte jetzt eine Punktmutation in einem Gen bislang unbekannter Funktion (BTNL2-Gen) als wesentliche Ursache dieser Krankheit identifiziert werden.

2.1 Erklären Sie den Begriff Punktmutation und geben Sie zwei mögliche Ursachen dafür an! 3

2.2 Durch den Vorgang der Proteinbiosynthese wird ausgehend von diesem Gen das BTNL2-Protein hergestellt.

2.2.1 Erstellen Sie eine beschriftete Skizze eines charakteristischen Ausschnitts der DNA! 4

2.2.2 Erläutern Sie den Ablauf der Translation mit Hilfe schematischer Skizzen! 6

2.2.3 Bei Menschen mit intaktem Gen findet man das funktionsfähige BTNL2-Protein in der Zellmembran verankert (Abb. 2). Bei Menschen mit Sarkoidose lässt sich das nicht funktionsfähige Protein ausschließlich im Cytoplasma nachweisen (Abb. 3). Erklären Sie anhand der Abbildungen 2 und 3 den Zusammenhang zwischen Punktmutation und inaktivem BTNL2-Protein!

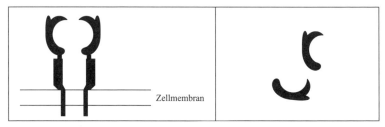

Abb. 2: Intaktes BTNL2-Protein
in der Zellmembran verankert

Abb. 3: Inaktives BTNL2-Protein eines
Sarkoidose-Patienten im Cytoplasma

3 Ein entscheidender Prozess in der Evolution der Vögel war die Entwicklung ihrer Vorderextremitäten.

3.1 Jean Baptiste de Lamarck (1744–1829) entwickelte ein Konzept für die Entstehung der Arten, das er in Form zweier Gesetze formulierte:

1. Gesetz:
Bei jedem Tier, welches den Höhepunkt seiner Entwicklung noch nicht überschritten hat, stärkt der häufigere und dauernde Gebrauch eines Organs dasselbe allmählich, entwickelt, vergrößert und kräftigt es proportional der Dauer dieses Gebrauchs; der konstante Nichtgebrauch eines Organs macht dasselbe unmerkbar schwächer, verschlechtert es, vermindert fortschreitend seine Fähigkeiten und lässt es endlich verschwinden.

2. Gesetz:
Alles was die Individuen [...] durch den Einfluss des vorherrschenden Gebrauchs oder konstanten Nichtgebrauchs eines Organs erwerben oder verlieren, wird durch die Fortpflanzung auf die Nachkommen vererbt.

Erläutern Sie die Evolution des Vogelflügels anhand der Gesetze von Lamarck und stellen Sie seinen Aussagen die Evolutionstheorie von Charles Darwin gegenüber! 6

3.2 Stellen Sie, ausgehend von einem anatomischen Vergleich, einen evolutiven Zusammenhang zwischen den folgenden Vorderextremitäten her. 7

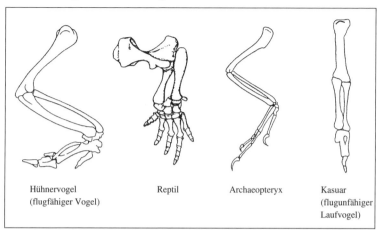

Hühnervogel (flugfähiger Vogel)   Reptil   Archaeopteryx   Kasuar (flugunfähiger Laufvogel)

Abb. 4: Vorderextremitätenskelette verschiedener Wirbeltiere

3.3 Beschreiben Sie die Durchführung und die zu erwartenden Ergebnisse eines serologischen Verfahrens zur Überprüfung der bei den Wirbeltieren aus Abbildung 4 vorliegenden Verwandtschaftsverhältnisse und bewerten Sie die Anwendung dieses Verfahrens für das beschriebene Beispiel! $\frac{7}{50}$

(erweiterter) Erwartungshorizont

1.1

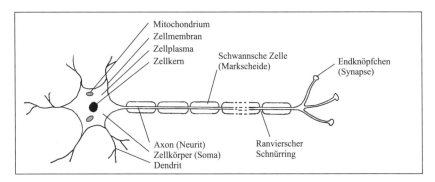

1.2 *Die Informationsübertragung in Nervensystemen erfolgt durch fortlaufend erzeugte Aktionspotenziale. Jedes Aktionspotenzial löst durch elektrotonische Ionenverschiebungen auf seinem benachbarten Membranabschnitt wiederum ein Aktionspotenzial aus. Dieser Prozess läuft über alle unerregten Membranabschnitte weiter.*
Aus dem Unterricht sollten Ihnen die kontinuierliche und die saltatorische Erregungsleitung als Formen der Informationsweiterleitung in Nervensystemen bekannt sein. Voraussetzung für die saltatorische Erregungsleitung ist das Vorliegen markhaltiger Axone, die von Ranvierschen Schnürringen unterbrochen sind, wie es in der Fragestellung gegeben ist. Erläutern Sie zunächst das Prinzip der saltatorischen Erregungsleitung und begründen Sie dann die in der Computersimulation nachgewiesene Abhängigkeit der Leitungsgeschwindigkeit vom Abstand der Schnürringe.

An Nervenfasern mit Myelinscheiden, wie sie bei den Wirbeltieren vorliegen, wurde in der Evolution durch das Vorhandensein von Unterbrechungen in den Myelinscheiden (Ranvierschen Schnürringen), ein schnelles Prinzip der Informationsweiterleitung verwirklicht. Dort wo Myelinscheiden die Axonmembran isolieren, besteht kein Kontakt zwischen der Axonmembran und der Na$^+$-haltigen Gewebsflüssigkeit, sodass an diesen Stellen die chemischen Vorgänge zur Auslösung eines Aktionspotenzials nicht ablaufen können (Aktionspotenzial = Na$^+$-Diffusionspotenzial ins Innere des Axons). Lediglich an den marklosen Ranvierschen Schnürringen kann ein Aktionspotenzial ausgelöst werden. Von dort aus fließen dann Ionenströmchen durch die leitfähige Zellflüssigkeit, bis sich am nächsten Schnürring wieder ein Aktionspotenzial aufbauen werden kann. Aktionspotenziale „hüpfen" sozusagen von einem Schnürring zum nächsten, daher spricht man von saltatorischer Informationsweiterleitung.

Die Computersimulation zeigt nun auf, welcher Abstand zwischen den Schnürringen, eine schnellstmögliche Informationsweiterleitung zulässt: Da der Aufbau eines Aktionspotenzials immer mit einer zeitaufwendigen Depolarisation der Axonmembran verbunden ist, bedeutet ein zunehmender Abstand zwischen den Schnürringen zunächst einen Anstieg der Leitungsgeschwindigkeit, weil dadurch auf einer definierten Länge einer Nervenfaser eine geringere Anzahl von Aktionspotenzialen ausgelöst werden muss. Die hohe Geschwindigkeit beruht also darauf, dass im Bereich der Myelinscheide von den Ionenströmchen der Weg sehr schnell zurückgelegt wird. Das Testergebnis stellt bei einem Abstand von 2 mm die maximale Leitungsgeschwindigkeit fest. Die Abnahme der Leitungsgeschwindigkeit ab 2 mm hat ihre Ursache darin, dass die Axonflüssigkeit den Ionenströmchen grundsätzlich einen Innenwiderstand entgegensetzt, der sich ab 2 mm auf die Leitungsgeschwindigkeit auswirkt. Dadurch können die Ionenströmchen weiter entfernte Membranbereiche immer seltener überschwellig depolarisieren. Der zeitliche Abstand bis zur Auslösung des nächsten Aktionspotenzials wird so wieder länger.

Der Vorteil der saltatorischen Erregungsleitung gegenüber der kontinuierlichen liegt auch in einer Energie- und Materialersparnis. Zum einen sind „teure" ATP-getriebene Ionenpumpen zur Herstellung des Ruhepotenzials in diesem Fall nur an den Schnürringen erforderlich, wodurch der Energieverbrauch markhaltiger Nervenfasern wesentlich geringer ist als der markloser Fasern. Zum anderen sind bei marklosen Fasern höhere Leitungsgeschwindigkeiten nur durch dickere Axone (sie haben einen geringeren Innenwiderstand), also höheren „Materialaufwand", möglich.

1.3 Wie aus der Grafik der Aufgabe 1.2 hervorgeht, ist mit einer Verkürzung der Schwannschen Zellen eine Abnahme der Leitungsgeschwindigkeit verbunden. Für Periaxin-Mäuse hat das zur Folge, dass bei ihnen grundsätzlich die Erregungsleitung verlangsamt ist. Dies führt bei allen Nervenerregungen, die eigentlich lebensnotwendige Reaktionen auslösen sollten (z. B. Schutzreflexe, z. B. Flucht) für die betroffenen Mäuse zu Selektionsnachteilen.

2.1 *Mutationen lassen sich hinsichtlich ihrer Ursachen, Formen und auch Auswirkungen systematisieren. Bei dieser Frage gilt es, aus der Vielfalt der Mutationsformen die Punktmutation zu definieren, ihre Auswirkungen auf die Proteinsynthese und damit das Merkmal aufzuzeigen und mögliche Auslöser zu benennen.*

Mutationen sind Änderungen der genetischen Information, die spontan erfolgen können (z. B. durch Fehler in der Replikationsphase) oder unter dem Einfluss mutagener Faktoren (z. B. radioaktive Strahlung, UV-Strahlen, chemische Substanzen, Nikotin in den Zigaretten usw.).
Bei einer Punktmutation wird lediglich eine Base eines Gens ausgetauscht, wodurch aber ein Basentriplett verändert wird. Dies hat Folgen für die Struktur des von diesem Gen codierten Protein.

Bei der so genannten Fehlsinnmutation wird eine falsche Aminosäure eingebaut, wodurch ein nicht funktionsfähiges Protein zu einer Krankheit führen kann.
Bei einer Unsinnmutation kommt es zu einem Translations-Abbruch und damit zu keiner oder einer unvollständigen Proteinbildung.
Lediglich eine Sinnmutation (= stumme Mutation), bei der das Triplett mit der veränderten Base dieselbe Aminosäure codiert, hätte keine Folgen für das Lebewesen.

2.2.1 *In einer Skizze, die den Aufbau der DNA zeigen soll, genügt es, drei Basenpaare der DNA wiederzugeben, da jeweils ein Triplett eine der 20 verschiedenen Aminosäuren, die am Aufbau der Proteine beteiligt sind, codiert.*
Aus Gründen der Übersichtlichkeit reicht eine Skizze, die die Sekundärstruktur der DNA verdeutlicht.

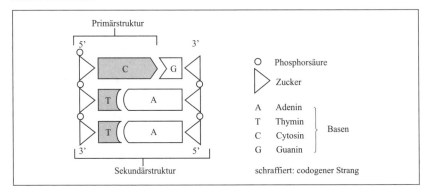

*Angemerkt werden soll hier, dass der Doppelstrang wiederum um eine gedachte Achse gewunden ist und sich so eine **Doppelhelix**, die als **Tertiärstruktur** bezeichnet wird, ergibt. Ein charakteristischer Ausschnitt aus der DNA zeigt die Einzelkomponenten der Nukleinsäuren, die Nukleotide, die wiederum aus folgenden Bausteinen zusammengesetzt sind: dem Zucker Desoxyribose, einer Phosphorsäure und vier verschiedenen organischen Stickstoffbasen: Adenin, Thymin, Cytosin und Guanin.*
*Eine der vier Basen ist jeweils mit einem Desoxyribosemolekül und dieses wiederum mit einer Phosphorsäure verbunden. Daraus resultieren 4 verschiedene Nukleotide. Tausende solcher Einzelkomponenten bilden durch Verknüpfung der Desoxyribose eines Nukleotids mit der Phosphorsäure eines anderen Nukleotids einen **Polynukleotidstrang**, die **Primärstruktur** der DNA.*
*Die DNA liegt aber als **Doppelstrang (Sekundärstruktur)** vor, indem an den einen Polynukleotidfaden antiparallel ein zweiter angelagert ist. Je zwei Basen sind dabei über Wasserstoffbrücken miteinander verbunden. Aus räumlichen und energetischen Gründen sind nur die Paarungen A–T und C–G möglich (**komplementäre Basenpaarung**).*

2.2.2 *Die Proteinbiosynthese lässt sich in zwei Hauptschritte untergliedern:*
*Bei der **Transkription** wird die auf der DNA codierte Basensequenz eines Gens (hier des BTNL2-Gens) in die Basensequenz der mRNA umgeschrieben.*
*Bei der **Translation** wird diese Basensequenz der mRNA in die Aminosäure-Sequenz eines Proteins (hier des BTNL2-Proteins) übersetzt. Dies geschieht an den Ribosomen mit Hilfe der tRNA.*
Die Fragestellung verlangt die Erläuterung der Translation.

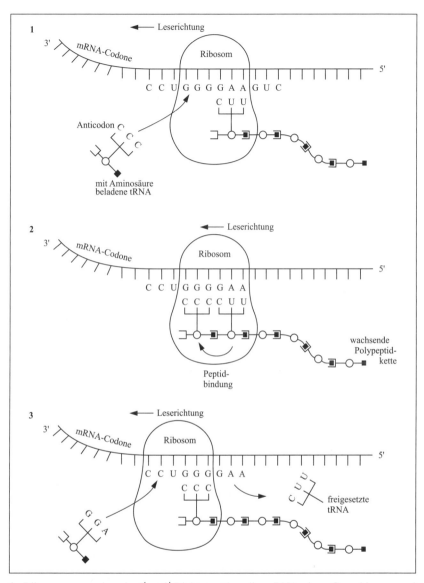

1 Ribosomen wandern in 5' → 3'-Richtung über die mRNA eines Gens hinweg und ermöglichen dadurch, dass die Basentripletts (Codone) dieser mRNA von tRNA-Molekülen abgelesen werden können. Das Ablesen erfolgt durch den Anti-Codon-Abschnitt der tRNA-Moleküle. Passend zu seinem Anti-Codon-Abschnitt hat jedes tRNA-Molekül am entgegengesetzten Ende seiner Raumstruktur eine spezielle Aminosäure gebunden, die für den Aufbau der Primärstruktur von Proteinen verwendet werden kann.

2 Haben zwei zu den Codonen passende tRNA-Moleküle ihre zugehörigen Aminosäuren innerhalb des Ribosoms nebeneinander in Position gebracht, werden diese durch eine Peptidbindung miteinander verknüpft. Dabei wird die zuerst im Ribosom angelagerte Aminosäure an die danach angelagerte Aminosäure angefügt.

3 Die tRNA, die die Aminosäure abgegeben hat, wird freigesetzt. Das Ribosom rückt dann in 5' → 3'-Richtung um ein Basentriplett weiter. An dieses neue, freie Triplett bindet sich erneut eine passende tRNA mit ihrer zugehörigen Aminosäure. An eben diese Aminosäure wird dann die an der anderen tRNA hängende, wachsende Peptidkette gebunden.

Danach rückt das Ribosom wieder weiter und der Vorgang wiederholt sich bis zum Erreichen eines Codons, das das Kettenende anzeigt. Erst dann wird das fertige Protein freigesetzt. Die Ribosomen und die mRNA zerfallen.

2.2.3 Aus der Tatsache, dass das inaktive BTNL2-Protein lediglich eine verkürzte Struktur aufweist, die dem oberen Abschnitt des intakten Proteins ähnelt, kann geschlossen werden, dass der untere Abschnitt, der das Protein in der Zellwand verankern würde, nicht gebildet worden ist. Die Ursache muss in einer Punktmutation liegen, bei der ein Stopp-Codon entstanden ist. Dadurch kommt es beim Translationsvorgang an dieser Stelle zum Abbruch der Synthese des BTNL2-Proteins. Das Ergebnis ist das verkürzte BTNL2-Protein.

3.1 *Ihre Aufgabe ist es, sofern die Theorie Lamarcks im Unterricht nicht besprochen wurde, aus den zitierten Gesetzen das Konzept Lamarcks für ein Evolutionsgeschehen herauszulesen und auf die Evolution des Vogelflügels anzuwenden. Im Weiteren wenden Sie die Kernaussagen der Selektionstheorie Darwins auf die Evolution des Vogelflügels an.*
Lamarck war der erste, der die Theorie von der Inkonstanz der Arten vertrat. Diese besagt, dass Arten veränderlich und nicht das Ergebnis eines einmaligen Schöpfungsaktes sind (= Theorie von der Konstanz der Arten). Seine Erklärung der Ursachen für den von ihm postulierten Artwandel – er unterstellte den Lebewesen eine aktive Rolle durch ihr inneres Bedürfnis zur Vervollkommnung – sind jedoch naturwissenschaftlich nicht haltbar. Darwin hingegen ging in seiner Selektionstheorie von einer passiven Rolle der Lebewesen aus.

Die Evolution des Vogelflügels geschah nach Lamarck dadurch, dass bei Vorfahren der heutigen Vögel, die Flügelansätze besaßen, diese sich durch den ständigen Gebrauch allmählich weiter entwickelten, vergrößerten und kräftiger wurden.
Derartige im Laufe des Vogellebens erworbene Eigenschaften (also größere zum Flug geeignete Vorderextremitäten) werden nach seiner Vorstellung jeweils an nachfolgende Generationen weitergegeben, was eine allmähliche Evolution in kleinen Schritten zur Folge hat.

Darwin führte hingegen andere Mechanismen für die Evolution des Vogelflügels an: Neue Organe und Strukturen wie der Vogelflügel entstehen nach seiner Theorie durch Auslese aus der in Überzahl produzierten Nachkommenschaft einer Population. Deren Individuen unterscheiden sich z. B. in der Ausprägung der Vorderextremitäten voneinander (Variabilität) und einige mit vergrößerten, flächenartig ausgebildeten Strukturen hatten dadurch im Kampf ums Dasein *(struggle for life)*, z. B. bei der Flucht vor Feinden, gegenüber den anderen Individuen einer Population einen Vorteil und überlebten (Selektion). Sie konnten sich fortpflanzen *(survival of the fittest)* und so wurde der arterhaltende Wert dieser Anpassung von Generation zu Generation weitergegeben und durch dieselben Mechanismen in der Folge immer wieder optimiert.

3.2 *Die Suche nach Ähnlichkeiten ist eine zentrale Methode der Evolutionsforschung, wenn bei Lebewesen nach Verwandtschaftsbeziehungen gesucht wird. Ein zentraler Begriffe ist dabei die Homologie: Als homologe Organe oder Strukturen werden solche bezeichnet, die Übereinstimmungen im Grundbauplan (Aufbau) zeigen. Derartige Merkmalsähnlichkeiten sind ein Zeichen von Verwandtschaft. Betrachten Sie unter diesem Gesichtspunkt die abgebildeten Vorderextremitätenskelette der verschiedenen Wirbeltiere!*

Die hier abgebildeten Vorderextremitätenskelette unterscheiden sich zwar in Details, da sie unterschiedliche Funktionen zu erfüllen haben, sie weisen aber alle das fünfstrahlige Grundmuster der Extremitäten der Wirbeltiere auf. Diese Extremitäten sind daher hinsichtlich ihres Aufbaues als **homolog** einzustufen.

Das Reptilienskelett zeigt mit der Abfolge der Knochen den Grundbauplan eindeutig: Oberarmknochen, Unterarmknochen (Speiche und Elle (rechts)), Handwurzelknochen, Mittelhandknochen und Fingerknochen.

Beim Hühnervogel ist die Zahl der Skelettteile verringert. Insbesondere sind Handwurzel-, Mittelhand- und Fingerknochen reduziert, dadurch dass sie teilweise verwachsen sind. Oberarm- und v. a. die beiden Unterarmknochen sind zur Ausbildung des Gerüstes für die Tragfläche deutlich verlängert.

Bei Archaeopteryx, der als Brückentier zwischen Reptilien und Vögeln gilt, ist diese Reduzierung der Skelettteile bereits erkennbar: Die Zahl der Finger ist auf drei verringert. Sie sind mit Krallen besetzt, was auf die Abstammung von Reptilien hinweist.

Eine noch stärkere Reduzierung des Vorderextremitätenskeletts als bei den Hühnervögeln liegt beim Kasuar vor. Im Zusammenhang mit dem Verlust der Flugfähigkeit und dem Übergang zum Laufvogel entstanden sekundär wegen Funktionslosigkeit Extremitäten mit verkürzten Ober- und Unterarmknochen, sowie noch stärker verwachsenen Handknochen.

3.3 Bei der serologischen Methode, mit der Verwandtschaftsverhältnisse überprüft werden können, handelt es sich um den **Serum-Präzipitin-Test.** *(Mit ihm lassen sich mittels einer Antigen-Antikörper-Reaktion abgestufte Ähnlichkeiten im Eiweiß des Blutserums von untersuchten Tieren feststellen. Diese Ähnlichkeiten ermöglichen Rückschlüsse auf eine Verwandtschaft.)*

Dieses Verfahren ist nicht geeignet, um zur Verwandtschaft von Archaeopteryx eine Aussage zu machen, da von Fossilien kein Serum vorhanden ist. Der Grad der Verwandtschaft kann nur zwischen den rezenten Tieren Reptil, Hühnervogel und Kasuar ermittelt werden.

Die Testdurchführung gliedert sich in drei Schritte:
1. Gewinnung eines Antiserums mit Antikörpern, um diese Methode überhaupt anwenden zu können:
Blutserum jenes Tieres (z. B. Hühnervogel), dessen Grad der Verwandtschaft zu anderen Tierarten geklärt werden soll, wird einem beliebigen Labortier (z. B. Kaninchen) gespritzt. Das Kaninchen bildet Antikörper gegen das fremde Serumeiweiß (= Antigene) (hier: gegen die Hühnervogel-Antigene). Man entnimmt dann dem Kaninchen Blut und gewinnt daraus Serum mit den gebildeten Antikörpern (hier: Kaninchen-Anti-Hühnervogel-Serum).

2. Festlegung einer Bezugsgröße für die eigentliche Testreihe:
Man mischt nun in einem Reaktionsgefäß das Serum des Hühnervogels mit dem vom Kaninchen gebildeten Anti-Hühnervogel-Serum: Die in Schritt 1 gebildeten Antikörper reagieren logischerweise mit den Hühnervogel-Antigenen und ergeben einen Niederschlag (Präzipitat). Diesen Ausfällungsgrad setzt man gleich 100 %.

3. **Eigentliche Testreihe:**
Das gewonnene Kaninchen-Anti-Hühnervogel-Serum mit den Antikörpern wird in getrennten Ansätzen jeweils mit den Blutseren der zum Vergleich anstehenden Tierarten (hier: Kasuar und Reptil) gemischt. Als Ergebnis erhält man unterschiedlich starke Niederschläge, da Antikörper wegen ihrer hohen Spezifität am deutlichsten nur mit jenen Antigenen reagieren, die ihre Bildung verursacht haben (siehe Schritt 2). Die Werte der Ausfällung gelten daher als Maß für den Grad der Eiweißähnlichkeit zwischen dem Testtier (hier: Hühnervogel) und den Vergleichstieren und damit auch für den Grad der Verwandtschaft:
Der Ausfällungsgrad des Serumproteins des Kasuars wird größer sein als der vom Serumprotein des Reptils: Zwischen den beiden Vogelarten besteht eine nahe Verwandtschaft. Reptil und Vogelarten sind nur entfernt verwandt.

Grundkurs Biologie (Bayern): Abiturprüfung 2007 – Aufgabe A 1
Klassische und molekulare Genetik

BE

1 Karl Landsteiner entdeckte Anfang des 20. Jahrhunderts das AB0-Blutgruppensystem.

1.1 Im Rahmen seiner Experimente vermischte Landsteiner Blut der Blutgruppe A mit Blut der Blutgruppe B. Dabei beobachtete er eine Verklumpung. Erklären Sie dieses Phänomen anhand der dafür relevanten Blutgruppeneigenschaften! 6

1.2 Beim AB0-System liegt eine „kodominante Genwirkung" vor. Erläutern Sie diesen Sachverhalt! 2

1.3 Der folgende Stammbaum berücksichtigt neben dem AB0-System auch das sogenannte Rhesussystem. Beim Rhesusfaktor handelt es sich um eine Oberflächenstruktur auf den roten Blutkörperchen, die dominant vererbt wird (Allele D und d). Ist diese Oberflächenstruktur vorhanden, so bezeichnet man die Blutgruppe als Rhesus-positiv (Rh^+), ist sie nicht vorhanden, als Rhesus-negativ (rh^-).
Leiten Sie aus dem gegebenen Stammbaum die möglichen Genotypen der Personen Nr. 1, 3 und 4 ab! 7

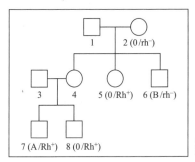

Abb. 1: Stammbaum einer Familie unter Berücksichtigung der Blutgruppen.

2 Die Beseitigung von Landminen ist gerade deshalb so langwierig, weil diese sehr schwer aufzuspüren sind. Eine dänische Biotechnologiefirma hat dazu die Ackerschmalwand, eine weit verbreitete Pflanze, gentechnisch so verändert, dass sich ihre Blätter in der Nähe des Sprengstoffes TNT innerhalb von drei bis fünf Wochen rot färben. Die Methode basiert darauf, ein Gen der Pflanze so zu verändern, dass ein bestimmtes Enzym durch Stickstoffdioxid, welches aus TNT-haltigen Minen austritt, aktiviert wird und die Bildung eines roten Farbstoffs veranlasst.

2.1 Stoffliche Grundlage der Gene ist die DNA. Hauptbestandteil der Enzyme sind Proteine.
Stellen Sie das Bauprinzip der DNA und der Proteine mit Hilfe beschrifteter Skizzen dar! 8

2.2 Die Realisierung der genetischen Information verläuft in mehreren Schritten. Beschreiben Sie den Vorgang am Ribosom, der zur Bildung eines Proteins führt! 8

2.3 Biologen erforschen die Möglichkeit, dressierte Bienen zum Aufspüren von Landminen einzusetzen. Erläutern Sie unter Verwendung der ethologischen Fachsprache ein Dressurverfahren, das Bienen dazu bringen könnte, Landminen anhand ihres Geruchs aufzuspüren! 5

2.4 Beurteilen Sie jeweils den Einsatz von gentechnisch veränderten Pflanzen und dressierten Bienen für die Landminensuche aus ökologischer Sicht! 4

40

(erweiterter) Erwartungshorizont

1.1 *Bei der Beantwortung dieser Frage müssen Sie von den 4 klassischen Blutgruppen A, B, AB und 0 nur auf die Blutgruppen A und B eingehen.*

Die Blutgruppen sind die Folge des Vorhandenseins (Blutgruppen A, B und AB) bzw. Nichtvorhandenseins (Blutgruppe 0) bestimmter Oberflächenstrukturen (**Antigene**) auf den **roten Blutkörperchen**. Daneben können im **Blutserum** einer Person frei bewegliche Verklumpungsstoffe, so genannte **Antikörper**, vorkommen.
– Blut der Blutgruppe A enthält Antikörper gegen Blutgruppe B
– Blut der Blutgruppe B enthält Antikörper gegen Blutgruppe A
Die Antikörper besitzen zwei aktive Stellen, mit denen sie sich nach dem Schlüssel-Schloss-Prinzip an die Antigene der zu ihnen passenden roten Blutkörperchen anlagern: Antigen-Antikörper-Reaktion. Da dieser Vorgang von allen Antikörpern durchgeführt wird, hat dies schließlich die Verklumpung (= Agglutination) der roten Blutkörperchen zur Folge.
Es treten somit im Experiment von LANDSTEINER folgende Verklumpungen auf:
– Blutgruppe A verklumpt mit Blutgruppe B (Antigen A bindet Antikörper A aus Blutgruppe B)
– Blutgruppe B verklumpt mit Blutgruppe A (Antigen B bindet Antikörper B aus Blutgruppe A)

Blut der Blutgruppe AB enthält sowohl die Antigene A als auch die Antigene B, sodass es als Spenderblut von den Empfängerblutsorten A, B und 0 (enthält sowohl Antikörper A als auch Antikörper B) agglutiniert wird. Spenderblut der Gruppe 0 (keine Antigene vorhanden!) verklumpt mit keiner anderen Blutgruppe: Den Antikörpern A aus der Blutgruppe B bzw. den Antikörpern B aus der Blutgruppe A stehen beim Spender keine Antigene zur Verfügung.

1.2 *Die Blutgruppen-Antigene sind durch die Allele A, B und 0 determiniert, die jeweils am selben Genort liegen (multiple Allele). Jede Person enthält in ihrem Genotyp zwei dieser Allele. Zwischen diesen Allelen bestehen bestimmte Dominanz- und Rezessivitätsverhältnisse; die Allele A und B verhalten sich jeweils dominant gegenüber dem Allel 0.*

Mit **kodominanter Genwirkung** ist gemeint, dass die beiden Allele A und B, sofern sie in einem Genotyp gemeinsam vorliegen, beide Antigene nebeneinander realisieren, d. h. die Erythrozyten präsentieren sowohl Antigen A als auch Antigen B auf ihrer Oberfläche. Das führt zum Phänotyp Blutgruppe AB.

1.3 *Die unter 1.2 erwähnten Dominanz- und Rezessivitätsverhältnisse des AB0-Systems sind Voraussetzung zur Lösung dieser Aufgabe.*
Da das Allel A dominant ist über das Allel 0 kann der Phänotyp A sowohl den Genotyp AA als auch A0 haben.
Da das Allel B dominant ist über das Allel 0 kann der Phänotyp B sowohl den Genotyp BB als auch B0 haben.
Allel A und Allel B sind wie erwähnt kodominant: Beim Phänotyp AB kann nur der Genotyp AB vorliegen.
Hat eine Person die Blutgruppe 0, dann liegt diesem Phänotyp der homozygot rezessive Genotyp 00 zugrunde.
Für das Rhesussystem gilt laut Angabetext: Der Phänotyp Rhesus-positiv kann sowohl den Genotyp DD als auch Dd haben, der Phänotyp Rhesus-negativ nur den Genotyp dd.

Mögliche Genotypen der gefragten Personen:
Person 1: B0/Dd

Damit Person 5 Rhesus-positiv sein kann und Person 6 die Blutgruppe B und rh⁻ haben kann, muss Person 1 sowohl bezüglich der Blutgruppe als auch des Rhesusfaktors heterozygot sein, zumal Person 2 bei Blutgruppe 0 und rh⁻ nur den Genotyp 00 dd haben kann.

Person 3: A0/Dd   A0/DD   A0/dd

Da Person 4 als Kind von Vater 1 und Mutter 2 das Allel A nicht mitbringen kann, kommt dafür nur Person 3 in Frage, allerdings nur in der heterozygoten Form, da Person 8 die Blutgruppe 0 (Genotyp 00) aufweist. Hinsichtlich des Rhesussystems sind in Abhängigkeit vom Genotyp von Person 4 alle Möglichkeiten offen.

Person 4: B0/Dd   B0/dd   00/Dd   00/dd

Person 4 kann sowohl Träger der Blutgruppe 0, aber auch B sein, jedoch nur in der heterozygoten Form B0. Bezüglich des Rhesusfaktors sind aufgrund der Genotypen bei Person 1 und 2 und in Abhängigkeit vom Genotyp der Person 3 die angegebenen Genotypen möglich.

2.1 *In einer Skizze, die das Bauprinzip der DNA zeigen soll, genügt es, drei Basenpaare der DNA wiederzugeben, da jeweils ein solches Triplett eine der 20 verschiedenen Aminosäuren codiert, die am Aufbau der Proteine beteiligt sind. Aus Gründen der Übersichtlichkeit reicht eine Skizze, die die Sekundärstruktur der DNA verdeutlicht.*

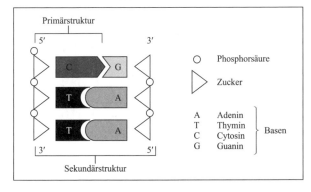

Ein charakteristischer Ausschnitt der DNA zeigt die miteinander verknüpften Einzelkomponenten der Nukleinsäuren, die Nukleotide. Diese sind aus dem Zucker Desoxyribose, einer Phosphorsäure und aus einer der vier organischen Stickstoffbasen: Adenin, Thymin, Cytosin und Guanin zusammengesetzt. Eine Base ist jeweils mit einem Desoxyribosemolekül und dieses wiederum mit einer Phosphorsäure verbunden. Daraus resultieren 4 mögliche Nukleotide. Tausende solcher Einzelkomponenten bilden durch Verknüpfung der Desoxyribose eines Nukleotids mit der Phosphorsäure eines anderen Nukleotids einen **Polynukleotidstrang**, die **Primärstruktur** der DNA. Die DNA liegt aber als **Doppelstrang (Sekundärstruktur)** vor, indem an den einen Polynukleotidfaden antiparallel ein zweiter angelagert ist. Je zwei Basen sind dabei über Wasserstoffbrücken miteinander verbunden. Aus räumlichen und energetischen Gründen sind nur die Paarungen A–T und C–G möglich (**komplementäre Basenpaarung**). Die Beschriftung Ihrer Skizze sollten Sie durch die Anmerkung ergänzen, dass der gezeichnete Doppelstrang wiederum um eine gedachte Achse gewunden ist und sich so eine **Doppelhelix** ergibt, die als **Tertiärstruktur** bezeichnet wird.

Proteine sind Makromoleküle, die aus Einzelbausteinen, den Aminosäuren, zusammengesetzt sind. Die Aminosäuren bestehen aus Molekülbausteinen, die bei allen Aminosäuren gleich sind (ein zentrales Kohlenstoffatom mit einem Wasserstoffatom trägt eine Aminogruppe und eine Carboxylgruppe). Die Unterschiede der einzelnen Aminosäuren resultieren aus der Restgruppe R, die ebenfalls mit dem zentralen C-Atom verknüpft ist. Der Rest R kann z. B. verschieden groß, unterschiedlich geladen sein oder bestimmte chemisch reaktive Gruppen enthalten.

Aminosäuren können untereinander durch **Peptidbindungen** (zwischen der Carboxyl- und der Aminogruppe) verknüpft werden. Die lineare Anordnung vieler unterschiedlicher Aminosäuren ergibt die Aminosäure-Sequenz, die **Primärstruktur** eines Proteins. Durch Wechselwirkungen zwischen den Atomgruppen der jeweiligen Aminosäuren einer Kette ergibt sich zudem eine räumliche Anordnung der Ketten, sodass sie entweder als Moleküle in **Sekundärstrukturen**, **Tertiärstruktur** oder noch komplexer als **Quartärstruktur** vorliegen.

Am einfachsten darstellbar ist die Primärstruktur der Proteine, zeichnerisch mehr Geschick erfordern die Skizzen der räumlichen Strukturen. Ob diese (v. a Tertiär- oder Quartärstruktur) als Darstellung erwartet werden, obliegt den jeweiligen Kursleitern.

Primärstruktur (Aminosäuresequenz) der Proteine:

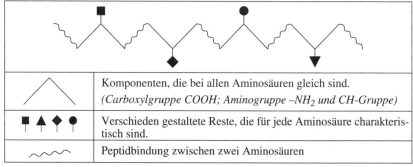

/\	Komponenten, die bei allen Aminosäuren gleich sind. *(Carboxylgruppe COOH; Aminogruppe –NH₂ und CH-Gruppe)*
■ ▲ ◆ ●	Verschieden gestaltete Reste, die für jede Aminosäure charakteristisch sind.
~~	Peptidbindung zwischen zwei Aminosäuren

Sekundärstruktur mit schraubiger Anordnung
(α-Helix) ergibt sich durch Wasserstoffbrückenbindungen (------) zwischen entfernt voneinander liegenden Komponenten einer Aminosäurekette.
(Wasserstoffbrückenbindungen intramolekular zwischen NH- (Amino-) und CO- (Carbonyl-)gruppen)

Sekundärstruktur mit flächiger Anordnung
(β-Faltblatt) ergibt sich durch Wasserstoffbrückenbindungen (------) zwischen Komponenten parallel nebeneinander liegender Aminosäureketten.
(Wasserstoffbrückenbindungen intermolekular zwischen NH- (Amino-) und CO- (Carbonyl-)gruppen)

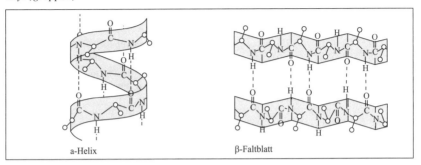

a-Helix   β-Faltblatt

Da laut Grundkurs-Lehrplan keine Strukturformeln verlangt werden, müssen Ihre Skizzen lediglich die beiden möglichen Formen der Sekundärstruktur erkennen lassen, also die in der Skizze grau gestalteten Bereiche und die Linien für die Wasserstoffbrückenbindungen.

2.2 Die genetische Information eines Lebewesens wird beim Vorgang der Proteinbiosynthese realisiert. Dieser lässt sich in zwei Hauptschritte untergliedern:
Bei der **Transkription** wird die auf der DNA codierte Basensequenz eines Gens (hier das gentechnisch veränderte Gen der Ackerschmalwand) in die Basensequenz der mRNA umgeschrieben. Bei der **Translation** wird diese Basensequenz der mRNA in die Aminosäure-Sequenz eines Proteins (hier das Enzym, das die Bildung des roten Farbstoffs veranlasst) übersetzt. Dieser Vorgang läuft an den Ribosomen mithilfe der tRNA ab. Die Fragestellung verlangt die Erläuterung der Translation.

1. Nachdem sich die mRNA dieses Gens an ein Ribosom angelagert hat, wandert dieses in 5' → 3'-Richtung über mRNA hinweg und ermöglicht dadurch, dass die Basentripletts (Codone) dieser mRNA von tRNA-Molekülen abgelesen werden können.
2. Das Ablesen erfolgt durch den Anti-Codon-Abschnitt der tRNA-Moleküle. Passend zu seinem Anti-Codon-Abschnitt hat jedes tRNA-Molekül am entgegengesetzten Ende seiner Raumstruktur eine spezielle Aminosäure gebunden, die für den Aufbau der Primärstruktur des codierten Proteins verwendet werden kann.
3. Nachdem eine Start-tRNA am Start-Codon und ein passendes tRNA-Molekül am nächsten Codon ihre jeweils zugehörigen Aminosäuren innerhalb des Ribosoms nebeneinander in Position gebracht haben, werden diese durch eine Peptidbindung miteinander verknüpft. Dabei wird die zuerst im Ribosom angelagerte Aminosäure an die danach angelagerte Aminosäure angefügt.
4. Die tRNA, die die Aminosäure abgegeben hat, wird freigesetzt. Das Ribosom rückt dann in 5' → 3'-Richtung um ein Basentriplett weiter. An dieses freie Triplett, lagert sich erneut eine passende tRNA mit ihrer zugehörigen Aminosäure an. An eben diese Aminosäure wird dann die an der anderen tRNA hängende, sich im Wachstum befindende Peptidkette gebunden. Danach rückt das Ribosom wieder um ein Triplett weiter und der Vorgang wiederholt sich erneut.
5. Bei Erreichen eines Codons, das das Ende der Aminosäurekette anzeigt, wird das fertige Protein freigesetzt. Das Ribosom und die mRNA zerfallen.

2.3 *Lernen bietet einem Lebewesen den Vorteil, aufgrund individueller Erfahrungen sich in einer zukünftig ähnlichen Situation angepasster zu verhalten. Rein formal unterscheidet die Ethologie bei den einfachen Formen des Lernens, die hier in Frage kommen, zwei Formen der Konditionierung: Die Konditionierung in Bezug auf eine Reizsituation, in der eine gute (bedingte Appetenz) oder schlechte Erfahrung (bedingte Aversion) gemacht wird und die Konditionierung in Bezug auf ein vom Lebewesen spontan gezeigtes Verhaltenselement, das mit einer guten (bedingte Aktion) oder schlechten Erfahrung (bedingte Hemmung) verbunden ist. Bienen sind Lebewesen, die neben Farben vor allem Gerüche aus ihrer Umwelt blitzschnell wahrnehmen können und sich dann lebenslang daran erinnern. Dies macht sie für Dressuren geeignet.*

Als Verfahren, mit dem Bienen zum Auffinden von Sprengstoff dressiert werden können, kommt das der reizbedingten Konditionierung in Frage, bei dem auf der Basis der bedingten Appetenz ein neues Verhalten erlernt wird.

Bienen zeigen grundsätzlich als Folge ihrer inneren Bereitschaft zur Nahrungsaufnahme ein ungerichtetes Suchverhalten (Appetenzverhalten), um Futter (ein Antriebsziel) zum Fressen (für die Endhandlung) zu finden.

Während der Lernphase müsste den Bienen in unmittelbarer Nähe zu einer Futterquelle (z. B. Schälchen mit Zuckerwasser), die für sie einen unbedingten Reiz darstellt, der Geruchsstoff, der aus TNT-haltigen Minen austritt, geboten werden. Zunächst hat der Geruch von Stickstoffdioxid keine Reizwirkung auf die Bienen. Er stellt für sie einen neutralen Reiz dar. Mit dem Zuckerwasser zur Befriedigung ihres Nahrungstriebes machen sie jedoch eine gute Erfahrung. Nehmen sie gleichzeitig oder vor der Antriebsbefriedigung auch den für sie eigentlich neutralen Reiz des Minen-Geruchsstoffes wahr, kann ein Lernprozess stattfinden. Bringt man die Bienen wiederholt in eine derartige (Lern-)Situation, in denen die gute Erfahrung „Futter" unmittelbar (Kontiguität) auf das Reizmuster „Minen-Geruchsstoff" folgt und antriebssenkend wirkt, dann wird dieses neutrale Reizmuster gespeichert (erlernt). Der Minen-Geruchsstoff wird zum (erfahrungs-)bedingten Reiz und erregt künftig die Aufmerksamkeit der Bienen, d. h. sie werden Orte mit ausströmendem Stickstoffdioxid anfliegen (Appetenzverhalten). Dies ermöglicht ihren Einsatz zum Aufspüren von Landminen.

2.4 *Beide in der Aufgabenstellung beschriebenen Maßnahmen zum Auffinden der Landminen stellen „Manipulationen" der Natur durch den Menschen dar, jedoch kann ihr Einfluss auf ein Ökosystem unterschiedlich bewertet werden.*

Aus ökologischer Sicht werden mit dem Ausbringen transgener Pflanzen wegen der möglicherweise bestehenden Risiken nach wie vor eine Reihe von Bedenken verknüpft: Sollte sich bei den transgenen Pflanzen als Folge der genetischen Veränderung eine höhere Vitalität ergeben, könnten dadurch die natürlicherweise vorkommenden Pflanzen verdrängt werden.

Durch den Einbau fremder Gene könnten in der Pflanze, dadurch dass möglicherweise neue Stoffwechselwege auftreten, wiederum neue Verbindungen entstehen, die für Tiere oder den Menschen toxisch oder allergen sein können.

Die Dressur von Bienen dürfte kaum negative Folgen für das Ökosystem haben, da Dressuren ohne ständige Wiederholung nicht dauerhaft sind, sondern es vielmehr zu einer Aufhebung des Lernergebnisses (= Extinktion) kommt.

Erlernte Verhaltensänderungen sind zudem nicht vererbbar, so dass die nachfolgenden Bienengenerationen ohne Dressur wieder ihr natürliches Verhalten zeigen werden.

Grundkurs Biologie (Bayern): Abiturprüfung 2007 – Aufgabe A 2
Klassische und molekulare Genetik

BE

1 Bei vielen Pflanzen findet man neben der Fähigkeit zur sexuellen Fortpflanzung auch die zur vegetativen (ungeschlechtlichen) Vermehrung.

1.1 Stellen Sie je einen Vorteil dieser beiden Fortpflanzungs-Strategien dar! 4

1.2 Viele Merkmale der Pflanzen werden von mehreren Genen gleichzeitig beeinflusst. Bei einer bestimmten Glockenblume sind zwei nicht gekoppelte Gene für die Blütenfarbe verantwortlich:
– Liegt von beiden Genen zugleich das jeweils dominante Allel mindestens einmal vor, so sind die Blüten blau.
– Liegen ausschließlich die rezessiven Allele beider Gene vor, so sind die Blüten weiß.
– Existiert von einem Gen mindestens ein dominantes Allel und liegen gleichzeitig vom anderen Gen zwei rezessive Allele vor, so ist die Blütenfarbe hellblau.

Ermitteln Sie mit Hilfe eines Kreuzungsschemas das theoretische Verhältnis der Phänotypen in der F1-Generation bei der Kreuzung zweier Glockenblumen, die jeweils für beide Gene heterozygot sind! 8

1.3 Pflanzen mit einem triploiden Chromosomensatz (3n = 6) sind nicht in der Lage, sich sexuell fortzupflanzen. Sie sind steril. Ursache der Sterilität ist der gestörte Ablauf der Meiose.
Erklären Sie diese Beobachtung unter Zuhilfenahme einer beschrifteten Skizze! 4

2 Die stickstoffhaltige Harnsäure ist eine Zwischenstufe bei der Ausscheidung von überschüssigem Stickstoff, der beim Abbau von Proteinen im Körper anfällt. Gicht ist eine Krankheit, bei der im Körper vermehrt Harnsäure gebildet wird, deren Salze sich in den Gelenken ablagern und so zu großen Schmerzen führen können. Eine seltene erbliche Form der Gicht geht auf eine Überaktivität des Enzyms Phosphoribosylpyrophosphat-Synthetase (PRS) zurück. Nachfolgende Abbildung zeigt den Stammbaum einer Familie, die von diesem Erbleiden betroffen ist:

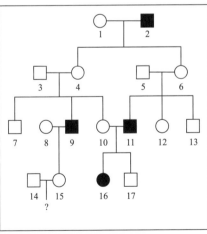

Abb. 1: Stammbaum einer Familie, in der eine erbliche Form der Gicht auftritt.

2.1 Leiten Sie aus dem gegebenen Stammbaum die Art der Vererbung dieser Krankheit ab und begründen Sie, weshalb die übrigen Ihnen bekannten Erbgangstypen auszuschließen sind!
Hinweis: Aufgrund der Seltenheit dieser Krankheit kann davon ausgegangen werden, dass die Personen Nr. 3, 5, 8 und 14 kein mutiertes Allel aufweisen. 7

2.2 Das Ehepaar bestehend aus den Personen Nr. 14 und Nr. 15 erwartet ein Kind. Leiten Sie aus dem gegebenen Stammbaum ab, in welcher Form und mit welcher Wahrscheinlichkeit ein Junge bzw. ein Mädchen von dieser Mutation betroffen wäre! 4

2.3 Beschreiben Sie das Grundprinzip eines Verfahrens der pränatalen Diagnostik! 3

2.4 Das Enzym Phosphoribosylpyrophosphat-Synthetase (PRS) entsteht durch den Vorgang der Proteinbiosynthese.
Stellen Sie den Teilprozess der Transkription unter Mitverwendung einer beschrifteten Schemazeichnung dar! 7

2.5 Gicht kann auch durch einseitige Ernährung verursacht werden.
Stellen Sie, ausgehend von den gegebenen Informationen, einen möglichen Zusammenhang zwischen einseitiger Ernährung und dem Auftreten der Gicht dar! 3
___
40

(erweiterter) **Erwartungshorizont**

1.1 **Sexuelle (Geschlechtliche) Fortpflanzung:**
Populationen einer Art, die sich geschlechtlich fortpflanzen, zeichnen sich aufgrund der Rekombinationsereignisse bei der Meiose durch eine hohe genetische Variabilität aus. Unter diesen Varianten sind in der Regel immer Phänotypen, die Anpassungen aufweisen, mit denen Sie auf veränderte Umweltbedingungen rasch und flexibel reagieren können. Die Selektion als richtender Evolutionsfaktor bevorzugt diese Varianten.
Vegetative (ungeschlechtliche) Fortpflanzung:
Pflanzen, die sich asexuell fortpflanzen, haben bei gleich bleibenden Umweltbedingungen den Vorteil, dass sie in der Regel an diese optimal angepasst sind. Ebenfalls von Vorteil kann bei dieser Art der Fortpflanzung die Unabhängigkeit von einem zweiten Individuum (Sexualpartner) sein. Dadurch ist z. B. die schnelle Besiedelung neuer Lebensräume möglich.

Asexuelle Fortpflanzung beruht auf mitotischen Teilungen, die zu genetisch völlig identischen Zellen führen (Klon). Auf diese Weise entstandene Populationen sind daher gegenüber sich verändernden Umweltbedingungen relativ unflexibel. Eine geringe Variabilität kann sich bei der ungeschlechtlichen Fortpflanzung lediglich als Folge von relativ seltenen positiven Mutationen ergeben.

1.2 *Bei der Kreuzung der beiden Glockenblumen wird die Vererbung des Merkmals „Blütenfarbe" betrachtet. Dieses Merkmal wird von zwei Genen gleichzeitig beeinflusst. Es liegt somit ein **dihybrider Erbgang** vor. Jedes Gen kann als dominantes, aber auch als rezessives Allel vorliegen. Die Erbinformationen für das Merkmal liegen jeweils auf verschiedenen Chromosomenpaaren; es liegt also keine Genkopplung vor.
Die Kreuzung erfolgte zwischen zwei Glockenblumen, die für die beiden Gene jeweils heterozygot sind.*

Kennzeichnung der Allele:

A = dominantes Allel 1 für das
Merkmal Blütenfarbe „blau"
a = rezessives Allel 1 für das
Merkmal Blütenfarbe „weiß"

B = dominantes Allel 2 für das
Merkmal Blütenfarbe „blau"
b = rezessives Allel 2 für das
Merkmal Blütenfarbe „weiß"

Parentalgenerationen P:

P I Phänotyp: blaue Blüten
     Genotyp: heterozygot für
                    beide Gene AaBb
     Keimzelltypen: AB; Ab; aB; ab

P II Phänotyp: blaue Blüten
     Genotyp: heterozygot für
                    beide Gene AaBb
     Keimzelltypen: AB; Ab; aB; ab

Kreuzung der Parental-Individuen; Kombinationsquadrat zur Ermittlung der Phänotypen der F1-Generation:

Keimzellen	AB	Ab	aB	ab
AB	AABB	AABb	AaBB	AaBb
Ab	AABb	AAbb	AaBb	Aabb
aB	AaBB	AaBb	aaBB	aaBb
ab	AaBb	Aabb	aaBb	aabb

Kreuzungsergebnis: Theoretisches Verhältnis der Phänotypen in der F1-Generation:

Gemäß Angabentext kommen bei der Glockenblume drei verschiedene Blütenfarben vor und zwar unter folgenden Bedingungen:
– Blütenfarbe „blau" entsteht, wenn von beiden Genen zugleich das jeweils dominante Allel mindestens einmal vorliegt, also bei den Phänotypen AB. ☐
– Blütenfarbe „weiß" entsteht, wenn von beiden Genen ausschließlich die rezessiven Allele vorliegen, also bei den Phänotypen ab. ☐
– Blütenfarbe „hellblau" entsteht, wenn von einem Gen mindestens ein dominantes Allel existiert und gleichzeitig vom anderen Gen zwei rezessive Allele vorhanden sind, also bei den Phänotypen Ab oder aB. ☐

Die Auswertung der 16 Gametenkombinationen des Kombinationsquadrates für die F1-Generation ergibt, dass bei einer größeren Anzahl von Nachkommen die drei verschiedenen Phänotypen „blau", „hellblau" und „weiß" im Zahlenverhältnis 9 : 6 : 1 zu erwarten sind.

1.3 *Triploidie bedeutet, dass in einer Zelle von jedem Chromosom des einfachen (haploiden, 1n) Satzes (im Beispiel 2 Chromosomen) drei homologe Vertreter (hier: 3n = 6) vorhanden sind, statt wie normalerweise zwei Vertreter (= diploider Chromosomensatz, 2n). Die Aufgabenstellung informiert darüber, dass die Sterilität bei Pflanzen mit triploidem Chromosomensatz ihre Ursache in einem gestörten Ablauf der Meiose (Keimzellbildung) hat. Zentraler Vorgang der Meiose ist die Reduktion des Chromosomensatzes vom diploiden Zustand in den haploiden. Die bei triploiden Pflanzen während dieser Phase auftretenden Probleme sind mit beschrifteten Skizzen zu erläutern.*
Anmerkung: Triploide Pflanzen können entstehen, wenn zum Beispiel Pollen einer tetraploiden Pflanze (4n) auf die Blüte einer diploiden Pflanze (2n) gelangt. Die Keimzellen der diploiden Pflanze sind haploid (n), die der tetraploiden Pflanze diploid (2n). Es entsteht also ein triploider (3n) Nachkomme. Beispiele triploider Pflanzen sind kultivierte Sorten der Ananas oder die kernlosen Weintrauben.

Chromosomensätze der Parentalgeneration einer triplodien Pflanze mit 3n = 6:

 Keimzellen (n = 4) einer tetraploiden Pflanze (4n = 8)

 Keimzellen (n = 2) einer diploiden Pflanze (2n = 4)

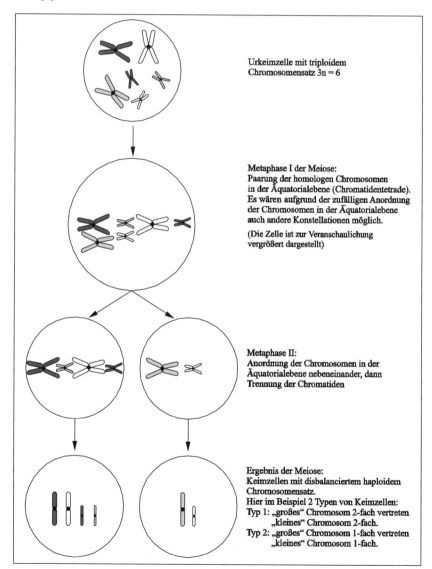

Lebensfähige triploide Individuen sind steril, weil die für die Reduktion des Chromosomensatzes erforderliche Paarung der homologen Chromosomen während der Metaphase I der 1. Reifeteilung bei ihnen nicht für alle Chromosomen möglich ist. Es entstehen Gameten mit ungleichmäßiger Chromsomenzahl der verschiedenen homologen Chromosomen. Eine Verschmelzung derartiger Keimzellen führt dazu, dass die daraus entstehenden Zygoten wegen der Unausgewogenheit der Chromosomen und damit der Gene nicht lebensfähig sind. Ursache ist somit eine Störung der Genbalance.

2.1 *Für die Feststellung, welcher Erbgang zugrunde liegt, stellen sich grundsätzlich zwei Fragen:*
1. wird die Information für das Merkmal „Gicht" dominant oder rezessiv vererbt und
2. wird diese Information autosomal oder gonosomal vererbt.

Dominante oder rezessive Vererbung: Typisch für einen dominanten Erbgang wäre, dass sich das Merkmal in einer Familie leicht verfolgen lässt. Da in der zweiten Generation die beiden Töchter (4) und (6) jedoch nicht Merkmalsträger sind, deren Söhne (9) und (11) das Merkmal aber wieder aufweisen, die Krankheit also eine Generation übersprungen hat und gemäß Angabentext die Person 3 kein mutiertes Allel aufweist, kann ein dominanter Erbgang ausgeschlossen werden.

Autosomale oder gonosomale (X-chromosomal) Vererbung: Kennzeichnend für einen autosomalen Erbgang wäre, dass das Erbleiden in beiden Geschlechtern mit gleicher Häufigkeit auftritt. Die ist hier nicht der Fall.
Die Beobachtung, dass die beiden männliche Merkmalsträger (9) und (11) mütterlicherseits einen Großvater (2) mit der gleichen Erbkrankheit haben, spricht für einen X-chromosomalen Erbgang. Besonderheiten ergeben sich bei diesem Erbgang aus der Tatsache, dass der Mann hemizygot ist, es bei ihm also für Gene auf dem X-Chromosom im Y-Chromosom keine Allele gibt. Dadurch wirkt sich ein auf dem einzelnen X-Chromosom gelegenes mutiertes Gen bereits aus. Auch der Hinweis im Angabentext, dass die angeheirateten Personen 3 und 5 kein mutiertes Allel aufweisen, stützt die Entscheidung für einen X-chromosomalen Erbgang.
Somit handelt es sich im vorliegenden Fall um einen gonosomalen Erbgang, bei dem das Allel für diese seltene Form der Gicht rezessiv vererbt wird.

Selbst wenn es in der Fragestellung nicht explizit formuliert ist, wird zur Bestätigung Ihrer Entscheidung für diesen Erbgang die Angabe relevanter Genotypen erwartet.

A: Allel für normale Aktivität des Enzyms PRS;
a: Allel für Überaktivität des Enzyms PRS („Allel für „Gicht")
Person 2: X_aY
Person 4: X_AX_a Person 6: X_AX_a
Person 8: X_AX_A Person 9: X_aY
Person 10: X_AX_a Person 11: X_aY
Person 16: X_aX_a Person 17: X_AY
Person 10 muss Konduktorin sein, denn nur dadurch ist es zu erklären, dass bei ihrer Tochter (Person 16) das Merkmal „Gicht" auftritt.

2.2 Der Genotyp des Ehemannes (14) kann bei Vorliegen eines X-chromosomalen Erbganges nur X_AY lauten. Die Ehefrau (15) muss aufgrund der Genotypen-Konstellation ihrer Eltern (Person 8: X_AX_A; Person 9: X_aY) Konduktorin mit dem Genotyp X_AX_a sein.

	Vater	
Keimzellen	X_A	Y
Mutter X_A	$X_A X_A$	$X_A Y$
X_a	$X_A X_a$	**$X_a Y$**
	Töchter	Söhne

Bei Mädchen würde die Krankheit nicht auftreten, allerdings wären sie mit 50 % Wahrscheinlichkeit Konduktorinnen des mutierten Allels. Jungen wären mit 50 % Wahrscheinlichkeit Träger des mutierten Allels und damit vom Erbleiden der Gicht betroffen.

2.3 *Um bestimmte Erbkrankheiten verhüten zu können bzw. bei rechtzeitigem Erkennen Therapiemaßnahmen ergreifen zu können, kann von Paaren freiwillig eine genetische Beratung in Anspruch genommen werden. Möglichkeiten <u>vor</u> einer Schwangerschaft sind Stammbaumanalysen der Partner für einfache Wahrscheinlichkeitsaussagen oder klinische Tests zur Verbesserung von Wahrscheinlichkeitsaussagen.*
Von pränataler Diagnostik spricht man bei Untersuchungen, die <u>während</u> einer Schwangerschaft durchgeführt werden. Als <u>nicht-invasive</u> Methoden kommen Ultraschall-Untersuchungen des Fetus oder biochemische Untersuchungen des mütterlichen Blutes auf Stoffwechselprodukte des Fetus in Frage, die Hinweise auf einen Defekt geben können (z. B. Neuralrohrdefekte). Die Fragestellung zielt auf die Beschreibung einer <u>invasiven</u> Methode ab, von denen die bekannteste die Amniozentese ist.

Die **Amniozentese** oder Fruchtwasseruntersuchung wird ab der 15. bis ca. 17. Schwangerschaftswoche durchgeführt, da zu diesem Zeitpunkt ausreichend Volumen an Fruchtwasser vorhanden ist. Unter Ultraschallkontrolle wird mittels Punktion durch die Bauchdecke aus der Fruchtblase mit einer dünnen Nadel eine geringe Menge Fruchtwasser entnommen. Das Fruchtwasser enthält Zellen des Fetus, die zur Kultivierung von Zellkulturen für Chromosomenuntersuchungen z. B. auf numerische Aberrationen (Dauer ca. 2–3 Wochen) zur Verfügung stehen. Im Fruchtwasser enthaltene Substanzen (z. B. Proteine) des fetalen Stoffwechsels lassen biochemische Untersuchungen auf bestimmte Stoffwechselkrankheiten zu.

Bei positiven Ergebnissen lässt der Gesetzgeber als medizinische Indikation einen Schwangerschaftsabbruch auch nach der 12. Woche zu.

Weitere für die Bearbeitung der Frage geeignete Verfahren wären:
Fetoskopie: *direkte Beobachtung des Fetus mit einer geeigneten Optik, mit der Möglichkeit, unter kontrollierten Bedingungen Blutproben für Untersuchungen vom Fetus direkt zu gewinnen.*
Chorionzottenbiopsie: *Entnahme von Gewebeproben für eine Chromosomen- oder DNA-Analyse (Biopsie) über den Muttermund aus der Membran, die den Fetus umgibt.*
Nabelschnurpunktion: *Mittels einer dünnen Nadel wird durch Punktion durch die Bauchdecke aus der Nabelschnur fetales Blut für verschiedene Blutuntersuchungen, z. B. auf Gerinnungsstörungen, gewonnen.*

2.4

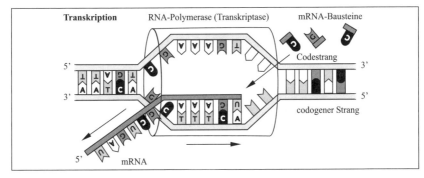

*Die Synthese des Enzyms PRS gliedert sich in **zwei** Abschnitte: Während der **Transkription** erfolgt ein Umschreiben der Basensequenz der DNA auf die mRNA, also den Codon-Strang. Bei der **Translation** erfolgt an den Ribosomen die Übersetzung der Basensequenz dieser mRNA in die Aminosäure-Sequenz des Enzyms PRS mit Hilfe der tRNA. Die Fragestellung verlangt nur die Darstellung der Transkription.*

Transkription:
- Nach Auflösung der Überstruktur der DNA, erfolgt eine Aufweitung des DNA-Doppelstranges (Lösung der Wasserstoffbrücken) durch das Enzym Transkriptase (= mRNA-Polymerase).
- Die Transkriptase „tastet" die Basensequenz des Doppelstrangs der DNA ab und „erkennt", welcher der beiden Stränge als codogener Strang in 3' → 5'-Richtung abgelesen werden soll.
- Der codogene Strang wird dann abgelesen und es erfolgt die Bildung der mRNA (Codon-Strang) durch Anlagerung der komplementären mRNA-Bausteine und ihre Verknüpfung in 5' → 3'-Richtung durch die mRNA-Polymerase.
- Nach der Anlagerung der RNA-Bausteine schließt sich hinter dem Enzymkomplex der DNA-Doppelstrang wieder.
- Signalisieren Stopp-Basensequenzen das Ende der Transkription, dann lösen sich die Transkriptase und die mRNA von der DNA.
- Die DNA nimmt wieder ihre Überstruktur an.

2.5 *Wie der Angabetext beschreibt, ist Gicht die Folge einer vermehrten Bildung von Harnsäure, deren Salze sich in Gelenken ablagern und dort Schmerzen verursachen. Die stickstoffhaltige Harnsäure wiederum ist eine Zwischenstufe, die beim Abbau von Eiweiß im Körper anfällt.*

Eine einseitige Ernährung durch übermäßigen Verzehr von Proteinen, die aus stickstoffhaltigen Aminosäuren aufgebaut sind, führt zwangsläufig zu einer hohen Harnsäurekonzentration im Blut. Dabei können sich Harnsäurekristalle in den Gelenken ausbilden, die das Risiko von Gichtanfällen erhöhen.

Grundkurs Biologie (Bayern): Abiturprüfung 2007 – Aufgabe B 1
Stoffwechselphysiologie und Ökologie

BE

1 Die Wasserpest ist eine weit verbreitete Wasserpflanze, an der mit einfachen experimentellen Mitteln die Sauerstofffreisetzung bei der Fotosynthese untersucht werden kann.

1.1 Formulieren Sie die Bruttogleichung der Fotosynthese! 3

1.2 In der folgenden Tabelle sind verschiedene Versuchsbedingungen zur Messung der Sauerstofffreisetzung bei der Wasserpest aufgeführt.
Geben Sie begründet an, bei welchen Versuchen nur eine äußert geringe bzw. überhaupt keine Sauerstofffreisetzung zu beobachten ist! 8

Versuch	Licht	Kohlenstoffdioxid	Temperatur
1	–	+	17 °C
2	+	–	17 °C
3	+	+	17 °C
4	+	+	27 °C
5	+	+	2 °C
6	+	+	50 °C

1.3 Erläutern Sie den Zusammenhang zwischen Lichtqualität und Sauerstofffreisetzung bei der Fotosynthese! 5

2 Stauseen sind zwar „künstliche Ökosysteme", in ihnen sind jedoch fast alle wichtigen Lebensräume eines Sees vertreten. Sie werden stark von ihren Zuläufen beeinflusst, die einen hohen Stoffeintrag und stark schwankende Wasserstände zur Folge haben können.

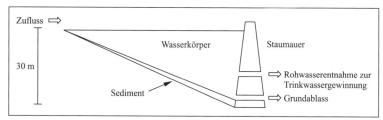

Abb. 1: Schematische Darstellung eines Stausees. (verändert nach BiuZ, 2/2006)

2.1 Im folgenden Diagramm sind wichtige Parameter der Neunzehnhain-Talsperre im Erzgebirge dargestellt:

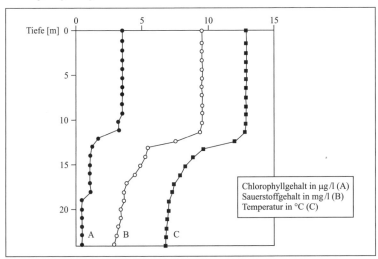

Abb. 2: Verlauf von Chlorophyllgehalt, Sauerstoffgehalt und Temperatur in Abhängigkeit von der Wassertiefe in der Neunzehnhain-Talsperre (verändert nach BiuZ, 2/2006)

Erläutern Sie die drei Kurvenverläufe und gehen Sie dabei auf die wesentlichen Zusammenhänge ein! 8

2.2 Übertragen sie die Abbildung 1 auf Ihren Arbeitsbogen, zeichnen sie anhand der Werte aus Abbildung 2 die verschiedenen Zonen im Freiwasserbereich des Stausees ein und benennen Sie diese! 3

2.3 Zuflüsse aus landwirtschaftlich genutzten Gebieten führen zu einem erhöhten Mineralstoffeintrag in den Stausee.
Erklären Sie die Auswirkungen auf dieses Ökosystem und beurteilen Sie in diesem Zusammenhang den Einfluss einer regelmäßigen Wasserentnahme aus dem Grundablass! 5

2.4 Wasserflöhe sind Teil des Zooplanktons und ernähren sich als effektive Filtrierer von Phytoplankton und Detritus (organische Schwebstoffe).
Erläutern Sie, wie sich in diesem Zusammenhang der Besatz mit größeren Raubfischen, z. B. Hechten, auf die Eutrophierung des Stausees auswirken könnte! 4

2.5 Begründen Sie, weshalb die Rohwasserentnahme zur Trinkwassergewinnung in der in Abb. 1 gekennzeichneten Tiefe erfolgt! 4
40

(erweiterter) Erwartungshorizont

1.1 Bruttogleichung der Fotosynthese:
$$6\,CO_2 + 12\,H_2O \longrightarrow C_6H_{12}O_6 + 6\,O_2 + 6\,H_2O$$

1.2 *Die zur Auswertung vorgelegte Tabelle weist sechs Versuche auf, bei denen die Beleuchtung, das Kohlenstoffdioxidangebot und der Faktor Temperatur (abiotische Faktoren, von denen die Assimilationstätigkeit von Pflanzen abhängt) in unterschiedlicher Weise kombiniert wurden. Ihre Aufgabe ist es, aus diesen Versuchsbedingungen einen Rückschluss auf die Fotosyntheseaktivität der Wasserpest, messbar über die Sauerstoffentwicklung (aufsteigende Gasbläschen), zu ziehen und jene Versuche mit nur geringer oder überhaupt keiner Sauerstoffentwicklung herauszufinden. Grundsätzlich gilt, dass derjenige Faktor, der im Minimum vorhanden ist, die gesamt Fotosyntheseleistung begrenzt. Sie sollen nur die Versuche begründend angeben, in denen keine oder nur eine geringe Sauerstofffreisetzung zu erwarten ist.*

Versuch 1: Keine Sauerstofffreisetzung, da ohne Licht die Lichtreaktion der Fotosynthese nicht ablaufen kann. Folglich kommt es auch nicht zur Fotolyse des Wassers, bei der der Sauerstoff gebildet wird.

Versuch 2: Keine Sauerstofffreisetzung, da bei Fehlen von Kohlenstoffdioxid die Produkte der Lichtreaktion (Reduktionsäquivalent $NADPH_2$ und Energieäquivalent ATP) in der Dunkelreaktion (Calvinzyklus) nicht weiterverarbeitet werden können, folglich kein $NADP^+$ und ADP für die Lichtreaktion anfällt und somit auch die Lichtreaktion mit der Bildung von Sauerstoff zum Erliegen kommt.

Versuch 5: Stark verringerte Sauerstofffreisetzung. Die Faktoren Licht und CO_2 sind zwar vorhanden, aber die niedrige Temperatur von 2 °C beeinflusst die biochemischen Vorgänge der Dunkelreaktion entsprechend der RGT-Regel (Reaktionsgeschwindigkeits-Temperatur-Regel), was sich auch auf die Lichtreaktion mit der Sauerstoffentwicklung auswirkt.

Versuch 6: Keine oder nur sehr geringe Sauerstofffreisetzung. Auch hier sind die Faktoren Licht und CO_2 ausreichend vorhanden, aber die hohe Temperatur von 50 °C führt zur Hitzedenaturierung aller Enzyme, die die Fotosynthese ermöglichen. Enzyme spielen bei den biochemischen Vorgängen der Dunkelreaktion eine entscheidende Rolle.

1.3 Misst man für den Blattfarbstoff, der fotosynthetisch aktiv und somit an der Energieumwandlung unmittelbar beteiligt ist (= Chlorophyll a), die Lichtabsorption für alle Wellenlängen des sichtbaren Lichtes (= Lichtqualität), dann ergibt die grafische Darstellung der Messwerte ein typisches **Absorptionsspektrum**: Die Maxima der Absorption liegen im blauen (kurzwelligen) und roten (langwelligen) Bereich. Die Wellenlängen dazwischen, grüne und gelbe Farben, werden dagegen kaum absorbiert.

Beleuchtet man eine Pflanze, hier die Wasserpest, jeweils mit einer anderen **Lichtqualität**, erzielt man Fotosyntheseraten, messbar an der Sauerstofffreisetzung, die ebenfalls in einer grafischen Darstellung festgehalten werden können. Diese zeigt ebenso einen typischen Verlauf (= **Wirkungsspektrum**): Die Maxima der Sauerstoffentwicklung liegen auch hier im blauen und roten Bereich, also bei den gleichen Wellenlängen, bei denen das Chlorophyll a, wie oben beschrieben, Absorptionsmaxima besitzt.

Obwohl Chlorophyll a im grün-gelben Bereich kaum Lichtenergie absorbiert, sinkt dennoch die Fotosyntheseleistung einer Pflanze bei Bestrahlung mit diesen Wellenlängen nicht stark ab. Der Grund sind sogenannte akzessorische Pigmente (v. a. Carotinoide), die vor allem im Bereich dieser Wellenlängen (Farben) Lichtenergie absorbieren. Als Teil eines Fotosystems (Lichtsammelfalle) führen sie dem im Reaktionszentrum liegenden Chlorophyll-a-Molekül die absorbierte Energie zu.

2.1 *Die in der Tabelle angegebenen Messwerte der Parameter Chlorophyllgehalt, Sauerstoffgehalt und Temperatur zeigen Profile, die für einen mitteleuropäischen See während der Sommermonate typisch sind. Unter Berücksichtigung der physikalischen Eigenschaften des Wassers (äußerst geringe Wärmeleitfähigkeit, Dichteanomalie) und dem jeweiligen Lichtangebot in den unterschiedlichen Wassertiefen sind diese Profile zu erläutern.*

Es herrscht die so genannte Sommerstagnation. Die warmen **Wassertemperaturen** beschränken sich auf das durch die Sonneneinstrahlung erwärmte Oberflächenwasser des Epilimnions. Wegen der äußerst geringen Wärmeleitfähigkeit des Wassers, findet ein Wärmetransport in die tieferen Wasserschichten nur als Folge der nächtlichen Abkühlung des Oberflächenwassers und von Windeinwirkung statt. Diese auf das **Epilimnion** beschränkte Teilzirkulation sorgt dort für relativ ausgeglichene Temperaturverhältnisse.

Der Bereich zwischen 11 und 13 m ist gekennzeichnet durch einen raschen Temperaturabfall. Dieser als **Sprungschicht** bezeichnete Bereich stellt für die Wärmemengen, die gelösten Gase und Stoffe eine Barriere dar. Durch ihn ist das **Hypolimnion** vom Epilimnion isoliert. Kühleres Wasser sinkt wegen der größeren Dichte in das Hypolimnion und dort bis in Schichten gleicher Dichte ab. Bei 4 °C hat Wasser sein Dichtemaximum. Im Oberflächenwasser von 0 bis 11 Meter ist eine gleichbleibend hohe **Sauerstoffsättigung** zu verzeichnen. Sie resultiert aus der Fotosyntheseaktivität der Produzenten (Phytoplankton), denen eine ausreichend hohe Lichtintensität und Lichtqualität sowie günstige Temperaturbedingungen für ihr Wachstum in diesen Wassertiefen zur Verfügung stehen. Die konstant bleibende Menge an Phytoplankton ist am gleichbleibenden Chlorophyllgehalt erkennbar.

Ab 11 Meter ist analog zum Temperaturprofil ein Absinken des **Chlorophyllgehalts** und der **Sauerstoffsättigung** feststellbar. Die Ursache liegt in der Abnahme des Phytoplanktons und damit der Fotosyntheserate, da die für die Fotosynthese verwertbaren Wellenlängen des Lichts zunehmend weniger bis in diese Tiefen vordringen. Zudem verbrauchen unter 13 m die Konsumenten durch Zellatmung Sauerstoff, vor allem aber die Destruenten zum aeroben Abbau abgestorbener Biomasse. Da die isolierende Wirkung der Sprungschicht eine Zirkulation mit dem sauerstoffreichen Oberflächenwasser verhindert, erfolgt im Verlauf der Sommermonate eine zunehmende Verarmung des Tiefenwassers an Sauerstoff.

2.2 *Als Freiwasserbereich des Stausees wird der Bereich gesehen, in dem er seine größte Tiefe erreicht, in der schematischen Darstellung also im Bereich der Staumauer.*

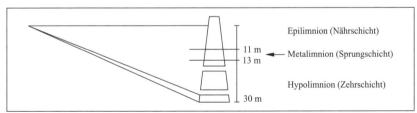

2.3 Durch Düngung in landwirtschaftlich genutzten Gebieten kommt es zu einem Anstieg der anorganischen Mineralstoffkonzentration im Gewässer. Dies hat eine starke Vermehrung des Phytoplanktons zur Folge. Nachts stirbt ein Großteil dieser Biomasse wegen der starken Sauerstoff verbrauchenden Prozesse von Produzenten und Konsumenten an Sauerstoffmangel.

Die tote organische Substanz kann im Epilimnion jedoch nicht vollständig von Destruenten abgebaut werden, sondern sinkt ins Tiefenwasser und auf den Boden. Die dann dort stattfindenden Zersetzungsprozesse führen nun auch im Tiefenwasser zu einem Sauerstoffschwund und in der Folge zu anaeroben Abbauvorgängen. Eutrophierung, also der progressive Verfall eines Gewässers wird die Folge sein.
Durch die regelmäßige Wasserentnahme aus dem Grundablass wird die sauerstoffarme Wasserschicht entfernt. Dadurch wird auch im Hypolimnion wieder ein aerober Abbau möglich und somit einer Eutrophierung entgegengewirkt.

2.4 *Lebewesen eines Ökosystems lassen sich verschiedenen Ernährungsstufen (Trophieebenen) zuordnen: Produzenten, Konsumenten und Destruenten. In Nahrungsketten (komplexer in Nahrungsnetzen) fließen Stoffe und Energie von einer Trophieebene in die nächst höhere. Jede höhere Trophieebene greift dadurch regulierend auf die unter ihr liegende ein.*

Wasserflöhe begrenzen als Konsumenten die Vermehrung von Phytoplankton und reduzieren als Filtrierer Detritus. Ihre Populationsdichte wiederum wird reguliert durch (Fried-)Fischpopulationen *(im Angabetext nicht erwähnt!)*. Der Besatz mit größeren Raubfischen (z. B. Hechten) dezimiert (Fried-)Fischpopulationen. Dadurch steigt die Zooplanktondichte (Wasserflöhe), was eine stärkere Dezimierung des Phytoplanktons zur Folge hat. Insgesamt kommt es dadurch zu einer Abnahme jener Biomasse, die für die Eutrophierung mit ausschlaggebend ist.

2.5 Die Rohwasserentnahme zur Trinkwassergewinnung erfolgt unterhalb der Sprungschicht im obersten Bereich des Hypolimnions. Da die Sprungschicht auch für Stoffe wie eine Barriere wirkt, zeichnet sich hier die Wasserqualität selbst im Sommer durch eine geringe Belastung mit Biomasse aus. Anaerobe Vorgänge, welche die Trinkwasserqualität ebenfalls beeinträchtigen würden, finden erst in den tieferen Schichten des Hypolimnions statt.

Grundkurs Biologie (Bayern): Abiturprüfung 2007 – Aufgabe B 2
Stoffwechselphysiologie und Ökologie

BE

1 Goldfische werden in ein gut belüftetes Aquarium gesetzt. Dabei kann festgestellt werden, dass sie über die Kiemen Kohlenstoffdioxid abgeben.

1.1 Formulieren Sie die Bruttogleichung der Zellatmung und nennen Sie die Stoffwechselabschnitte, die zur Freisetzung des Kohlenstoffdioxids führen! 5

1.2 Stellt man die Aquarienbelüftung ab, so kann man neben der Kohlenstoffdioxidabgabe eine für Wirbeltiere ungewöhnliche Freisetzung von Ethanol feststellen, deren Ursache derzeit Gegenstand der Forschung ist.
Beschreiben Sie ausgehend von der Glucose die wesentlichen Schritte des zu Grunde liegenden Stoffwechselweges, stellen Sie die Stoff- und Energiebilanz auf, und vergleichen Sie letztere mit der Energiebilanz der Zellatmung! 10

2 Korallenriffe beherbergen bemerkenswerte Lebensgemeinschaften.

2.1 Anthozoa (Korallentiere) ernähren sich von winzigen Beuteorganismen und von gelösten organischen Stoffen, die sie direkt durch die Epidermis aufnehmen. Bei bestimmten Anthozoa fand man zudem in Zellen der Tentakel eine große Anzahl von Zooxanthellen (einzellige Algen).

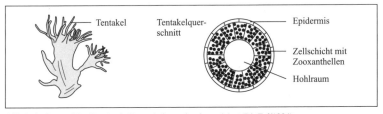

Abb. 1: Anthozoa (Korallentiere); Querschnitt stark schematisiert (BiuZ 6/1984)

Erläutern Sie mit Hilfe der in folgender Grafik dargestellten experimentellen Befunde die Bedeutung der Algen für das Korallentier! 5

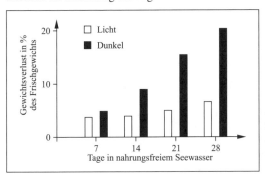

Abb. 2: Gewichtsverlust eines algenhaltigen Korallentieres bei Haltung in nahrungsfreiem Wasser unter verschiedenen Bedingungen.
(Verändert nach BiuZ 6/1984)

2.2 In einem weiteren Experiment wurde beobachtet, dass die Fotosyntheseleistung der Zooxanthellen in den Zellen der Korallentiere höher war als bei frei lebenden Vergleichsformen.
Erklären Sie diese Beobachtung ausgehend von einer Beschreibung der wesentlichen Schritte der Verarbeitung von Kohlenstoffdioxid in den Dunkelreaktionen! 10

2.3 Nachfolgende Abbildung zeigt einen Querschnitt durch ein Laubblatt einer Lauchpflanze:

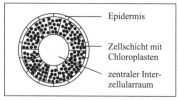

Abb. 3: Schematischer Blattquerschnitt durch ein Lauch-Laubblatt (BiuZ 6/1984)

2.3.1 Erstellen Sie eine beschriftete Skizze eines typischen Laubblatt-Querschnitts und vergleichen Sie diesen mit dem abgebildeten Querschnitt durch ein Lauch-Laubblatt (Abb. 3)! 7

2.3.2 Erläutern Sie am vorliegenden Beispiel von Korallentiertentakel und Lauch-Laubblatt den Begriff der Analogie! 3
40

(erweiterter) Erwartungshorizont

1.1 Bruttogleichung der Zellatmung:
$C_6H_{12}O_6 + 6\ H_2O + 6\ O_2 + 38\ ADP + 38\ P_i \longrightarrow 6\ CO_2 + 12\ H_2O + 38\ ATP$

Der stufenweise Abbau der energiereichen Glucose kann in vier Abschnitte gegliedert werden: Glykolyse, oxidative Decarboxylierung, Zitronensäurezyklus und Endatmung. Kriterien für diese Einteilung sind dabei die Orte, an denen innerhalb einer Zelle gewisse Reaktionsschritte ablaufen, die dabei jeweils anfallenden wasserstoffübertragenden Wirkgruppen $NADH_2$ (bzw. $FADH_2$), die Bereitstellung der Energiespeichermoleküle ATP und eben auch die in der Fragestellung angesprochene Freisetzung der energiearmen Kohlenstoffverbindung CO_2.

Kohlenstoffdioxid wird einmal in der 2. Stufe des Abbaus, der oxidativen Decarboxylierung *(Schritt vom C_3-Körper Brenztraubensäure zum C_2-Körper aktivierte Essigsäure)* freigesetzt (2 Moleküle CO_2 pro Molekül Glucose). Eine weitere Freisetzung findet in der 3. Stufe, dem Zitronensäurezyklus *(vollständiger Abbau der aktivierten Essigsäure zum CO_2)* statt (4 Moleküle CO_2 pro Molekül Glucose).

1.2 *Die Freisetzung von Kohlenstoffdioxid und Ethanol weisen darauf hin, dass es sich bei dem gesuchten Stoffwechselschritt um die alkoholische Gärung handelt. Erläutern Sie den Ablauf der Glykolyse und der anschließenden Alkoholbildung mit den entscheidenden Schritten. Stellen Sie in getrennten Summenformeln jeweils die Stoffbilanz und die Energiebilanz der alkoholischen Gärung auf. Vergleichen Sie die Energiebilanz mit der der Zellatmung. Es sind keine Strukturformeln verlangt.*

Ausgehend von der Glucose erfolgt zunächst in der so genannten Glykolyse die Zerlegung des C_6-Körpers Glucose über mehrere Reaktionsschritte in zwei C_3-Körper Brenztraubensäure. Die Bedeutung dieses Stoffwechselschrittes liegt im Energiegewinn. Pro eingebrachtem Glucosemolekül werden 2 Moleküle ATP freigesetzt. Gleichzeitig fallen aber auch durch die Oxidation von C_3-Körpern 2 Moleküle $NADH_2$ an.

In dem sich anschließenden Schritt erfolgt die Weiterverarbeitung der Brenztraubensäure: Die Brenztraubensäure *($C_3H_4O_3$)* wird unter enzymatischer Abspaltung von CO_2 zu Ethanal *(C_2H_3OH)* decarboxyliert. Ethanal, ein Zellgift, nimmt dann die Elektronen und Protonen vom $NADH_2$ auf, das in der Glykolyse angefallenen ist und wird dadurch zum (noch energiereichen) Ethanol *(C_2H_5OH)* reduziert. Das frei gewordenen NAD^+ steht dann wieder für die Reaktionsschritte der Glykolyse zur Verfügung.

Stoffbilanz der alkoholischen Gärung

$C_6H_{12}O_6 \longrightarrow 2\ C_2H_5OH + 2\ CO_2$

Energiebilanz:

$2\ ADP + 2\ P_i \longrightarrow 2\ ATP$

Die Zellatmung (**aerob**), erzielt eine wesentlich höhere Energieausbeute (pro 1 mol Glucose entstehen 38 mol ATP), da die Glucose vollständig zu den energiearmen Endprodukten Kohlenstoffdioxid und Wasser abgebaut werden kann.

Bei der **anaeroben** Energiegewinnung der alkoholischen Gärung hingegen beträgt die Energieausbeute pro 1 mol Glucose lediglich 2 mol ATP, da die Glucose nur unvollständig zu dem noch energiereichen Endprodukt Alkohol abgebaut werden kann. Dies sind lediglich 5 % der beim aeroben Abbau von Glucose freiwerdenden Energiemenge.

2.1 *Zunächst sollten Sie die Aussage der Grafik formulieren und danach eine Erklärung für die dargestellten experimentellen Befunde finden.*

Korallentiere, heterotrophe Lebewesen, die in Symbiose mit einzelligen Algen leben, werden in diesem Experiment in Wasser gehalten, in dem ihnen organische Nahrung, vorenthalten wird. Die verschiedenen Bedingungen unter denen sie kultiviert werden sind zum einen Haltung bei Licht, zum anderen Haltung in Dunkelheit. Als Ergebnis lässt sich erkennen, dass der Gewichtsverlust der Korallen bei Belichtung geringer ausfällt als bei Haltung in Dunkelheit. Erklärt werden kann dieser Befund durch den Vorteil, den die Anthozoa aus dem Zusammenleben mit den Zooxanthellen ziehen: Zooxanthellen betreiben Fotosynthese. Die dabei anfallenden Fotosyntheseprodukte (Glucose) dienen den Anthozoa als Nahrung, wodurch der Gewichtsverlust bei Nahrungsentzug, aber vorhandener Belichtung geringer ausfällt.

Zwischen den Symbiosepartnern Korallentier und Alge gibt es verschiedene interne Stoffkreisläufe, aus denen auch die Algen Vorteile haben.

2.2 *Im Stroma der Chloroplasten wird bei den lichtunabhängigen biochemischen Vorgängen der **Dunkelreaktion (Calvin-Zyklus)** unter Beteiligung der Produkte der Lichtreaktion $NADPH_2$ und ATP energiereiche Glucose aufgebaut.*
Zunächst sollen Sie den Ablauf der Dunkelreaktion beschreiben und anschließend begründen, wodurch den einzelligen Algen (Zooxanthellen) aus dem Zusammenleben mit Korallentieren (Anthozoa) ein Vorteil für deren Fotosyntheseleistung erwächst.

Die Dunkelreaktion lässt sich in drei charakteristische Phasen gliedern:
- Erster Schritt: **Kohlenstoffdioxidfixierung (= Carboxylierende Phase)**
  CO_2-Fixierung an das Akzeptormolekül Ribulosebiphosphat (RuBP), einen C_5-Körper. Der entstandene C_6-Körper ist instabil und zerfällt sofort in zwei C_3-Körper Phosphoglycerinsäure (PGS).
- Zweiter, entscheidender Schritt: **Reduzierende Phase**
  Reduktion des C_3-Moleküls Phosphoglycerinsäure zum C_3-Körper Glycerinaldehydphosphat (GAP) unter $NADPH_2$- und ATP-Verbrauch.
  Bildung des C_6-Körpers Glucose: Zwei C_3-Körper GAP werden im weiteren Ablauf zu einem C_6-Körper (Fructose-1,6-diphosphat) zusammengefügt und anschließend zu Glucose umgebaut.
- Dritter Schritt: **Regenerierende Phase**
  Damit die Dunkelreaktion weiterlaufen kann, müssen ständig unter ATP-Verbrauch C_5-Körper als Akzeptormoleküle für die Fixierungsphase rückgebildet werden: Aus zehn C_3-Körpern der reduzierenden Phase werden 6 C_5-Körper Ribulosebiphosphat.

Kohlenstoffdioxid ist ein wesentlicher Ausgangsstoff für die Fotosynthesetätigkeit der Zooxanthellen. Durch die Zellatmung der Korallentiere wird Kohlenstoffdioxid freigesetzt, das den mit ihnen zusammen lebenden Zooxanthellen unmittelbar zur Verfügung steht. Somit verhilft ihnen die Symbiose zu einer höheren Fotosyntheseleistung, als bei frei lebenden Vergleichsformen zu verzeichnen ist.

2.3.1

Vergleich:		
Lauchblatt	Laubblatt	
Nur eine Zellschicht mit Assimilationsgewebe	Nur eine Zellschicht mit Assimilationsgewebe	
Nur ein zentraler, großer Interzellularraum	Viele kleine Interzellularbereiche im Schwammgewebe verteilt	
Radialsymmetrischer Querschnitt; Rundblatt	Asymmetrischer Querschnitt; Blatt mit Ober- und Unterseite	

(Abbildung: Blattquerschnitt mit Beschriftungen: obere Epidermis, Palisadengewebe, Schwammgewebe, untere Epidermis, Interzellularräume, Chloroplasten)

2.3.2 Unter Analogie versteht man die Erscheinung, dass bei Lebewesen, die zwar vom Grundbauplan her völlig unterschiedlich sind, bestimmte Organe oder Strukturen äußerliche Ähnlichkeiten aufweisen, da sie derselben Funktion dienen.
Analogien sind das Ergebnis einer Anpassung an gleichartige Umweltbedingungen im Laufe der Evolution (= konvergente Entwicklung). All diese Ähnlichkeiten lassen keinen Rückschluss auf eine enge Verwandtschaft zu, im vorliegenden Fall ergibt sich dies schon daraus, dass die Anthozoa dem Tierreich zuzuordnen sind und der Lauch dem Pflanzenreich.
- Die Tentakeln der Korallentiere und das Lauchblatt weisen als Abschlussgewebe eine Epidermis auf, die bei den Korallen aber aus tierischen Zellen aufgebaut ist, beim Lauch aus pflanzlichen.

Das Rundblatt des Lauches entsteht dadurch, dass die Blattunterseite stärker wächst, als die Oberseite, bis diese völlig verschwindet und man nur noch die Unterseite sieht.

- Das Assimilationsgewebe besteht beim Lauch aus Zellen, die Chloroplasten, also Zellorganellen, enthalten. Bei den Anthozoa übernehmen symbiontisch lebende einzellige Algen mit ihren Chloroplasten innerhalb der tierischen Zellschichten die Assimilation.

Die Algen leben in der dem zentralen Magen-Darm-Raum zugewandten Zellschicht der dreischichtigen Körperwand eines Korallenpolypen.

- Sowohl die Tentakeln als auch das Laubblatt weisen einen zentralen Hohlraum auf.

Bei den Anthozoa ist dieser Hohlraum eine Verzweigung des Magen-Darm-Raumes. In ihm findet die extrazelluläre Vorverdauung der durch die Mundöffnung aufgenommenen Nahrungspartikel statt. Beim Lauch dient er als Durchlüftungsgewebe.

Grundkurs Biologie (Bayern): Abiturprüfung 2007 – Aufgabe C 1
Neurophysiologie und Ethologie

BE

1 Die Varroa-Milbe verursacht erhebliche Schäden in den Bienenvölkern, an deren Brut sie parasitiert. Zu ihrer Bekämpfung wurden die Wirkstoffe Coumafos und Flumethrin entwickelt. Während Coumafos seine Wirkung an den Synapsen entfaltet, wirkt Flumethrin am Axon.

1.1 Beschreiben Sie die wesentlichen Abläufe bei der Erregungsübertragung an neuromuskulären Synapsen! 8

1.2 Messungen der Acetylcholin-Konzentration im synaptischen Spalt nach einer Einzelerregung am Axon führten zu den in Abbildung 1 dargestellten Ergebnissen.
Entwickeln Sie anhand der beiden dargestellten Kurvenverläufe eine Hypothese zur Wirkungsweise von Coumafos! 4

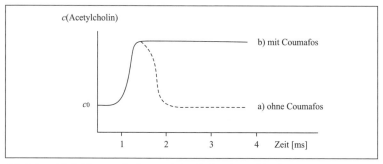

Abb. 1: Acetylcholin-Konzentration im synaptischen Spalt nach einer Einzelerregung

1.3 Der Wirkstoff Flumethrin bewirkt eine dauerhafte Öffnung der spannungsgesteuerten Natriumionen-Kanäle an der Axonmembran.
Erläutern Sie die Auswirkungen von Flumethrin auf das Membranpotenzial und die Folgen für die Milbe! 6

1.4 Der Einsatz der beiden Wirkstoffe führt zu Rückständen in den Bienenprodukten und zur Bildung von Resistenzen bei den Milben.
Stellen Sie zwei denkbare Methoden zur Bekämpfung der Varroa-Milbe vor, bei welchen das Problem von giftigen Rückständen und Resistenzen nicht auftritt! 4

1.5 Der Varroa-Milben-Befall hat zu einem starken Rückgang des Bienenbestandes in Deutschland geführt.
Erstellen Sie begründete Hypothesen über zwei mögliche ökologische Folgen dieser starken Dezimierung der Honigbiene! 4

2   Die Weibchen der Grabwespenart *Liris niger* jagen Grillen, um sie als lebenden Nahrungsvorrat für ihre zukünftige Brut in ein Nest einzutragen. Entdecken sie bei ihren Suchflügen ein Beutetier, fliegen sie darauf zu und landen in dessen Nähe, um die letzte Strecke laufend zurückzulegen. Haben sie die Grille erreicht, wird diese durch einen gezielten Giftstich gelähmt und anschließend abtransportiert.

2.1 Nennen Sie die Phasen des Instinktverhaltens und ordnen Sie diesen die Textstellen aus der Beschreibung des Beutefangverhaltens der Grabwespe zu! 3

2.2 Die Grillen sind in der Lage, mit Hilfe eines sensiblen Fadenhaarsystems am Hinterleib Luftströmungen aufzunehmen und auf diese mit einer Abwehrreaktion durch Anheben des Hinterleibs und Ausschlagen mit den bedornten Hinterbeinen zu reagieren. Zur Klärung des Beutefangverhaltens der Grabwespe wurden Messungen an den sensorischen Nervenbahnen der Grille, die von den Fadenhaaren ausgehen, durchgeführt.

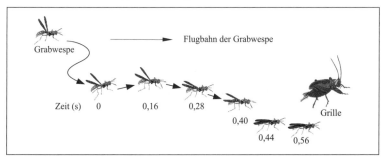

Abb. 2: Zeitlicher Verlauf der Annäherung der Grabwespe an eine Grille

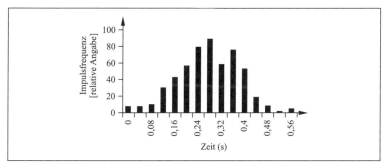

Abb. 3: Aktivität der Fadenhaar-Neurone der Grille während der Annäherung einer Grabwespe (Ethogramm vgl. Abb. 2) (verändert nach BiuZ 4/1999)

Erklären Sie den Zusammenhang zwischen dem gezeigten Beutefangverhalten der Grabwespe und den Ergebnissen der neurophysiologischen Messungen! 6

2.3 Leiten Sie aus den in Abb. 4 dargestellten Messergebnissen eine biologische Bedeutung der Giftwirkung auf die Beute für die heranwachsende Brut der Grabwespe ab!

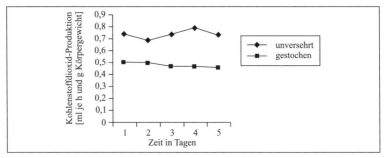

Abb. 4: CO_2-Produktion einer unversehrten und einer gestochenen Grille in Abhängigkeit von der Zeit) (verändert nach BiuZ 4/1999)

5/40

(erweiterter) Erwartungshorizont

1.1 An einer neuromuskulären Synapse werden Informationen von einer Nervenzelle auf eine Muskelzelle weitergeleitet. Die Übertragung erfolgt auf **chemischem** Weg durch sogenannten **Transmitter** (z.B. Acetylcholin), die ständig in den Endknöpfchen eines Axons in synaptischen Bläschen gebildet werden:
- Erreicht ein Aktionspotenzial das Endknöpfchen eines Axons, löst dies dort den Einstrom von Ca^{2+}-Ionen aus.
- Dies veranlasst synaptische Bläschen mit der präsynaptischen Membran zu verschmelzen und ihre Transmittermoleküle mittels Exocytose in den synaptischen Spalt zu entleeren.
- Die Überträgerstoffe diffundieren sehr rasch durch den synaptischen Spalt und besetzen an der subsynaptische Muskelfasermembran reversibel hochspezialisierte Rezeptormoleküle.
- Deren Raumstruktur wird dadurch so verändert, dass sich von ihnen bisher blockierte Ionenkanäle öffnen und ein Na^+-Ionen-Einstrom zur Membraninnenseite der Muskelfaser möglich wird (chemisch gesteuerte Ionenkanäle).
- An der Muskelfaser entsteht ein lokales Endplattenpotenzial, das in seiner Höhe von der Transmittermenge abhängt. Bei Überschreiten eines Schwellenwertes breitet es sich zur postsynaptischen Membran aus und löst dort ein Muskelaktionspotenzial aus. (*Das Aktionspotenzial läuft über die ganze Muskelfaser und bewirkt die Freisetzung von Calcium-Ionen (Ca^{2+}) im Inneren der Faser. Diese leiten die weiteren Vorgänge zur Kontraktion des Muskels ein.*)
- Transmitterspaltende Enzyme (Acetylcholinesterasen) sorgen durch Zerlegung des Transmitters dafür, dass seine Wirkung zeitlich begrenzt bleibt: Die Rezeptoren gewinnen somit ihre alte Form zurück, die Poren schließen sich wieder und die Muskelmembran wird wieder erregbar.
- Die Spaltprodukte des Transmitters (Cholin und Essigsäure) diffundieren in das Endknöpfchen, wo sie unter Energieverbrauch wieder zu Acetylcholin resynthetisiert und in den synaptischen Bläschen gespeichert werden.

1.2 *Sie sollen anhand der beiden Kurvenverläufe, die die Menge an Acetylcholin im synaptischen Spalt wiedergeben erkennen, an welcher Stelle die chemische Substanz Coumafos in die komplexen Vorgänge der Informationsweiterleitung über die neuromuskuläre Synapse eingreift.*

Wird der Wirkstoff Coumafos nicht verabreicht, dann sinkt nach einer Einzelerregung die Acetylcholin-Konzentration im synaptischen Spalt schnell wieder ab. Nach der Gabe von Coumafos misst man dagegen nach einer Einzelerregung eine gleich bleibend hohe Acetylcholin-Konzentration. Diese Beobachtung ist nur dadurch zu erklären, dass Coumafos die Aktivität der Acetylcholin-Esterase hemmt. Somit wird der aus den synaptischen Bläschen freigesetzte Transmitter Acetylcholin nicht in seine Spaltprodukte (Cholin und Essigsäure) zerlegt und durch weitere efferente Aktionspotenziale erhöht sich seine Konzentration im synaptischen Spalt.

1.3 Die Öffnung von Natriumionen-Kanälen an der Axonmembran ist für die Depolarisierung dieses Membranabschnittes und somit für die Auslösung eines Aktionspotenzials von Bedeutung. Natriumionen strömen nach einer Reizung vom extrazellulären Milieu ins Innere der Nervenfaser und bewirken eine Ladungsumkehr von etwa 70 mV negativer Ladung im Faserinneren auf etwa 40 mV positiv gegenüber der Außenseite. Das Aktionspotenzial ist somit ein Na^+-Diffusionspotenzial von außen nach innen. Die dauerhafte Öffnung dieser spannungsgesteuerten Natriumionen-Kanäle bewirkt einen permanenten Natriumionen-Einstrom und somit eine Depolarisation der Membran mit Muskelkrämpfen. Dadurch kann keine Repolarisation der Membran, also keine Wiederherstellung des Ruhepotenzials stattfinden. Es kommt zum Abbau des Natrium-Konzentrationsgradienten, wodurch keine Aktionspotenziale und damit keine Erregungsleitung mehr möglich sind und in der Folge auch kein Muskelaktionspotenzial mehr ausgelöst werden kann. In der Milbe kommt es zur schlaffen Lähmung.

1.4 *Als Alternativen zum Pestizideinsatz werden hier geeignete Beispiele aus der biologischen Schädlingsbekämpfung oder an physikalischen Bekämpfungsmethoden erwartet. (Es sind nur zwei denkbare Methoden verlangt!)*
Biologische Schädlingsbekämpfung: Mit ihr wird durch die Verwendung von Lebewesen bzw. ökosystemeigener und damit umweltverträglicher Mittel die Verminderung der Populationsdichte der Varroa-Milbe auf einen Stand angestrebt, der aus Sicht der Bienenzüchter tragbar ist.

Beispiele:
- Erhaltung und Förderung der natürlichen (Fress-)Feinde der Milbe durch Schaffung günstiger Lebensbedingungen für die Nützlinge (Erhalt von Brutplätzen, Angebot an Nahrung, Verstecken usw.)
- Massenzucht geeigneter Fressfeinde und deren gezielte Ausbringung in den von der Varroa-Milbe betroffenen Gebieten.
- Ausbringen von Bakterien und Viren, die wirtsspezifisch sind und daher nur bei der Varroa-Milbe pathogene Wirkungen hervorrufen.
- Duftstoffe (Pheromone) als Lockstoffe in Fallen: In den Fallen werden die Milben dann mechanisch, physikalisch oder chemisch vernichtet.

Physikalische Methoden: Hiermit sind Verfahren gemeint, deren Anwendung nur Wirkung beim Schädling zeigt, die Rückstandproblematik nicht gegeben ist und keine gesundheitlichen Gefahren für den Anwender bestehen. Klassische Methoden wären das Absammeln von Schädlingen, das Aufstellen von Fallen, das Anbringen von Leimringen o. ä. Anwendung findet bei der Bekämpfung der Varroa-Milbe eine Behandlung mit Wärme. Grundlage des Hyperthermie-Verfahrens ist, dass Varroa-Milben gegenüber erhöhten Temperaturen empfindlicher sind als Honigbienen, genauer die Bienenbrut.

1.5 Die unmittelbare ökologische Folge der Dezimierung der Honigbienen liegt darin, dass ohne die Bestäubung durch Bienen der Fortbestand vieler Pflanzenarten gefährdet sein könnte. Ohne die Existenz dieser Pflanzenarten würde in der Folge die Biozönose eines Ökosystems wesentlich eintöniger werden, da das Fehlen der Pflanzen auch Auswirkungen auf die Tiere hat, die von den Pflanzen unmittelbar abhängig sind. Dies wiederum bliebe nicht ohne Folgen für die nächste Trophieebene.

Albert Einstein soll die ökologischen (und ökonomischen) Auswirkungen einmal folgendermaßen auf den Punkt gebracht haben: „Wenn die Biene von der Erde verschwindet, dann hat der Mensch nur noch vier Jahre zu leben; keine Bienen mehr, keine Bestäubung mehr, keine Pflanzen mehr, keine Tiere mehr, keine Menschen mehr ...".

2.1 *Beim beschriebenen Verhalten der Grabwespe handelt es sich um eine* **Instinkthandlung** *aus dem Verhaltensbereich Brutfürsorge. Der Begriff Instinkthandlung steht für komplexe Handlungsabläufe, die angeboren und damit arttypisch sind.*

Ein Instinktverhalten verläuft in der Regel in drei aufeinander folgenden Abschnitten:
Ungerichtetes Appetenzverhalten: *„Suchflüge"* der Weibchen
Gerichtetes Appetenzverhalten: Sobald das Grabwespenweibchen das Antriebsziel (*ein Beutetier*) wahrgenommen hat, bestimmen dessen motivierende, auslösende und richtende Reize das weitere Verhalten: Die Grabwespe *fliegt darauf zu, landet in dessen Nähe und legt dann die letzte Strecke laufend zurück (Taxis)*.
Instinktive Endhandlung: Ist die Grabwespe nahe genug an der Grille, dann erfolgt formstarr, gezielt und arttypisch die Endhandlung *(... wird diese (die Beute) durch einen gezielten Giftstich gelähmt und anschließend abtransportiert.)*

*Ablauf und Stärke einer Instinkthandlung werden von einer inneren Handlungsbereitschaft (**Motivation**) und auslösenden Reizen gemeinsam bestimmt (Prinzip der **doppelten Quantifizierung**). Ausführung und Erfolg der Endhandlung führen zu einer Verringerung der Motivation.*

2.2 *Sie sollen anhand der Grafiken herausfinden, wie das Beutetier Grille auf die beim Beutefang der Grabwespe gezeigten Verhaltenselemente des gerichteten Appetenzverhaltens (auf die Grille zufliegen, landen, letzte Stecke laufend zurücklegen) reagiert. Rückschlüsse auf das Abwehrverhalten der Grille können sie aus der Impulsfrequenz (Aktivität) der Fadenhaar-Neurone der Grille ziehen (ab Sekunde 0), die als sensibles System der Grille eine Gefahr melden und Abwehrreaktionen veranlassen.*

Zeit 0,08 bis 0,28 Sekunden: Solange sich die Grabwespe der Grille fliegend nähert, nimmt die Impulsfrequenz der Fadenhaar-Neurone der Grille zu. Die Fadenhaare registrieren die durch den Flügelschlag der Grabwespe erzeugten Luftströmungen
Zeit 0,32 bis 0,4 Sekunden: Die Grabwespe setzt zur Landung an, die dabei auftretende Veränderung (Abnahme) der Luftströmungen bewirkt bei der Grille eine Abnahme der Impulsfrequenz.
Zeit 0,44 Sekunden: Sobald sich die Grabwespe der Grille laufend nähert (es entstehen kein Luftströmungen durch Flügelschlag) entspricht die sensorische Aktivität der Fadenhaar-Neurone wieder dem Ausgangsniveau. Somit sind keine Impulse vorhanden, die eine Abwehrreaktion der Grille veranlassen würden.

Durch dieses letzte typische Einzelelement ihres gerichteten Appetenzverhaltens verhindert die Grabwespe, dass bei der Grille eine Abwehrreaktion ausgelöst wird, was ihre Erfolgsrate beim Beutefang erhöht.

2.3 *Die Werte der Kohlenstoffdioxidproduktion eines Lebewesens sind ein Maß für dessen Stoffwechselaktivität. Bei der Zellatmung wird durch Abbau der Glucose zu Kohlenstoffdioxid (und Wasser) Energie für die Lebensvorgänge bereitgestellt. Formulieren Sie die Unterschiede bei den beiden untersuchten Grillen bezüglich ihrer Aktivität und erstellen sie Hypothesen, welche Vorteile sich aus den gemessenen Werten bei der gelähmten Grille für die Brut der Grabwespen ergeben.*

Die Werte der Kohlenstoffdioxidproduktion einer unversehrten Grille schwanken je nach körperlicher Aktivität und liegen höher als die bei dem durch die Giftwirkung gelähmten Beutetier. Der Grund für die niedrigere Kohlenstoffdioxidproduktion bei der gestochenen Grille liegt im geringeren Energiebedarf des bewegungslosen Tieres. Daraus resultieren auch ein geringerer Nährstoffverbrauch durch Zellatmung und damit ein geringerer Biomasseverlust. Der mögliche Vorteil für die Brut besteht darin, dass ihr nach dem Schlüpfen mehr Nahrung zur Verfügung steht.

Grundkurs Biologie (Bayern): Abiturprüfung 2007 – Aufgabe C 2
Neurophysiologie und Ethologie

BE

1 In Südamerika leben zwei Kamelarten, das Vikunja und das Guanako. Das Vikunja ist sehr klein und graziös, das Guanako größer und kräftiger.

1.1 Geben Sie zwei Definitionen für den Artbegriff an! 4

1.2 Neben diesen zwei Wildformen leben in Südamerika auch das Alpaka und das Lama. Diese beiden wurden vom Menschen aus einer der Wildformen gezüchtet. Um herauszufinden, welche Wildform als Ursprung diente, können u. a. serologische Methoden herangezogen werden. Erläutern Sie die Vorgehensweise zur Klärung der Verwandtschaftsverhältnisse! 6

1.3 Kamele sind wie auch Pferde reine Pflanzenfresser.
Stellen Sie die Besonderheit des männlichen Kamelgebisses durch einen Vergleich mit Gebissen von Hund und Pferd (Abb. 1) heraus und finden Sie eine verhaltensbiologische Erklärung! 6

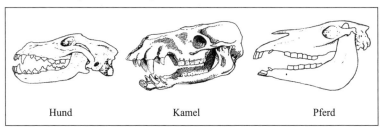

Abb. 1: Gebissvergleich Hund, Kamel und Pferd

2 Klapperschlangen können selbst in tiefster Nacht ein Beutetier ausmachen und zielsicher zustoßen. Sie lassen sich dabei von der Wärme leiten, die ihr warmblütiges Opfer ausstrahlt. Wahrgenommen wird diese Infrarot-Strahlung durch spezielle Sinnesorgane, die Grubenorgane, zwei tiefe Höhlen, die sich unterhalb der beiden Augen befinden. Sie sind mit einer dünnen Membran ausgekleidet, in der die Dendriten von zahlreichen Neuronen verlaufen.

2.1 Erklären Sie den Verlauf eines Aktionspotenzials mit Hilfe einer beschrifteten Skizze! 8

2.2 In einem Experiment wurde die Aktivität eines Neurons aus dem Grubenorgan in Abhängigkeit von einer Infrarot-Bestrahlung untersucht.
Erläutern Sie anhand folgender Darstellung der Versuchsergebnisse, wie die Codierung der Information durch Neurone des Grubenorgans erfolgt! 6

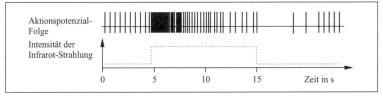

Abb. 2: Impulsfrequenz eines Neurons im Grubenorgan. (Verändert nach Spektrum der Wissenschaft 05/1982)

2.3 Um Näheres über die Genauigkeit der Ortung einer Beute mit Hilfe der Grubenorgane zu erfahren, wurden einer Klapperschlange die Augen verdeckt und ihr dann ein warmes Objekt („IR-Quelle") in verschiedenen Versuchen von vorn oder von der Seite angeboten. Man fand heraus, dass die blitzschnellen Stöße in 80 % der Fälle ihr Ziel trafen.
Erklären Sie anhand der folgenden Abbildung das Ortungsprinzip des Grubenorgans! 4

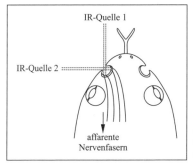

Abb. 3: Das Infrarot-Gesichtsfeld bei der Klapperschlange. (Verändert nach Spektrum der Wissenschaft, 05/1982)

2.4 Das Beutefangverhalten einer Klapperschlange lässt sich folgendermaßen beschreiben: Nach längerer Zeit ohne Nahrungsaufnahme zeigt die Klapperschlange erhöhte Aktivität. Wird ein Beutetier lokalisiert, nähert sie sich diesem, stößt zu und injiziert ihr Gift.
Interpretieren Sie das Verhalten mit ethologischen Fachbegriffen! 6
―――
40

(erweiterter) Erwartungshorizont

1.1 **Morphologischer Artbegriff**
Dieser Begriff bestimmt die Zugehörigkeit von Lebewesen zu einer Art durch die Übereinstimmungen in zahlreichen wesentlichen Körpermerkmalen (Morphologie). Vor allem die Paläobiologie *(Zweig der Biologie, der sich mit den Lebewesen vergangener Erdzeitalter beschäftigt)* stützt ihre Aussagen auf diesen Artbegriff.

Biologischer Artbegriff
Hierbei wird der Artbegriff unter dem fortpflanzungsbiologischen Aspekt definiert: Wenn sich die Vertreter zweier Populationen unter natürlichen Bedingungen untereinander kreuzen und dabei fortpflanzungsfähige Nachkommen entstehen, dann gehören sie beide zu einer gemeinsamen Art. Ist dies nicht möglich oder sind die Nachkommen steril, dann handelt es sich um zwei getrennte Arten.

1.2 Bei der serologischen Methode, mit der grundsätzlich Verwandtschaftsverhältnisse überprüft werden können, handelt es sich um den **Serum-Präzipitin-Test**. Mit ihm lassen sich mittels einer Antigen-Antikörper-Reaktion abgestufte Ähnlichkeiten im Eiweiß des Blutserums von untersuchten Tieren feststellen. Diese Ähnlichkeiten ermöglichen Rückschlüsse auf eine Verwandtschaft.

Um die Abstammung von Alpaka und Lama von den möglichen beiden Wildformen Vikunja und Guanakao herauszufinden, müssen jeweils zwei getrennte Testreihen durchgeführt werden. Im Folgenden wird die Testdurchführung lediglich für das Alpaka beschrieben, die für das Lama ist analog durchzuführen.

Die Testdurchführung beim Serum-Präzipitin-Test gliedert sich grundsätzlich in drei Schritte:
1. Gewinnung eines Antiserums mit Antikörpern, um diese Methode überhaupt anwenden zu können:
Blutserum jenes Tieres (hier: Alpaka), dessen Grad der Verwandtschaft zu einer anderen Tierart geklärt werden soll, wird einem beliebigen Labortier (z. B. Kaninchen) gespritzt. Das Kaninchen bildet Antikörper gegen das fremde Serumeiweiß (= Antigene) (hier: gegen die Alpaka-Antigene). Man entnimmt dann dem Kaninchen Blut und gewinnt daraus Serum mit den gebildeten Antikörpern (hier: Kaninchen-Anti-Alpaka-Serum).
2. Festlegung einer Bezugsgröße für die eigentliche Testreihe:
Man mischt nun in einem Reaktionsgefäß das Serum des Alpaka mit dem vom Kaninchen gebildeten Anti-Alpaka-Serum: Die in Schritt 1 gebildeten Antikörper reagieren logischerweise mit den Alpaka-Antigenen und ergeben einen Niederschlag (Präzipitat). Diesen Ausfällungsgrad setzt man gleich 100 %.
3. Eigentliche Testreihe:
Das gewonnene Kaninchen-Anti-Alpaka-Serum mit den Antikörpern wird in zwei getrennten Ansätzen jeweils mit den Blutseren der beiden zum Vergleich anstehenden Tierarten (hier: Vikunja und Guanako) gemischt. Als Ergebnis erhält man unterschiedlich starke Niederschläge, da Antikörper wegen ihrer hohen Spezifität am deutlichsten nur mit jenen Antigenen reagieren, die ihre Bildung verursacht haben (siehe Schritt 2). Die Werte der jeweiligen Ausfällung gelten daher als Maß für den Grad der Eiweißähnlichkeit zwischen dem Testtier (hier: Alpaka) und den Vergleichstieren (hier: die beiden Wildformen) und damit auch für den Grad der Verwandtschaft.

1.3 Als reiner Pflanzenfresser besitzt das Kamel die für Pflanzenfresser (Gebiss des Pferdes) typischen Backenzähne mit breiten Mahlflächen. Andererseits zeigen Kamele in beiden Kiefern des Gebisses kegelförmige Eckzähne. Das Vorhandensein dieser für Fleischfresser wie dem Hund charakteristischen Zähne lässt verhaltensbiologisch eine Rolle im Aggressionsverhalten vermuten. Diese Eckzähne werden von den Kamelen zur Verteidigung bzw. für Rivalenkämpfe während der Paarungszeit eingesetzt.

Sie können als Ersatz für die bei den meisten anderen Wiederkäuern vorhandenen Stirnwaffen interpretiert werden.

2.1
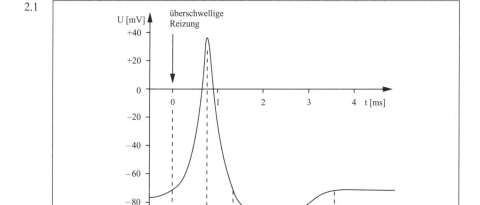

Ein Aktionspotenzial ist der mit Mikroelektroden messbare zeitliche Ablauf der Membranspannung an erregbaren Membranen eines Organismus. Voraussetzung für das Zustandekommen eines Aktionspotenzials an einem Axon ist eine Änderung der Leitfähigkeit der Membran für die während des Ruhepotenzials innerhalb und außerhalb vorhandenen unterschiedlichen Konzentrationen an Ionensorten.

Detailbeschreibung der Phasen eines Aktionspotenzials:

Depolarisationsphase:
Ein überschwelliger Reiz führt zu einer Depolarisation der im Ruhepotenzial vorliegenden Membran. Wird der Schwellenwert von ca. −40 mV überschritten, kommt es zu einem raschen Potenzialanstieg, der auf einer plötzlichen selektiven Permeabilitätsänderung der Membran für Natrium-Ionen beruht. Diese strömen vom extrazellulären Milieu ins Innere der Nervenfaser und bewirken eine Ladungsumkehr an der Membran. Die im Ruhepotenzial etwa 80 mV negative Ladung im Faserinneren wird nach ca. 1 ms etwa 40 mV positiv gegenüber der Außenseite. Die Amplitude eines Aktionspotenzials beträgt demnach ca. 120 mV. Der rasche Umschlag des Ruhepotenzials ins

Positive ist die Folge eines Lawinen-Effekts: Der Abbau der negativen Aufladung auf der Membraninnenseite öffnet weitere Na^+-Kanäle. Das Aktionspotenzial ist somit ein Na^+-Diffusionspotenzial von außen nach innen.

Repolarisationsphase:
Sie ist gekennzeichnet durch den schnellen Rückgang der Potenzialänderung nach dem Spitzenwert der Depolarisation. Ursache ist das Abstoppen des Natrium-Ionen-Einstroms, da sich die Na^+-Ionenkanäle der Membran bereits vor Erreichen der theoretischen Spitze des Aktionspotenzials sehr schnell wieder geschlossen haben. Ebenfalls als Folge der überschwelligen Reizung nimmt gleichzeitig die Kalium-Ionen-Permeabilität der Membran zu und es kommt zu einem Kalium-Ionen-Ausstrom aus dem Axoninneren, was einen dem Aktionspotenzial entgegengesetzten Effekt zur Folge hat.

Hyperpolarisationsphase:
Durch einen übermäßigen Ausstrom von Kalium-Ionen kann es zu einer deutlichen negativen Aufladung der Membraninnenseite kommen, wodurch der Wert des Ruhepotenzials kurzfristig sogar unterschritten, also das Ruhepotenzial verstärkt wird.

2.2 *Von einem Sinnesorgan (hier: Grubenorgan) wahrgenommene Informationen werden jeweils über eigene Nerven (hier Neurone des Grubenorgans) an spezielle Bereiche des auswertenden Gehirns weitergeleitet. Durch diese lokale Zuordnung ist die Art der Information (hier: Infrarot-Strahlung) codiert. Die Codierung der jeweiligen Reizstärke erfolgt durch das Prinzip der Frequenzmodulation, d. h. in welcher Schnelligkeit die Aktionspotenziale aufeinander folgen. In der Grafik ist die Zahl der Impulse pro Zeit durch die Abstände der senkrechten Striche zueinander wiedergegeben. Die Änderung der Abstände in Abhängigkeit zur Intensität der Infrarotstrahlung gilt es zu beschreiben und zu interpretieren.*

0 bis 5 Sekunden: Keine Infrarot-Strahlung bzw. geringe Intensität: Ruheaktivität der Neurone des Grubenorgans mit relativ konstanter Impulsfrequenz.
5 bis 15 Sekunden: Einsetzen der Infrarot-Strahlungsintensität (Zunahme der Reizstärke): starke Frequenzsteigerung der Neuronenaktivität für ca. 1 Sekunde. Trotz gleich bleibender Reizstärke erfolgt nach etwa 2 Sekunden eine Abnahme der Impulsfrequenz, die sich nach weiteren 10 Sekunden wieder auf die Ruheimpulsfrequenz einpendelt.
Ab der 15. Sekunde: Beendigung der Infrarot-Strahlungsintensität: es sind für etwa 4 Sekunden keine Aktionspotenziale mehr messbar. Erst danach ist wieder die Ruheaktivität mit relativ konstanter Impulsfrequenz zu verzeichnen.

Als Ergebnis kann festgestellt werden, dass lediglich die Änderung der Intensität der Infrarot-Strahlung durch eine Änderung der Aktionspotenzial-Folge codiert wird.

2.3 *Die Abbildung zeigt in Aufsicht den Kopf einer Klapperschlange mit den beiden Grubenorganen und den afferenten Neuronen, die den Informationen über eine „IR-Quelle" zum Gehirn weiterleiten. Außerdem sind die im Text angesprochenen Strahlengänge der beiden IR-Quellen dargestellt, wie sie jeweils auf das linke Grubenorgan auftreffen. Daraus sollen Rückschlüsse auf das Ortungsprinzip des Grubenorgans gezogen werden.*

Je nach Einfallswinkel der IR-Strahlung werden unterschiedliche Bereiche des Grubenorgans gereizt und jeweils nur die dort liegenden Sinneszellen mit ihren ableitenden Neuronen erregt. Die afferenten Neuronen enden ihrerseits in speziellen Bereichen des Gehirns. Die Verarbeitung der dort ankommenden Impulse ermöglicht der Klapperschlange eine genaue Ortung der „IR-Quelle".

2.4 Beim beschriebenen Verhalten der Klapperschlange handelt es sich um eine typische *Instinkthandlung* aus dem Verhaltensbereich Nahrungserwerb. *Der Begriff Instinkthandlung steht für komplexe Handlungsabläufe, die angeboren und damit arttypisch sind.*

Instinktive Verhaltensabläufe können nicht jederzeit ausgelöst werden, sondern für ihr Auftreten muss eine innere Handlungsbereitschaft (**Motivation**) vorliegen, hier der Trieb, Nahrung zu beschaffen (*nach längerer Zeit ohne Nahrungsaufnahme*).

Ein Instinktverhalten verläuft dann in der Regel in drei aufeinander folgenden Abschnitten:

Ungerichtetes Appetenzverhalten: Steigt die Bereitschaft zur Nahrungsaufnahme, zeigt die Klapperschlange ein ungerichtetes Appetenzverhalten (*hier die erhöhte Aktivität*), um ein Antriebsziel für die Endhandlung Töten und Fressen zu finden.

Gerichtetes Appetenzverhalten: Sobald sie das Antriebsziel wahrgenommen hat (*Beutetier lokalisiert*), bestimmen dessen motivierende, auslösende und richtende Reize das weitere Verhalten: Die Klapperschlange *nähert sich* dem Beutetier (*Taxis*), wobei die „Gerichtetheit" mit der Nähe des Beutetiers zunimmt.

Instinktive Endhandlung: Ist die Klapperschlange nahe genug an dem Beutetier, dann erfolgt die Endhandlung (*stößt zu und injiziert ihr Gift*). Auch die Endhandlung wir durch auslösende und richtende Reize gestartet und läuft dann formstarr, gezielt und artspezifisch ab. Die Ausführung und der Erfolg der Endhandlung führen zu einer Verringerung der Motivation.

Ablauf und Stärke einer Instinkthandlung werden von der inneren Handlungsbereitschaft und den auslösenden Reizen gemeinsam bestimmt (Prinzip der **doppelten Quantifizierung***).*

Ihre Meinung ist uns wichtig!

Ihre Anregungen sind uns immer willkommen. Bitte informieren Sie uns mit diesem Schein über Ihre Verbesserungsvorschläge!

Titel-Nr.	Seite	Vorschlag

Die echten Hilfen zum Lernen... **STARK**

17-VM9

Bitte ausfüllen und im frankierten Umschlag an uns einsenden. Für Fensterkuverts geeignet.

Zutreffendes bitte ankreuzen!

Die Absenderin/der Absender ist:

- ☐ Lehrer/in in den Klassenstufen: _____
- ☐ Fachbetreuer/in
  Fächer: _____
- ☐ Seminarlehrer/in
  Fächer: _____
- ☐ Regierungsfachberater/in
  Fächer: _____
- ☐ Oberstufenbetreuer/in

- ☐ Schulleiter/in
- ☐ Referendar/in, Termin 2. Staatsexamen: _____
- ☐ Leiter/in Lehrerbibliothek
- ☐ Leiter/in Schülerbibliothek
- ☐ Sekretariat
- ☐ Eltern
- ☐ Schüler/in, Klasse: _____
- ☐ Sonstiges: _____

Unterrichtsfächer: (Bei Lehrkräften)

_____

**STARK Verlag
Postfach 1852
85318 Freising**

Kennen Sie Ihre Kundennummer?
Bitte hier eintragen.

Absender (Bitte in Druckbuchstaben!)

Name/Vorname

Straße/Nr.

PLZ/Ort

Telefon privat | **Geburtsjahr**

E-Mail-Adresse

Schule/Schulstempel (Bitte immer angeben!)

Sicher durch das Abitur!

Klare Fakten, systematische Methoden, prägnante Beispiele, Übungs- sowie Abitur-Prüfungsaufgaben mit erklärenden Lösungen zur Selbstkontrolle.

Mathematik

Analysis – LK	Best.-Nr. 94002
Analysis – gk	Best.-Nr. 94001
Analytische Geometrie und lineare Algebra 1	Best.-Nr. 94005
Analytische Geometrie und lineare Algebra 2	Best.-Nr. 54008
Stochastik – LK	Best.-Nr. 94003
Stochastik – gk	Best.-Nr. 94007
Kompakt-Wissen Abitur Analysis	Best.-Nr. 900151
Kompakt-Wissen Abitur Analytische Geometrie	Best.-Nr. 900251
Kompakt-Wissen Abitur Wahrscheinlichkeitsrechnung und Statistik	Best.-Nr. 900351
Kompakt-Wissen Algebra	Best.-Nr. 90016
Kompakt-Wissen Geometrie	Best.-Nr. 90026

Physik

Elektrisches und magnetisches Feld – LK	Best.-Nr. 94308
Elektromagnetische Schwingungen und Wellen – LK	Best.-Nr. 94309
Atom- und Quantenphysik – LK	Best.-Nr. 943010
Kernphysik – LK	Best.-Nr. 94305
Physik 1 – gk Elektromagnetische Felder, Schwingungen und Wellen · Photonen	Best.-Nr. 94321
Physik 2 – gk Quantenphysik · Atom · Atomkern	Best.-Nr. 94322
Kompakt-Wissen Abitur Physik 1 Mechanik, Wärmelehre, Relativitätstheorie	Best.-Nr. 943012
Kompakt-Wissen Abitur Physik 2 Elektrizität, Magnetismus und Wellenoptik	Best.-Nr. 943013
Kompakt-Wissen Abitur Physik 3 Quanten, Kerne und Atome	Best.-Nr. 943011

Geschichte

Training Methoden Geschichte	Best.-Nr. 94789
Geschichte 1	Best.-Nr. 94781
Geschichte 2	Best.-Nr. 94782
Abitur-Wissen Die Antike	Best.-Nr. 94783
Abitur-Wissen Das Mittelalter	Best.-Nr. 94788
Abitur-Wissen Die Französische Revolution	Best.-Nr. 947810
Abitur-Wissen Die Ära Bismarck	Best.-Nr. 94784
Abitur-Wissen Imperialismus und Erster Weltkrieg	Best.-Nr. 94785
Abitur-Wissen Die Weimarer Republik	Best.-Nr. 47815
Abitur-Wissen Nationalsozialismus und Zweiter Weltkrieg	Best.-Nr. 94786
Abitur-Wissen Deutschland von 1945 bis zur Gegenwart	Best.-Nr. 947811
Kompakt-Wissen Abitur Geschichte Oberstufe	Best.-Nr. 947601
Lexikon Geschichte	Best.-Nr. 94787

Chemie

Training Methoden Chemie	Best.-Nr. 947308
Chemie 1 – LK K 12 Analytik · Kernchemie · Kohlenwasserstoffe	Best.-Nr. 94731
Chemie 2 – LK K 13 Biomoleküle · Stoffwechsel · Organische Chemie des Alltags	Best.-Nr. 94732
Chemie 1 – gk K 12 Natürliche und synthetische Kohlenstoffverbindungen	Best.-Nr. 94741
Chemie 2 – gk K 13 Biokatalyse und Stoffwechsel Umweltschutz und Alltagschemie	Best.-Nr. 94742
Rechnen in der Chemie	Best.-Nr. 84735
Abitur-Wissen Protonen und Elektronen	Best.-Nr. 947301
Abitur-Wissen Struktur der Materie und Kernchemie	Best.-Nr. 947303
Abitur-Wissen Stoffklassen organischer Verbindungen	Best.-Nr. 947304
Abitur-Wissen Biomoleküle	Best.-Nr. 947305
Abitur-Wissen Biokatalyse und Stoffwechselwege	Best.-Nr. 947306
Abitur-Wissen Chemie am Menschen – Chemie im Menschen	Best.-Nr. 947307
Kompakt-Wissen Abitur Chemie Organische Stoffklassen · Natur-, Kunst- und Farbstoffe	Best.-Nr. 947309
Kompakt-Wissen Abitur Chemie Anorganische Chemie, Energetik, Kinetik, Kernchemie	Best.-Nr. 947310

Biologie

Training Methoden Biologie	Best.-Nr. 94710
Biologie 1 – LK K 12	Best.-Nr. 94701
Biologie 2 – LK K 13	Best.-Nr. 94702
Biologie 1 – gk K 12	Best.-Nr. 94715
Biologie 2 – gk K 13	Best.-Nr. 94716
Chemie für den LK Biologie	Best.-Nr. 54705
Abitur-Wissen Genetik	Best.-Nr. 94703
Abitur-Wissen Neurobiologie	Best.-Nr. 94705
Abitur-Wissen Verhaltensbiologie	Best.-Nr. 94706
Abitur-Wissen Evolution	Best.-Nr. 94707
Abitur-Wissen Ökologie	Best.-Nr. 94708
Abitur-Wissen Zell- und Entwicklungsbiologie	Best.-Nr. 94709
Kompakt-Wissen Abitur Biologie Zellen und Stoffwechsel · Nerven, Sinne und Hormone · Ökologie	Best.-Nr. 94712
Kompakt-Wissen Abitur Biologie Genetik und Entwicklung · Immunbiologie Evolution · Verhalten	Best.-Nr. 94713
Lexikon Biologie	Best.-Nr. 94711

(Bitte blättern Sie um)

Politik

Abitur-Wissen Internationale Beziehungen	Best.-Nr. 94802
Abitur-Wissen Demokratie	Best.-Nr. 94803
Abitur-Wissen Sozialpolitik	Best.-Nr. 94804
Abitur-Wissen Die Europäische Einigung	Best.-Nr. 94805
Abitur-Wissen Politische Theorie	Best.-Nr. 94806
Kompakt-Wissen Abitur Politik/Sozialkunde	Best.-Nr. 948001
Lexikon Politik/Sozialkunde	Best.-Nr. 94801

Erdkunde

Training Methoden Erdkunde	Best.-Nr. 94901
Erdkunde Relief- und Hydrosphäre · Wirtschaftsprozesse und -strukturen · Verstädterung	Best.-Nr. 84901A
Abitur-Wissen GUS-Staaten/Russland	Best.-Nr. 94908
Abitur-Wissen Entwicklungsländer	Best.-Nr. 94902
Abitur-Wissen USA	Best.-Nr. 94903
Abitur-Wissen Europa	Best.-Nr. 94905
Abitur-Wissen Asiatisch-pazifischer Raum	Best.-Nr. 94906
Kompakt-Wissen Abitur Erdkunde Allgemeine Geografie · Regionale Geografie	Best.-Nr. 949010
Lexikon Erdkunde	Best.-Nr. 94904

Wirtschaft/Recht

Betriebswirtschaft	Best.-Nr. 94851
Abitur-Wissen Volkswirtschaft	Best.-Nr. 94881
Abitur-Wissen Rechtslehre	Best.-Nr. 94882
Kompakt-Wissen Abitur Volkswirtschaft	Best.-Nr. 948501

Kunst

Abitur-Wissen Grundwissen Malerei	Best.-Nr. 94961
Abitur-Wissen Analyse und Interpretation	Best.-Nr. 94962

Sport

Bewegungslehre	Best.-Nr. 94981
Trainingslehre	Best.-Nr. 94982

Fachübergreifend

Richtig Lernen

Tipps und Lernstrategien – Oberstufe	Best.-Nr. 10483
Referate und Facharbeiten – Oberstufe	Best.-Nr. 10484

Training Methoden

Meinungen äußern, Ergebnisse präsentieren	Best.-Nr. 10486

Abitur-Prüfungsaufgaben

Viele Jahrgänge der zentral gestellten Abitur-Prüfungsaufgaben an Gymnasien in Bayern, einschließlich des **aktuellen Jahrgangs**. Mit **vollständigen Lösungen**.

Abiturprüfung Mathematik – LK Bayern	Best.-Nr. 95000
Abiturprüfung Mathematik – gk Bayern	Best.-Nr. 95100
Abiturprüfung Physik – LK Bayern	Best.-Nr. 95300
Abiturprüfung Physik – gk Bayern	Best.-Nr. 95320
Abiturprüfung Biologie – LK Bayern	Best.-Nr. 95700
Abiturprüfung Biologie – gk Bayern	Best.-Nr. 95710
Abiturprüfung Chemie – LK Bayern	Best.-Nr. 95730
Abiturprüfung Chemie – gk Bayern	Best.-Nr. 95740
Abiturprüfung Geschichte – LK Bayern	Best.-Nr. 95760
Abiturprüfung Geschichte – gk Bayern	Best.-Nr. 95780
Abiturprüfung Geschichte Colloquium gk BY	Best.-Nr. 95781
Abiturprüfung Sozialkunde – LK Bayern	Best.-Nr. 95800
Abiturprüfung Sozialkunde – gk Bayern	Best.-Nr. 95830
Abiturprüfung Erdkunde – LK Bayern	Best.-Nr. 95900
Abiturprüfung Erdkunde – gk Bayern	Best.-Nr. 95930
Abiturprüfung Wirtschaft/Recht – LK Bayern	Best.-Nr. 95850
Abiturprüfung Wirtschaft/Recht – gk Bayern	Best.-Nr. 95880
Abiturprüfung Deutsch – LK Bayern	Best.-Nr. 95400
Abiturprüfung Deutsch – gk Bayern	Best.-Nr. 95410
Abiturprüfung Deutsch Colloquium – gk BY	Best.-Nr. 95411
Abiturprüfung Englisch – LK Bayern	Best.-Nr. 95460
Abiturprüfung Englisch – gk Bayern	Best.-Nr. 95470
Abiturprüfung Französisch – LK Bayern	Best.-Nr. 95500
Abiturprüfung Französisch – gk Bayern	Best.-Nr. 95530
Abiturprüfung Latein – LK Bayern	Best.-Nr. 95600
Abiturprüfung Latein – gk Bayern	Best.-Nr. 95630
Abiturprüfung Religion r.-k. – gk Bayern	Best.-Nr. 95990
Abiturprüfung Religion r.-k. Colloquium – gk Bayern	Best.-Nr. 95991
Abiturprüfung Religion ev. – gk Bayern	Best.-Nr. 95970
Abiturprüfung Religion ev. Colloquium – gk BY	Best.-Nr. 95971
Abiturprüfung Ethik – gk Bayern	Best.-Nr. 95950
Abiturprüfung Ethik Colloquium – gk Bayern	Best.-Nr. 95951
Abiturprüfung Sport – LK Bayern	Best.-Nr. 95980
Abiturprüfung Kunst – LK Bayern	Best.-Nr. 95960

Natürlich führen wir noch mehr Titel für alle Schularten. Wir informieren Sie gerne!

Telefon: 0 81 61/179-0 **Internet: www.stark-verlag.de**

Telefax: 0 81 61/179-51 **E-Mail: info@stark-verlag.de**

Bestellungen bitte direkt an:
STARK Verlagsgesellschaft mbH & Co. KG · Postfach 1852 · 85318 Freising